여자들에게,
문제는 돈이다

WORTH IT
Your Life, Your Money, Your Terms

Copyright © 2017 by Amanda Steinberg

This Korean edition was published by Symposia, a division of Moonyelim Publishing Co.
by arrangement with North Star Way, an imprint of Simon & Schuster
through KCC(Korea Copyright Center Inc.), Seoul.

All rights reserved.

이 책의 한국어판 저작권은 (주)한국저작권센터(KCC)를 통해
North Star Way 사와 독점 계약한 문예림에 있습니다.
저작권법에 의하여 한국 내에서 보호를 받는 저작물이므로
무단 전재 및 복제를 금합니다.

일러두기
원서에서 이탤릭체로 강조한 부분은 고딕체로 표기했다.

여자들에게,
문제는 돈이다

어맨다 스타인버그 지음
최이현 옮김

SYMPOSIA

여자들에게, 문제는 돈이다

초판 2쇄 인쇄 2017년 12월 4일
초판 2쇄 발행 2017년 12월 8일

지은이 어맨다 스타인버그
옮긴이 최이현
펴낸이 서덕일
펴낸곳 심포지아

책임편집 김소현 **편집** 정은선
디자인 유예지 **마케팅** 박예진

출판등록 2014.12.24 (제2014-73호)
주소 경기도 파주시 회동길 366 (10881)
전화 (02)499-1281~2 **팩스** (02)499-1283
전자우편 info@moonyelim.com
홈페이지 www.moonyelim.com

저자 및 출판사의 허락 없이 책의 일부 또는 전부를
무단 복제·전재·발췌할 수 없습니다.
잘못된 책은 구입하신 곳에서 교환해 드립니다.

ISBN 979-11-954456-5-3 (13190)
값 14,000원

언제나 조건 없는 사랑으로 나를 감싸주시는 어머니와 양아버지께

최고의 교육을 받게 해주시고 끈기를 가르쳐 주신 아버지와 양어머니께

언제나 가장 친한 친구가 되어 준 두 언니에게

터무니없던 내 꿈을 현실로 만들어 준 조던에게

신비한 마법과도 같은 내 천사 같은 아이들, 딜런과 마야에게

나와 우리 단체의 비전을 믿는 데일리워스 여성회원들에게

어맨다 스타인버그는 내가 아는 누구보다 여성들의 경제 교육에 힘써온 사람이다. 그녀는 여성들이 돈 때문에 겪는 고통과 장애물을 정확하게 포착하고 설득력 있게 이야기를 풀어나간다. 그녀의 이야기는 흥미진진하고 영감을 준다. 그리고 그녀의 조언은 명쾌하다. 이 책을 읽는 사람은 누구나 깊이 감동하고 의욕이 충만하게 될 것이다.

— 바버라 스태니, 《똑똑한 나, 왜 돈에는 어두울까?》의 저자

어맨다 스타인버그는 성차별주의와 복잡한 돈 문제를 있는 그대로 평가하고, 자기만의 돈 관리법을 알려준다. 어맨다 덕분에, 당신은 용기를 얻고 돈을 활용할 수 있는 방법을 찾게 될 것이다.

— 베키 세이저, 전 금융회사 임원

머니 게임을 마스터하려면 실용적 측면과 감정적 측면을 모두 고려해야 하지만, 이 복잡한 문제를 꼼꼼하게 다루는 책은 거의 없다. 하지만 이 책은 그 일을 훌륭하게 해낸다. 우리 여성들이 더는 혼란스러워하지 않고 최선을 다해 돈을 관리하기 위해서는 이 책 곳곳에 담긴 통찰력이 필요하다. 이 책을 읽고 그 내용을 삶에 적용하라. 당신과 당신의 인생은 소중하니까!

— 케이트 노스럽, 《돈: 러브 스토리 Money: A Love Story》의 저자

지금까지 많은 금융 서적을 읽어봤지만, 한 번도 돈과 연관 지어 내 내면세계를 들여다 본 적이 없다. 하지만 이 책을 읽고 그동안 의식하지 못했던 내 마음속의 낡은 생각에 변화가 생기기 시작했다. 이제 나는 복잡하고 암울한 상황에 나 혼자만 있지 않다는 사실을 깨달았다. 이 획기적인 책 덕분에, 여성들은 자유롭게 힘과 가치를 적극적으로 주장할 수 있다. 이런 방법으로 우리 여성은 일어설 것이다.

— KC 베이커, 여성들의 사고 리더십 담당 코치이자
연설문 작성자 겸 우먼스피크 WomanSpeak 설립자

사람들이 돈 관리를 잘하지 못하는 이유는 단순히 정보가 부족해서가 아니다. 거기에는 깊은 속사정이 있지만, 수많은 자기계발서는 문제의 근본 원인을 밝히지 않은 채 사람들을 겁먹게 하는 방법들만 나열해서 전혀 도움을 주지 못했다. 데일리워스 설립자인 어맨다 스타인버그는 이 훌륭한 책을 통해 기술적 노하우에 대한 사람들의 거부감을 줄여주었고, 덕분에 우리는 구원을 받았다. 이 책에는 가장 다루기 힘든 사람들에게도 적용할 수 있을 만큼 뛰어난 통찰력과 실용적인 지침이 잘 어우러져 있다. 저자의 어조는 숙제하라고 고함치는 무서운 수학 선생님이 아니라 마음을 편하게 해주는 친한 친구처럼 따뜻하고 친근하다. 돈은 힘의 원천이므로 재정적으로 자립하지 못하면 진정한 자유를 누릴 수 없다. 이 책은 모든 사람이 '마침내 자유'라는 궁극적 목표를 달성할 방법을 제시한다.

— 레슬리 베넷, 《여자에게 일이란 무엇인가》《조앤 리버스 평전:
조앤의 삶, 사랑, 상실 그리고 해방 Last Girl Before Freeway》 저자

어맨다 스타인버그는 여성과 여성들의 경제권을 보호하기 위해 활발하게 활동하고 있다. 그녀는 순자산을 늘리려면 자기가치감을 높여야 한다고 생각한다. 그리고 우리 여성들에게 경제적 자유를 얻기 위해 안전지대 밖으로 나오라고 말한다. 자신감을 가지고 부와 자유를 누리고 싶은 사람들이라면 반드시 읽어야 할 책이다.

— 가브리엘 번스타인, 〈뉴욕타임스〉 베스트셀러 1위
《우주가 당신을 돌봐준다 The Universe Has Your Back》 저자

그동안 개인 재무 관리를 다루는 책들은 모두 내용이 비슷했다. 하지만 이 책은 완전히 다르다. 이 책은 돈과 미래와 삶에 대한 내 생각을 바꾸어놓았다.

— 엠마 존슨, 개인 금융 분야 저널리스트 겸
웰씨싱글마미닷컴 WealthySingleMommy.com 설립자

차 례

| 프롤로그 |

여성의 가치란 무엇인가? ◇ 10

◆ 1부 ◆

인생: 스토리텔링으로 시작하기
인생 이야기는 돈과 자신에 관한 이야기가 전부다.

01 리셋 버튼을 눌러라 ◇ 38
내 인생과 돈에 관한 이야기를 해보겠다.

02 스토리를 다시 쓰라 ◇ 55
여성들이여, 눈을 떠라. 이야기의 방향을 바꿀 시간이다.

03 뿌리를 키우고 날개를 펼쳐라 ◇ 76
단단한 땅에 발을 붙이고 그대로 순항하라.

◆ 2부 ◆

돈: 자유로워지는 확실한 방법 찾기
돈을 벌어라. 마음의 양식을 채워라. 삶을 확장하라.

04 너 자신을 알라 ◇ 108
최고의 투자를 위해 자신의 머니 타입을 발견하라.

05 미래에 투자하라 ◇ 137
자신이 원하는 삶을 살고 싶다면 돈을 모아라.

06 주식 시장으로 가라 ◇ 155
몇 가지 기본 지침에 따라 투자하는 방법을 배울 필요가 있다.

07 부동산 투자의 가치를 평가하라 ◇ 181
주택 구입이 올바른 투자일까?

08 회사를 운영하라 ◇ 207
재미와 수익을 위해 사업을 시작하라. 단 사업에 적합한 사람만.

◆ 3부 ◆

가치관: 현금 흐름 완벽히 통제하기
돈과 힘을 모아 삶을 구원하라.

09 날개를 달아라 ◇ 228
충분한 수입을 올려라.

10 과소비를 극복하라 ◇ 238
원래는 갖고 싶지 않았던 물건이다.

11 재정 안정성을 확보하라 ◇ 266
혼돈에서 질서로 나가자.

| 에필로그 |
삶을 설계하고, 꿈을 위해 돈을 모아라 ◇ 286
요약 ◇ 300
찾아보기 ◇ 304

| 프롤로그 |

여성의 가치란 무엇인가?

그 어느 때보다 여성의 힘은 커졌다.
그렇다면 여성의 가치는 어떠한가?

아무 쓸모가 없다. 20대 후반에 나는 나 자신을 그렇게 느꼈다. 당시 나는 경제적·감정적으로 바닥을 헤매고 있었다. 주변에 내가 21세기 워킹맘임을 적극적으로 알리려고 뼈 빠지게 일했고, 내가 아는 모든 대졸 여성들처럼 완벽한 포스트 페미니스트가 되기 위해 밟아야 할 필수 단계를 그대로 따랐다. 그 단계는 이렇다. 첫째, 좋은 대학을 나온다. 둘째, 자신의 열정을 발견한다. 셋째, 자신의 열정과 관련된 분야에서 훌륭한 직장을 잡아 정착한다. 넷째, 협조적인 배우자나 파트너를 찾는다. 다섯째, 부동산에 투자한다. 여섯째, 아기를 낳는다. 일곱째, 아기와 함께 자면서 모유 수유를 하고, 아기에게 수면 훈련을 시킨다. 여덟째, 행복하고 재미

있고 감동적인 사진을 페이스북이나 인스타그램에 올린다. 아홉째, 다니던 직장에서 근무 시간을 줄이거나, 재택근무가 가능한 새로운 직장을 구한다(이렇게 하면 집에서 일하는 워킹맘이 될 수 있다). 열째, 자신의 야망과 그동안 받은 교육에 걸맞을 정도로 돈을 많이 벌어서 가족을 부양한다. 열한째, 성취감을 느끼는 엄마와 배우자, 자선 단체의 후원자와 여성 축구팀 코치가 된다. 열두째, 왕좌에 앉아 성공적으로 살아온 인생의 결실을 만족스럽게 즐긴다. 이제 인증샷만 찍으면 된다. 찰칵!

나는 이 모든 단계를 제대로 거쳤다. 훌륭한 대학을 나왔는가? 물론이다! 컴퓨터 프로그래밍이라는 돈 벌기 좋은 기술을 배웠다고? 당연하지! 여러 개의 스타트업을 운영하면서 주당 80시간을 일했다면서? 그렇다니까! 그리고 나는 최고로 멋진 남자와 결혼해서 사랑스러운 아이를 둘이나 낳았다. 게다가 돈도 잘 벌었다. 연봉이 십만 달러를 족히 넘었으니 돈을 **정말** 많이 번 것이다. 나는 해냈다.

이제 공식적으로 멋진 인생을 시작하기 전에 안정성만 확보하면 된다. 그러려면 계속해서 돈만 많이 벌면 되었다. 나는 손님들을 초대해 멋진 파티를 열거나 플레이데이트playdate(아이들이 함께 놀 수 있도록 부모끼리 약속을 정해서 만나는 것—옮긴이)를 창의적으로 준비했다. 우리 가족은 문화 여행을 떠나기도 했다. 부모님과 형제자매, 다른 친척들과 동료 및 친구들은 내가 아주 완벽하게 상류층 페미니스트로서의 삶을 사는 모습에 박수갈채를 보냈다. 나도 그런 삶과 사람들의 칭찬이 좋았다. 그래서 계속 돈을 벌었다. 그 돈은 멋진 자동차들(비싼 리스 차량이었다)과 저택(관리비가 엄청났다),

보모(내가 일하는 동안 아이들을 돌볼 사람이 필요했다)와 맵시 있는 정장(회사에서 점잖게 보여야 했다)에 사용되었다. 나는 돈을 충분히 벌면 지출이 많아도 괜찮다고 생각했다. 더구나 내 정체성과 자기 가치감은 수입 및 지출 규모와 관련이 깊었다. 나는 벌이가 좋았지만, 지출도 엄청났다. 그게 바로 **내 모습**이었다. 드라마 〈섹스 앤 더 시티〉 속 멋진 캐리 브래드쇼처럼, 내 마음속에도 미국 여성들에게 해방감을 주었던 다음과 같은 로레알의 광고 문구가 깊이 자리 잡고 있었다. "돈 좀 써도 괜찮아... 난 소중하니까."

하지만 이 논리에 몇 가지 문제가 발생했다. 직장과 가정을 양립시키려니 감정적으로 소모되는 양이 엄청났고 돈도 아주 많이 벌어야 했다. 그뿐만 아니라 내가 소중하든 말든 우리 가족의 라이프스타일을 계속해서 유지하는 일도 버거웠다. 또한 내가 운영하던 스타트업 회사들에 막대한 세금이 부과되었지만 제대로 처리하지 못해 밀려 있는 상태였다. 한편, 내 결혼 생활도 위태로웠다. 빚이 의심으로 이어졌고, 의심은 절망으로 치달았다. 나는 이 모든 것들에서 벗어날 수 없었다. 무모한 지출을 여성의 능력으로 포장했던 교묘한 광고 전략에 내가 속은 것이었다. "소중하다"는 말의 의미를 완전히 잘못 생각하고 있었다. 가치의 의미를 제대로 이해하지 못했다.

그때 구원의 손길이 나타났다. 비디오 게임 중독자였던 10대 시절, 나는 폭탄과 괴물의 공격을 받을 때마다 리셋 버튼을 눌러서 게임을 처음부터 다시 시작했다. 그리고 '사망'할 때마다 전략을 연구하고 기술을 연마해서 승리한 경험이 있었다. 영혼에 어둠이 드리우던 어느 밤에, 내 안에 있던 10대 소녀가 구원의 말을 속삭였다.

'어맨다, 리셋 버튼을 눌러. 부활하라고. 실수를 파악해서 기회로 삼아. 낡은 생각은 흘려보내고 완전히 다른 방식으로 게임을 바라봐. 다시 시작하는 거야. 게임이 진짜로 끝난 건 아니잖아.'

나는 천천히 그렇게 했다. 경제적·감정적으로 나를 일으켜 세워줄 대책을 마련했다. 나와 내 아이들을 위해 가치 있는 삶이 무엇인지 새롭고 확실하게 이해했다. 나는 내 이야기의 결말을 내가 통제할 수 있다는 사실을 깨달았다. 나는 내 이야기를 바꾸었다. 구체적으로 말해서 내 '머니 스토리money story'를 변경했다. 알고 보니 내가 '책임감 있는 성인'이 되어 인생의 반전에 혼란을 느끼기 전까지 내 머니 스토리는 내 인생 이야기, 즉 청소년기와 크게 다르지 않았다.

멋진 삶을 살기 위해 돈을 많이 벌어야 한다고 내 자신에게 말해왔던 이야기가 사실은 운명이 이미 정해진 동화였다. 하지만 실제로 내 인생에서 미리 정해진 것은 전혀 없었다. 배우자의 협조를 받거나 가족으로부터 뜻밖에 재물을 받는 마법 같은 순간이 와도 나는 이 절망적인 '머니 코마money coma'에서 벗어나지 못할 것이며, 내 운명을 바꾸지도 못할 터였다. '어서 일어나, 잠자는 공주야.' 나는 나 자신을 다그쳤다. '어서 현실로 돌아가. 너는 네가 바라는 행복을 만들어 가야 할 책임이 있어. 네 이야기를 쓰는 사람은 너라고.'

당신도 마찬가지이다. 당신은 요정 가루나 마법 키스보다 훨씬 더 강력한 무언가를 이용할 수 있다. 자신의 마음과 상상력(내가 간절히 바라는 나의 모습)을 활용해라. 하지만 자신의 이야기를 집중해서 들여다보기 전에, 경제적 독립이 왜 그렇게 여성들에게 현실적으로 어렵고 불가능했는지를 먼저 살펴보기로 하자. 지금은 훨씬 좋아졌지만, 아직도 갈 길이 멀다.

여성은 이제 무시할 수 없는 존재가 되었다

기본적인 질문 하나를 던져보겠다. 여성들에게 가치란 어떤 의미일까? 지난 몇 년간 발표된 경제 보고서들을 살펴보면, 역사상 그 어느 때보다 여성들의 가치가 높아졌다. 오늘날 미국 경제에서 여성들이 많은 역할을 하고 있다. 이는 더 이상 뉴스거리도 아니다. 현재 관리직과 전문직 분야에서 여성이 다수(52%)를 차지한다. 더구나 40%가 넘는 미국 가정에서 여성이 생계를 책임지고 있는데, 이는 1960년 이후로 거의 4배나 증가한 수치이다. 또한 미국의 소비시장을 살펴보면, 여성들이 가계 지출의 대부분을 결정하고 있다. 예를 들어, 가구 구매의 94%, 휴가의 92%, 주택의 91%, 자동차의 60%, 가전의 51%를 결정하는 주체가 여성이다. 하지만 훨씬 규모가 큰 분야에서 영향력을 행사하는 여성들도 있다. 이들은 민간 기업의 30%를 소유하고, 거의 800만 명이 넘는 미국인들을 고용하고 있다.

전 세계적으로도 민간 자산의 30%를 여성이 소유하고 있다. 이들 자산의 대부분(자산 규모는 매년 7% 정도 증가할 것으로 예상하는데, 이는 평균보다 높은 수치이다)은 **자수성가**하여 이룬 것이다. 그런데 더 대단한 사실은 무엇일까? 현재 미국에서 여성들은 개인 자산의 51%인 14조 달러를 관리하고 있는데, 2020년 즈음이면 그 규모가 22조 달러가 될 것이라는 사실이다.

이것이 얼마나 큰 영향력인지 생각해보라. 이제 여성들은 아이들 도시락에 넣을 글루텐이 함유되지 않은 유기농 두부 과자를 고르고, 올여름에 휴가 때 친구네 집에 놀러갈지 아니면 코스타리카 생태관광을 위해 스페인어를 배울지 등을 결정할 뿐만 아니라 어느 기업, 자선 단체, 정치인, 인도주의 단체 등을 후원할지 선택한다. 여성들은 이제 자기 돈을 투자해서 의사를 표시할 수 있다. 즉 무시할 수 없는 존재가 되었다. 따라서 이제 여성들은 자신의 가치를 최우선으로 생각할 수 있다. 돈줄을 쥐고 있는 사람은 누구나 힘을 가지기 때문이다. 여성들은 이렇게 주장할 것이다.

"좋아요. 말라리아가 퍼지지 않도록 문제를 해결합시다."

"아니요. 자연을 천연 그대로 보존해야 하니까 저는 화석연료를 개발하는 사업을 지원하지 않겠어요."

"보편적 건강보험을 마련하고, 보육시설을 이용하기 쉽게 만들어야 합니다. 더 많은 교육기회를 제공하고, 자녀 연령에 맞게 단계별로 학부모를 지원해야 합니다."

자, 당신의 요구사항도 적어보라.

이는 정말로 신나는 일이다. 여성들은 지금까지 가져본 적이 없던 기회를 누리고 있다. 적어도 언제 누구와 아이를 갖고 싶은지 선택할 수 있다. 결혼을 전제하지 않고 자유롭게 사랑을 나눌 수 있다. 직업과 배우자, 집과 재산 그리고 돈과 관련된 모든 것을 선택할 수 있다. 하지만 옥에 티가 있다. 사실 티라고 부르기에는 크고 추한데도 여전히 우리 여성들은 이를 조용히 무시하고 있다.

그러나 여전히 갈 길이 멀다

아직도 여성은 돈을 버는 능력과 저축, 재산 규모에 있어서 남성에 뒤처져 있다. 이는 사실이다. 2020년을 바라보는 지금, 여성은 이전보다 돈에 대한 통제력을 더 많이 가진다. 하지만 아직 **많이 부족하다.**

이 책을 쓰면서 나는 미국 노동통계청에서 발표한 최신 통계들을 살펴보았다. 이 통계에 따르면, 오늘날 직장 여성이 받는 급여는 남성의 83% 수준이다. 여성의 나이가 많을수록 남녀 간 임금 차이는 더욱 벌어진다. 젊은(20세에서 24세) 여성의 경우는 남성 동료가 받는 급여의 92%를 받는다. 2016년에 미국 비영리단체인 카탈리스트Catalyst에서 조사한 자료를 보면, 여성은 서른다섯 살이 될 때까지 남성 임금의 90%를 받는다고 한다. 하지만 서른다섯 이후에 여성의 중간소득은 서서히 줄어들기 시작한다. 정규직 여성은 **남녀 간의 임금 격차 때문에** 40년에 걸쳐 평균 46만 달러 이상을 손해 본다. 이렇게 생각하면 된다. 여성이 그 손실을 보전하려면 **12년을 더 일해야 한다.**

또한 여성은 미래에 투자할 기회도 잃고 있다. 이는 대단히 심각한 일이다. 미국 노동부에서 보고한 자료를 보면, (21세부터 64세까지) 6,300만 명이 넘는 미국 여성 근로자 중 44%만이 직장에서 제공하는 퇴직연금에 투자하고 있다. 아주 중요하고도 간단한 공식으로 표현하면, 가구의 순자산은 총자산에서 총부채를 차감한 것인데, 미국 통계청 보고서에 따르면 여성 가장이 있는 가구의 순자산은 약 2만 2,000달러 정도이지만 기혼 가정은 약 14만 달러라고 한다. 상대적으로 경제력이 이렇게 낮은 상황에서 어떻게 여성의 잠재력이 향상될 수 있겠는가?

뿌리 뽑기 어려운 성차별주의

2009년에 데일리워스DailyWorth를 설립한 후, 나는 장기적 재정 안정성이라는 관점에서 본 남녀 간 차이가 내가 알던 수준보다 훨씬 더 심각하다는 사실을 알게 되었다. 오늘날 돈을 관리하고 불릴 기회는 남녀 모두 같지만, 문화적 정서는 그렇지 못하다. 투자정보회사, 컨설팅 회사, 정부 기관, 여성과 가치에 관심 있는 비영리단체 등 여러 기관에서 다음과 같이 동일한 조사 결과를 내놓았다. 즉 투자를 하거나 금융 관련 의사결정을 할 때, 여성보다 남성이 대체로 두 배는 더 많이 자신감을 보이며, 남성은 책임감을 가지고 의사결정을 주도하지만 여성은 일과 가사를 병행하는 것만으로도 충분히 가정경제에 기여하고 있다고 말한다.

왜 아직도 여성은 이런 성차별적 태도를 보이는 걸까? 미국 역사에서 오래전에 사라져버린 〈매드맨Mad Men〉(1960년대를 배경으로 하는 미국 드라마—옮긴이) 시대의 낡은 잔재가 왜 아직도 없어지지 않는 걸까? 문득 이렇게 좌절감이 들 때마다 그 시대가 그렇게 먼 시절의 이야기는 아니라는 생각이 든다. 어쨌든 여성해방운동은 오늘날의 젊은 여성들이 태어난 이후에야 영향력이 생겼다. 이렇게 생각해보자. 초창기 X세대(1965부터 1980년 사이에 태어난 세대)는 미국 기혼 가정에 산아제한이 합법적이었을 때 태어난 아이들이다. 1974년까지 미국에서 여성은 남성의 공동 서명이 없으면 은행에서 신용카드 한 장도 만들지 못했다. 그 여성이 독신이든 기혼이든 상관없었다. 1970년대 초 아이오와 주 대븐포트 시장은 여성이었는데, 그녀가 뱅크 오브 아메리카에 신용카드 발급을 신청하자 거절당했다. 그녀는 남편의 공동 서명을 받고 난 후에야 카드를 발급받을 수 있었다. 심지어 1981년까지 남성이 아내와 상의하지 않고 부부 소유의 주택으로 2순위 주택담보 대출을 받는 것이 합법이었다.

지금은 이상해 보이지만 우리가 성장기를 보냈던 과거 미국에서는 당연한 일이었다. 게다가 모든 성차별적 법률과 사회 관습들이 남성은 이성적인 부양자로 '만들어지지만built' 여성은 감정적인 양육자로 '굳어진다hardwired'는 낡은 고정 관념에 어느 정도 근거한다. 그리고 여성들은 그런 주제를 다양하게 변주한 다음과 같은 이야기들을 수없이 듣는다.

"너는 복잡한 정치나 투표 같은 것을 알 필요가 없고, (솔직히 말해서) 알 방법도 없어. 대학 교육을 받지 않아도 되는데, 석·박사는 말할 것도 없지. 기업과 학교, 과학과 법률, 의료와 정치 등의 분야에서 고위직으로 일할 때 갖춰야 할 조건 역시 몰라도 돼. 인간의 성생활과 재생산에서 네가 담당하는 역할은 그 가치를 인정받기 어려운데, 하물며 그 역할을 통제하기란 불가능하지."

이런 식의 이야기들은 계속된다. 오랜 세월 동안 여성들은 뿌리

뽑기 어려운 성차별주의에 맞서 싸우며 그것을 무너뜨리고 있다. 하지만 유독 돈에 관해서는 태도 변화가 느린 편이다. 여성들이 경제계에서 현실을 따라잡는 속도가 왜 그렇게 더딘 것일까? 무엇이 우리를 방해하고 있을까?

우리의 잘못인가?

우리는 10년이 넘도록 그건 여성들의 잘못이라는 말을 들으며 살았다. 즉 고등교육을 받고 야망도 있는 여성이 가족을 돌보기 위해 '자진해서' 직장을 그만두기 때문에, 남녀 사이에 소득과 성취도의 차이가 없어지지 않고 계속된다는 것이다. 오늘날 미국에서 완벽한 어머니가 되는 것이 얼마나 어려운지 잘 아는 우리로서는(전 세계가 다 알 것이다) 그런 주장을 믿고 싶기도 하다. 하지만 그게 사실일까? 버스 운전사든 CEO든 미국에서 가족을 돌보는 사람 중 거의 70%가 여성이다. 하지만 그들 중 16%는 가족을 돌보는 일과 병행해야 하므로 덜 힘든 직장을 얻으라고 강요받는다(남성이 가족을 돌보는 경우는 6%만 이런 강요를 받는다). 그러므로 뚜렷한 증거 없이 성취도가 높은 여성들이 직장에서 가정으로 대탈출 했다고 주장하는 것은 논점에서 벗어났다는 인상을 준다.

하버드 경영대학원이 20년간 전문직 여성을 조사해서 2014년에 발표한 결과를 보면, 대학원 졸업생 2만 5,000여 명 중에서 "오직 11%만 직장을 떠나 자녀를 돌보는 전업주부로 살고 있다." 흑인과 남아시아계 여성들의 경우는 그 비율의 반에도 미치지 못하는 4%

만 직장을 떠났다. 하버드 경영대학원 출신 엄마 중 대다수는 '자진 퇴사'는커녕 가정에서 18세 미만의 자녀들을 키우면서 동시에 직장도 다니고 있었다. 세대별로 살펴보면, X세대는 74%가, 베이비붐 세대는 52%가 그렇게 하고 있었다. 실제로 하버드 경영대학원의 연구는 성취도가 높은 여성이 아이를 낳고 퇴직할 때 단순히 전업주부가 되고 싶어서 떠나는 경우는 극히 일부분이라고 주장한다. 대다수는 영원히 '마미 트랙mommy-track'(가사, 육아 등을 위해 출퇴근 시간을 조절할 수 있되 승진, 승급의 기회는 적은 어머니의 근로 형태를 말한다.—옮긴이)에 갇힐 수밖에 없는 상황에서, 직장 내 미묘한 성차별적 분위기에 밀려 최후의 선택으로 직장을 떠난다고 한다. 그들은 탄력근무제를 사용했다는 이유로 불이익을 받고, 승진 대상에서 제외되며, 과거에 자신이 주도했던 프로젝트에서도 배제된다.

여성들이 조직적인 방식으로 승진에 필요한 업무 평가를 제대로 받지 못한다는 후속 연구도 있다. 2016년에 스탠퍼드 대학교에서 발표한 연구 결과를 보면, 업무 평가자들이 남자와 달리 여자 직원의 업적을 평가할 때는 회사의 구체적인 결과물과 연계하지 않기 때문에 남자 직원의 장점(승진에 적합한지 아닌지)이 상대적으로 좀 더 주목받는다고 한다. 여성들은 대체로 잘하고 있다는 말은 듣지만, 평가자들은 그들의 업적이 언제 회사에 도움이 되었는지 특히 회사가 그들의 기여도를 어떻게 평가하는지 구체적으로 언급하지 않는다. 이런 모호한 피드백으로 여성의 업적이 상대적으로 낮게 평가되는 데 반해, 남성은 그렇지 않다. 말하자면 모호한 피드백은 특별히 여성에게만 장애가 된다.

한술 더 떠, 평판을 중요시하는 직장에서 '보스'처럼 행동한다고 낙인찍히는 비율이 남성보다 여성이 두 배 더 많다고 2015년에 창조적 리더십 연구센터가 발표한 보고서는 지적한다. 하지만 구체적으로 누가 '보스'처럼 행동했는지 상황을 설명하라고 하면, 사람들은 남성(48%)과 여성(52%)을 거의 비슷한 비율로 지목했다.

똑같이 보스처럼 행동해도 여성은 남성보다 인기가 떨어지고 앞으로 직장에서 성공할 가능성도 적어진다. 이와 관련해서 리더십 연구센터의 연구는 좀 더 심각한 문제를 파악했고 그 내용을 다음과 같이 설명했다.

리더를 생각할 때 사람들은 대체로 남자와 남성적 특징(예컨대 독립성과 적극성, 경쟁심)을 떠올린다. 반면 여자는 일반적으로 직장에서 여성적 특징(예컨대 남을 보살피고 친절하며 이타적이다)을 보일 것이라고 예상한다. 이 때문에 여성적 특징을 보이는 여자는 리더십이 부족하고, 남성적 특징을 보이는 여자는 여성스럽지 못하고 인색하며 남들이 싫어한다고 인식하게 만드는 '이중맹검 double-blind'(실험자와 피실험자 모두 누구에게 위약이 투여되었는지 모르게 하는 기술—옮긴이)이 발생한다.

이런 식의 어설픈 성차별주의는 여성들이 남성 상관과 승진 문제를 협상할 때 노골적으로 드러난다. 2006년에 하버드와 카네기멜론이 공동 연구하여 발표한 보고서를 보면, 직원이 연봉 협상을 주도하고 회사에서 그 요구를 받아들였음에도 불구하고 평가자들은 해당 직원이 여성인 경우 남성보다 더 많은 불이익을 준다고 한다. 남성 평가자들의 "고분고분함과 까다로움에 대한 인식이 협상을 시도하는 여성 직원에 대해 거부감을 일으켰다"는 것이다. 그런데 잠깐만, 뭐라고? 그렇다. 남성 평가자들은 이렇게 말한다. "이것 봐요, 여성분들. 감히 남자 상관에게 급여 인상을 '요구'하다니요. 그런 태도는 (요구가 받아들여진다고 해도) 바람직하지 않아요. 남자 상관은 여성이라면 **당연히** 그래야 하듯 **고분고분하게 행동하지 않으면** 싫어한답니다." 세상에. 나는 이렇게 대놓고 하는 차별이 우리 사회에서 얼마나 자주 일어나는지 깨달을 때까지 몇 번이고 그 글을 읽어야 했다. 하지만 사실이 그렇다. 직장 내 성차별은 말 그대로 여성이 남성만큼 벌지 못하도록 막고 있다(그리고 이런 일은 늘 일어난다). 그럼 이런 차별을 없애기 위해 여성들은 무엇을 할 수 있을까?

"난폭하고 무자비하고 병적인" 편견

확실히 세상은 여성의 참여를 장려하지 않는다. 편견은 직장과 우리 주변 곳곳에 존재한다. 여성과 돈에 관한 고정 관념을 떠올려 보라. 구원을 기다리는 공주가 있다. 어리석게 돈이나 쓰는 사람이 있다. 부자 남편을 찾아 돈을 우려내려는 여자가 있다. 내가 만났던 많은 여성은 보호를 받고 직장을 그만두고 용돈을 받고 싶어 한다. 대략 이런 식이다.

미디어가 남녀를 묘사하는 모습에서도 성차별을 발견할 수 있다. '역할 전환 Role Reversal'이라고 부르는 TV 광고를 보면, 밀레니얼 세대인 아들이 오늘날 투자하는 방법에 관해 자기 아버지의 생각을 바로잡아준다. 그런데 '첫 과제First Job'라고 부르는 또 다른 광고에서는 젊은 여성이 장기적인 재무 목표를 설정하는 것과 관련해서 (남편과 남편의 재무상담사로부터) 조언을 받는다. 이런 광고들은 여성이 남성과 달리 돈을 잘 다루지 못하고 돈에 관심도 없다는 메시지를 담고 있다. 여성은 돈의 영향을 별로 받지 않으므로 돈 걱정을 할 필요가 없다는 것이다.

하지만 현실은 다르다. 오늘날 MBA 학위를 가진 사람의 반 정도가 여성이다. 우리 여성은 자진해서 직장을 그만두지 않는다. 하지만 이런 사실에도 불구하고 자립한 여성들에 대한 편견은 여전히 남아 있다. 여성이 돈에 관해 자신감을 보이면 '고분고분한' 사람이 아니라 '까다로운' 사람처럼 보인다. 돈은 힘을 의미한다. 돈의 작용을 이해하고 있으면 힘이 생긴다. 하지만 힘 있는 여성은 실속을 챙길 수 있는 과제나 심지어 승진에서 배제되기 쉽다. 또한 '보스'처럼 행동하는 나쁜 리더라는 평을 자주 듣는다. 이런 평가는 정부와 기업에서 일하는 여성들이 남성 동료와 동일한 수준으로 임금 인상과 승진을 요구할 때에도 마찬가지이다.

2016년 민주당 경선에서 힐러리 클린턴과 그녀의 경쟁자(남성)를 어떻게 비교했었는지 그 내용을 살펴보자. 조지타운 대학교의 언어학과 교수인 데버라 태넌Deborah Tannen이 〈워싱턴 포스트〉에 기고한 글에 따르면, 사람들이 '야망이 있다'라는 단어와 '버니 샌더스'를 함께 검색했을 때 '야심 찬 계획'이라는 제목의 기사를 찾을 수 있었다. 도널드 트럼프의 경우는 '야심 찬 추방 계획'이라는 기사가 검색된다. 하지만 힐러리와 '야망이 있다'는 단어를 같이 검색하면, '난폭한' '무자비한' '병적인'과 같이 대단히 부정적인 단어들과 결합한 글들이 등장한다고 한다.

이런 생각은 우리 주변 곳곳에, 심지어 대부분의 인간관계에서도 반복적으로 나타난다. 2015년 슈라이버 보고서 Shriver Report(미국 내 양성평등 현황과 관련 이슈를 다루는 보고서—옮긴이)에 따르면, 이성애자 남성들은 자기 아내가 지적이고 매력적이며 상냥하기 때문에 결혼했지만, 딸은 지적이고 독립적이며 강인하게 키우고 있다고 한다. 그런데 이 딸들은 자기 엄마가 순종을 강요받는 환경에서 어떻게 경쟁의 의미를 배울 수 있을까? 종종 여성은 타협점을 찾으려고 애쓴다. 성취감을 충분히 주는 직업을 찾지만, 책임의 범위가 넓고 소득이 많은 일을 애써 구하지는 않는다(혹은 그런 직업이 여성을 거부한다). 심지어 현재와 미래에 원하는 것을 정확히 얻는 데 필요한 저축과 투자도 늘리지 못한다.

물론 남녀의 임금을 동일하게 만들면 이런 문제 중 일부가 해결될 것이다. 가족을 보살피는 여성에게 더 많은 지원을 해주거나 젊은 여성에게 제대로 된 멘토링 기회를 제공하는 방법도 마찬가지이다. 그러나 문제를 제대로 해결하려면 궁극적으로 더 많은 여성이 돈 관리를 두려워하지 말아야 한다. 돈은 선택권을 준다. 정말로 풍요로운 삶을 살려면 걱정이나 죄책감, 두려움이나 부끄러움을 느끼지 않고 돈 관리를 시작해야 한다. 바로 지금 말이다. 고소득은 안전하고 안정된 길로 안내한다. 돈, 그리고 그로 인한 힘이 곧 한 사람의 가치를 결정한다.

자기 자신에 대한 편견은 무엇인가?

우리 스스로 자신이 가진 편견을 하나하나 조사하는 일이 중요하다. 예상외로 몇 가지 편견은 쉽게 없앨 수 있다. 예를 들어 '소중하다'라는 의미와 완전히 상반되는 가치와 신념이 내 20대 후반을 지배하고 있었을 때, 내가 최초로 시도했던 간단한 방법은 나 자신을 (파괴적이지 않은 생산적인 단어를 사용해서) 세뇌하는 것이었다. 전에는 나 자신을 '소비형 인간'이라고 부르며 스스로에 대해 좋지 않은 편견을 가졌지만, 이제는 '저축형 인간'이라고 부르기 시작했다. 거짓말이 아니다. 나는 파산했지만, 가방이나 주머니에서 동전을 발견할 때마다 주방에 있는 병에 넣고 제다이 마인드 트릭Jedi mind trick(영화 〈스타워즈〉에 등장하는 용어로, 상대방의 정신을 조작해서 대상의 인식을 변경하는 속임수―옮긴이)을 사용해서 "나 방금 저축했다. 봤지? 난 저축형 인간이야!"라고 나 자신에게 유쾌한 텔레파시를 보냈다. 물론, 이런 방법을 쓴다고 곤경에서 영원히 벗어나는 것은 아니다. 여전히 일이 안 풀리면 빚을 지고, 괜찮아지면 갚는 일이 반복될 것이다. 하지만 저축과 자기암시라는 간단한 연습을 규칙적으로 계속 한 덕분에, 요즘은 습관적으로 지출하기 전에 저축부터 한다.

"돈 이야기를 하지 말라고 교육 받았어요"

문화와 밀접하게 연관된 일부 편견은 우리의 세계관에도 깊숙이 자리하고 있어 말끔히 없애기 어렵다. 하지만 편견을 인지하고 그와 관련된 자신의 반응을 점검함으로써 생산적으로 사고하고 행동하는 데 방해가 되지 않게 할 수는 있다.

2016년에 자산운용사인 피델리티Fidelity에서 발표한 조사 결과를 살펴보자. 조사 대상 여성 중 대부분(82%)은 자신 있게 가정 경제와 예산을 관리하고 있었다. 하지만 그들에게 장기적인 재무안정성을 계획하고 있는지 그리고 올바른 투자 방식을 선택하고 있는지를 질문했을 때 확신을 하고 답한 비율이 각각 37%와 28%로 급격히 떨어졌다. 그들의 심리가 얼마나 왜곡되어 있는지 확인해 보면 안타까울 정도이다. 거의 모든(92%) 여성이 재무 설계에 관해 더 많이 알고 싶어 하고 75%는 돈과 투자에 관심이 있는데도, 그들 대부분(80%)이 가족과 친구를 포함해서 가까운 사람들과 자신의 재무 상태를 상의하기를 꺼린다고 말했다. 그 이유가 무엇일까? 응답자의 약 3분의 1이 다음과 같이 말했다.

"말하기가 불편해요."

"저는 자라면서 돈 이야기를 하지 말라고 교육 받았어요."

오늘날 여성의 발전을 주제로 하는 토론들은 대부분 성차별이라는 이슈에 사로잡혀 돈에 관한 언급은 전혀 하지 않는다. 하지만 토론의 균형을 맞추려고 하다 보면(즉 여성들이 돈을 관리하고 즐길 수 있다고 의견을 제시하면) 우리가 무의식적으로 결혼과 가족의 기능에 관해 가지고 있던 신념이 위태로워진다. 예컨대, 모범적이고 여성스러우며 호감을 주는 여성이 돈이나 사업에 관해 솔직하게 이야기하면 인간관계가 위협받기도 한다. 2015년에 TV 리얼리티 쇼 '백만장자 중매인Millionaire Matchmaker'을 진행하는 패티 스트레인저가 한 인터뷰에서 이렇게 말했다. "저는 여성들에게 직장에서는 알파 우먼이, 가정에서는 베타 우먼이 되라고 말합니다. 그러려면 연습이 필요해요. 만약 당신이 자기 삶을 잘 관리하는 사람이고 남자들이 당신 주변에 잘 오지 않으려고 한다면, 당신은 가정에서 집안일을 잘하는 베타 우먼이 되려고 노력해야 합니다. 집에 도착하면 서둘러 기어변경을 하고 알파 우먼의 모습을 지워야 하죠. 왜냐하면, 대부분의 알파 맨은 알파 우먼이 집에서 이래라저래라 지시하는 것을 싫어하거든요."

위기가 오리라고는 전혀 예측하지 못했다

하지만 스트레인저의 방법은 차질을 빚기도 한다. 내가 이야기 한편을 들려주겠다. 내 친구 스테프 와그너는 대학 때 사귄 남자 친구와 동화 같은 연애를 한 뒤 그와 결혼했다. 재무학을 전공한 스테프는 월스트리트에서 애널리스트로 일하겠다는 목표를 세웠고 우수한 성적으로 대학을 졸업했다. 20대를 보내고 30대에 접어들 무렵, 그녀는 모든 것을 가진 사람처럼 보였다. 행복하고 균형 잡힌 결혼 생활, 좋은 직장(그녀는 스물다섯에 이미 사모펀드 회사의 부회장으로 일하고 있었다)과 그녀를 존경하는 동료들, 부유해지는 살림과 조만간 늘어날 식구까지 모든 게 완벽했다. 스테프는 첫 아이를 낳고 나서 상관의 허락을 받아 시간제 근무를 했지만, 곧 둘째 아이가 생겼다. "큰 애가 두 살이 되고 둘째 아이를 가진 지 6개월째가 되었을 때 회사에서 나더러 경비행기를 타라고 하더군. 그게 다였어. 나는 그만두기로 했지." 스테프가 내게 그렇게 말했다.

그녀는 남편과 일종의 거래를 했다. "우리 부부는 가족과 남편 경력에 무엇이 최선일지 생각했어. 신중하게 판단했고, 섣불리 예단하거나 '젠장, 내가 뭘 하는 거지?'라고는 생각하지 않았지. 나는 전적으로 남편을 신뢰했기 때문에 내가 위험에 빠질 줄 몰랐던 거야." 사실 그녀는 부유한 가정에서 아들 셋을 키우면서 대단히 밝고 의욕적이며 바쁘게 살고 있었다. "남편은 1년에 200일이나 출장을 다녔기 때문에 아무것도 걱정하지 않도록 내가 혼자서 집을 관리했어." 하지만 결혼한 지 18년 만에 그 '거래'는 깨졌다.

어느 날 밤 스테프는 남편의 이중생활에 대해 알게 되었다. 남편은 거의 3년간 바람을 피우고 있었다. 그녀는 1년 반 동안 고통스러운 시간을 보내면서 과거에 좋았던 부부관계와 삶을 회복하려고 노력했다. 하지만 잘되지 않았다. 남편이 집을 나가 다른 주로 이사를 가버리자, 스테프는 감정적·경제적으로 망가진 자신의 인생을 자세히 들여다볼 수 있었다. 혼자서 아이들을 돌봐야 했지만, 이미 직장을 그만둔 지 14년이나 지났다. 그동안 그녀는 모든 일을 '올바르게' 해왔고, 그녀의 삶은 잘 관리되는 것처럼 보였었다. 그렇지 않다는 것이 드러나기 전까지는 말이다. 하지만 그녀는 아무 준비도 되어 있지 않았다.

자, 만약 당신의 재무 전략이 부자와 결혼하는 것이라면(나는 당신이 실현 가능한 계획을 세웠으면 좋겠으니 제발 그렇게 하겠다고 약속해주기를 바란다) 또는 재력가와 결혼한다면, 당신은 가정 경제에 관한 책도 읽어야 한다. 부부가 가진 재산 명세와 돈의 흐름을 분명히 알고 있어야 한다. 자산 현황을 파악하면(다른 사람들에게 잘 알고 있다고 명확하게 말할 수 있을 정도로), 당신은 돈 관리에 참여하고 싶을 것이다. 더 많이 참여하고 더 잘 이해할수록, 배우자와 함께 인생을 꾸려갈 수 있다. 이것이 여성들에게 필요한 새로운 규범이다.

거주지에 따라 다르겠지만, 혼인 관계가 지속되는 동안 당신과 배우자가 형성한 것(자산 포함)이 이혼할 시점에 부부 공동 재산이 된다. 하지만 사는 지역에 따라 법이 다르고, 특별히 이혼 과정이 매끄럽지 못한 경우에는 부동산과 자산의 실제 가치를 파악하기가 까다롭다. 그러므로 상황을 잘 파악하고 있어야 한다. 이혼할 때 배우자가 전부 가져가 버리는 일이 비일비재하기 때문이다. 결혼 생활을 하면서 돈 관리에 참여하지 않으면 이혼할 때 무방비 상태가 된다. 그러면 정말 문제가 심각해진다.

바버라 스태니 Barbara Stanny는 자신의 책 《저소득 극복하기 Overcoming Underearning》에서 자신의 자산에 대해 잘 모르고 지내다 낭패를 당했던 일을 썼다. 세계 최대 세무법인 회사인 에이치 앤 알 블록 H&R Block 창업자 중 한 사람의 딸인 스태니는 상당한 유산을 물려받았는데, 그녀는 결혼하면서 남편에게 경제권을 넘겼다. 남편이 재산을 잘 관리하리라고 생각하면서 자신은 재산 관리에서 손을 뗐다. 그런데 최악의 상황이 벌어졌다. 그녀의 남편이 도박으로 스태니 재산 대부분을 날렸을 뿐만 아니라(그녀의 남편은 재무상담사였다!) 체납 세금도 백만 달러나 남겼다. 스태니는 이혼 후에 막대한 빚을 지게 되었고, 아이들도 홀로 돌봐야 했다. 이런 엄청난 곤경에 빠지기 전까지 그녀는 돈을 외면하고 있었다.

모든 일을 스스로 해결해야 한다

이혼은 인생의 커다란 커브볼이지만 다른 일들도 충분히 일어날 수 있다. 예를 들어, 퇴직연금의 자산 배분을 재무상담사에게만 믿고 맡겼다가 은퇴 즈음에 주식 시장이 붕괴하면 자산의 반 이상을 잃을 위험이 있다. 사실 지출이라는 것은 꽃이 만개하듯 애초 계획한 규모보다 거침없이 늘어나는 마법을 부릴 때가 많다. 안정성은 있다가도 사라지고 없다가도 생긴다. 아이가 갑자기 휴대폰을 사 달라고 하거나 데이터 용량을 늘려달라고 할지 모른다. 아이들 원정 축구는 2,000달러가 든다. 지출은 매달, 매주 발생한다. 렌트한 차가 찌그러지기도 하고(나는 올해 두 번이나 이런 일을 겪었다), 아버지에게 약을 사드려야 하거나, 아이에게 과외교사가 필요할지 모른다. 아이들과 직장 상사가 징징거리는 소리를 들어주느라 아프게 된 귀를 수술 받아야 할 수도 있다. 잠시 이야기가 다른 길로 빠졌지만… 이 모든 일은 비용이 많이 들고 생활에 지장을 주지만, 어쨌든 정상적이다. 내게는 **모두 가졌다**는 말이 **모두 해결한다**는 의미이다. 문제를 해결하는 주체로 자신을 설정했다면, 모든 일을 스스로 해결해야 한다. 그것이 바로 우리 여성이 지향하는 지점이다.

내 경험상, **모두 해결한다**는 말은 불가능한 목표(달성할 수 없는 것을 시도한다는 전율을 느끼게 하는 것)도 이룬다는 의미이다. 우리에게는 정말로 손을 뻗어 잡고 싶은 무언가가 있다. 마치 우리 조부모(또는 심지어 부모) 세대가 이 나라에 정착하기 위해 혹은 자기 집을 마련하기 위해 계획하고 저축하고 전략을 짜느라 엄청나게 많은 시간을 쏟았던 것처럼 말이다. 큰 꿈을 꾸고 터무니없는 목표를 설정함으로써 내 야망은 점점 커져서, 돈은 고역이 아니라 의욕을 불러일으키는 자극제가 된다.

인생은 학교를 졸업하는 것부터 돈을 벌어 가정을 이루고 은퇴하는 때에 이르기까지 곧고 바른 길로만 가지 않는다. 그리고 이때문에(우리는 받을 자격이 있다고 느끼는데 인생이 우리 **생각**대로 되지 않기 때문에), 우리는 스스로 뭔가 실수를 했다고 생각한다. 일이 틀어지면 **자신이 잘못했다고** 생각하는 것이다. 하지만 그런 생각은 함정이다. 그리고 그 함정 때문에 우리의 사기와 의욕은 완전히 꺾인다. 당신은 천국으로 가는 계단을 오르는 것이 아니라 폭풍 속에서 파도를 타고 있다. 이제 알겠는가?

남자들처럼 여자들 역시 돈이 필요하다

여성들이 사회에서 돈을 멀리하는 태도는 전통적 관습으로 어느 정도 설명이 되지만, 현실적인 이유도 상당히 많다. 2016년에 푸르덴셜 보험사에서 조사한 내용을 보면, 전력을 다해 일하는 여성도 장기적인 재무 목표를 달성하기에 충분할 정도의 돈은 없다고 한다. 실제로 응답자의 거의 3분의 1은 재무 설계를 하지 못하는 가장 큰 장애물로 가처분 소득의 부족을 꼽았다. 또한 조사 결과를 인용하자면, 많은 여성이 "금융상품과 그 상품을 설명하는 데 사용되는 전문 용어에 익숙하지 않다고 인정했으며, 이용 가능한 상품을 평가할 때 어떤 점을 고려해야 할지 모르겠다고 말했다." 하지만 그 이유에 대해서 그들은 단지 시간이 없었을 뿐이라고 말했다.

그들의 말은 전부 거짓이다. 오늘 식사를 했다면 저축할 돈도 있었던 것이다. 금융상품을 구별하기 어렵다면, 저축계좌를 따로 분리하는 일부터 시작하라. 시간이 없다고 생각하는가? 한 시간 더 일찍 일어나라. 당신에게는 자신의 재무 상태를 변화시킬 수 있는 돈과 두뇌와 시간이 있다(이 책이 그 문제를 아주 명쾌하게 설명해줄 것이다). 돈이 필요할 때 넉넉하게 쓸 수 있도록 시간을 내어 다양한 금융상품들을 미리 알아둬야 한다. 미국 여성의 90%는 어느 정도 스스로 알아서 재무적 결정을 할 수 있다. 남성이 부양자이고 여성은 보호받는 대상이라는 생각은 더 이상 현실에서 유효하지 않다. 미국 내 1억 1,100만 가구 중 불과 2,300만 가구만 전통적인 핵가족이다. 우리 집처럼 대다수 가정은 한쪽 부모가 직장을 다니며 아이를 기르되, 양육은 이혼한 부부가 공동으로 맡는다.

일상생활(집과 차를 사고, 자녀를 양육하며, 은퇴자금을 마련하고, 새로운 집으로 이사하는 것)에서는 돈이 많을수록 선택권도 많아진다. 선택권이 있으면 열악한 공립학교나 장래성이 없는 직장에 다니지 않아도 되고, 사회보장 제도에만 의지해 살지 않아도 된다. 여성들은 돈을 벌어 저축하고, 투자해서 돈을 불리며, 계획을 세워 지출하고, 인생을 즐기며 그 즐거움을 사람들과 나누는 방법을 반드시 알아야 한다. 하지만 지금까지 여성들은 가정에서 의존적인 구성원으로 남고 싶었고, 돈이 움직이는 방식을 이해하려고 노력할 때는 부담을 느꼈다. 또한 삶이 지금 모습 그대로 '고정'되리라고 굳게 믿은 나머지 현재에 도전하지 않는다. 우리 여성은 돈에 관해(그리고 돈을 생각하는 방식에 대해서도) 창의력이 부족하다.

부지런히 저축하고, 예산을 관리하며, 투자하는 여성이 별로 없다는 의미가 아니다. 데일리워스가 2015년 8월에 4,000명의 여성을 조사한 결과, 응답자의 50%는 날마다 자신의 재무 상태를 점검한다고 말했다. 하지만 이는 여성들 절반이 그렇지 않다는 것도 의미한다. 50%만으로는 충분하지 않다. 돈이 운명을 좌우하므로 우리 모두 돈을 통제할 수 있어야 한다. 지금 몸을 움츠리고 있다면, 부끄러워하지 말라고 한 번 더 말하고 싶다. 지금까지 배운 것들은 잊고, 재무 지식을 갖춰 자신의 삶과 철학 그리고 진정한 자아를 재건해야 한다. 잃을 것은 전혀 없다. 오히려 지금 우리 앞에 엄청나게 흥미로운 기회가 놓여 있다.

사라지고 있는 사회 질서를 지키고 싶은 사람들은 (2013년 6월호와 7월호 〈에스콰이어〉에 편집장인 데이비드 그랭거가 쓴 '남자 되는 법'이라는 글에서처럼) 이렇게 말한다. "성별 격차 때문에 남성들이 점점 피해를 보고 있다." 여성의 책임은 이미 커지고 있다. 변화도 진행 중이다. 당신의 삶과 자유, 선택과 안전은 위태로운 상황에 부닥쳤다. 하지만 우리는 그 위험의 반도 모른다. 무엇이 가능한지조차 가늠하지 못하고 있다.

그럴 만한 가치가 있다

비난하고 싶은 마음과 수치심을 던져 버리자. 예산 관리, 부채 관리 전략, 529플랜(자녀의 대학 학비 마련을 목적으로 하는 미국 저축 상품의 한 종류—옮긴이)과 같은 기본 사항은 잠시 잊고 크게 한 걸음 뒤로 물러서자. 많은 사람이 여전히 극단적인 예산 관리와 결혼, 사업 성공이 자신을 자유롭게 해줄 것이라는 구원의 환상에 빠져 있다. 나 역시 마찬가지였다. 다만 내 경우는 남편이 아니라 나의 돈 버는 능력이 그렇게 하리라고 믿었다. 하지만 내가 틀렸다. 먼저 반대편에서 모습을 드러내는 동화의 내용을 꼼꼼히 살펴봐야 했다. 그러므로 당신도 할 수 있다.

내가 데일리워스를 만들고 이 책을 쓴 이유는 나 스스로 이상적 삶을 살고 있다고 말했지만, 실은 그 말이 다람쥐 쳇바퀴 돌 듯 직장과 가정을 오가는 워킹맘의 헛소리에 불과했기 때문이다. 또한 눈코 뜰 새 없이 바쁘게 움직이면서 명확한 해결책이 없는데도 크고 어려운 문제가 조만간 해결될 거라고 낙천적인 주문을 외우며 살아왔음을 깨달았기 때문이다. 만약 이 이야기가 조금이라도 당신에게 와 닿는다면 당신은 도움이 필요하다.

나는 이 책을 통해 당신이 돈과 인생을 관리할 때 생기는 두려움을 마주하도록 도울 것이다. 내가 나 자신에게 했듯이.

당신도 돈과 인생에 관한 당신 나름의 사연이 있을 것이다. 나 역시 그랬다. 나는 당신이 그 사연으로 인한 편견을 해체하고, 4년 혹은 40년 동안 그 편견에 속박되었던 이유와 방법을 스스로 파악하도록 돕고 싶다. 그런 다음에 그 편견을 잘게 조각내고 불태우면, 당신은 거기에서 벗어날 것이다.

당신은 새로운 사람이 되어 알아야 할 것들을 배울 준비를 해야 한다. 단순히 돈을 많이 버는 것에서 원하는 인생을 살 수 있게 해주는 든든한 자산을 구축하는 쪽으로 인생의 목적을 바꿔야 한다. 우리가 당신을 강하게 만들고, 자신이 처한 현실에서 제대로 살아갈 수 있도록 훈련할 것이다. 당신의 불안한 재정 상황을 깊이 파헤쳐서 구석구석 깔끔하게 정리할 것이다. 나는 당신과 함께 리셋 버튼을 누를 것이다. 그리고 당신은 자신의 가치관대로 원하는 삶을 살면서 정말로 되고 싶었던 모습으로 부활할 것이다.

이 일은 해볼 만한 가치가 있다고 약속할 수 있다. 그럼, 이제 시작해 보자.

1부
인생: 스토리텔링으로 시작하기

인생 이야기는 돈과 자신에 관한 이야기가 전부다.

01

리셋 버튼을 눌러라

내 인생과 돈에 관한 이야기를 해보겠다.

청소년기에는 특별히 잔인한 구석이 있다. 여성들은 확실히 이 시기에 가장 불안정하다. 우선 분출하는 호르몬과 심신의 변화에 적응해야 하고, 10대 소녀들 사이에서 끊임없이 일어나는 '쿠데타'에서 살아남아야 한다. 하지만 이런 혼란 속에서 당신은 (자신에게 어떤 이야기를 들려주면서) 핵심 정체성core identity을 형성하기 시작한다. 다수의 심리학 보고서에 따르면, 우리가 시간의 흐름에 따라 삶을 이해하고 의미 있게 만들어가는 주된 방식이 마음속으로 '개인적 내러티브'를 쓰는 과정을 통해서라고 한다. 물론 이야기의 주제를 결정하고 간직하고 싶은 기억을 선별하는 과정이 의식적이지는 않지만, 이렇게 만들어진 개인적 내러티브는 기본적으로 자기가 직접 쓴 자신의 인생 이야기이다. 이것은 마음속에서 자신이 어떤 사람이고, 살면서 왜 그런 길을 택했으며, 미래는 어떤 모습일지 등을 자신에게 설명하는 새로운 방식이다. 인생을 사는 동안 우리는 스스로 말한 이야기대로 **되어간다**. 그리고 별로 놀랄 일도 아니지만, 이야기의 많은 부분을 차지하는 것이 바로 돈이다.

나는 게임(정확하게는 비디오 게임)을 통해 돈을 알기 시작했다. 10대 초반에 내가 정복하고 싶었던 대상은 닌텐도에서 만든 '키드 이카루스'였는데, 이 게임에서 이기려면 전략과 기술을 동원하여 '황금동전'을 모아야 했다. 게임의 캐릭터인 '피트'는 날개 달린 소년으로 활과 화살을 가지고 다녔다. 이 게임의 목표는 괴물들이 지키고 있는 '신성한' 보물 세 개를 모아서 여신을 구출하는 것이다. 피트가 괴물들을 물리치려면 자신의 강력한 화살로 제압해야 한다. 그런데 강한 화살을 얻으려면 황금동전을 충분히 모아야 했다. 또한 임무를 수행하려면 힘의 원천인 '하트'도 필요했다. 이렇게 말하니 무슨 게임광이 꾸며낸 이야기처럼 들릴 것 같지만, 만족스러운 결과를 얻기가 쉽지 않았다는 점을 말하고 싶은 것이다. 조금도 말이다. 그래서 나는 청소년기 대부분을 이 게임에 바쳤다.

괴물들은 점점 노련하게 나를 제압했고, 화살은 점점 고갈되었으며, 날개도 떨어져 나갔다. 나, 그러니까 피트는 언젠가 죽을 것이다. 내가 획득한 것들과 지나온 단계, 내 인생이 펑 하고 터질 것이다! 그런 식으로 완전히 사라질 터였다. 이렇게 된통 당했으니 몇 주 후에 내가 이 게임을 그만두었으리라고 생각하는 사람도 있을 것이다. 하지만 그런 일은 절대 일어나지 않았다. 오히려 그와 반대로, 나는 게임 플레이어라면 누구나 알고 있을 '게임은 절대 끝나지 않는다'는 사실을 잘 알고 있었기에 더욱 자신감 있고 능수능란한 피트가 되었다. 언제든지 리셋 버튼을 누를 수 있었다. 사실 게임을 새로 시작할 때마다 점수는 좋아진다. 왜냐하면 앞서 저지른 실수를 통해서 중요한 자산을 어떻게 늘리고 관리하는지를 습득했기 때문이다. 대개 레벨은 위험을 무릅쓰고 아무도 시도하지 않은 방법을 사용할 때 상승한다(그리고 이런 전략은 효과가 있다). 이때 갑자기 플레이어는 게임의 진행 방식을 분명하고 상세하게 파악할 수 있다. 그러면 리셋 버튼을 누르고 싶어 안달이 난다.

이제 나는 게임 방법을 더욱 정교하게 익혔으므로 그다음부터는 좀 더 크고 사나운 괴물들을 상대하면서 힘을 키우고 레벨을 올리기 시작했다. 이렇게 꼬박 2년간 게임을 하고 나서 마침내 나는 키드 이카루스를 정복했다. 내가 승리했고, 게임을 완전히 익혔다. 나는 손실을 회복해서 다시 시작하는 법을 알고 있었다. 실수에서 교훈을 얻고 지식을 전략적으로 활용하는 방법을 터득했다. 또한 자산을 늘리고 능숙함과 자신감을 얻는 방법도 배웠다. 사전에 예측한 위험은 받아들이되, 예상하지 못한 상황도 미리 대비해야 한다. 전혀 다른 관점에서, 그리고 (가장) 유리한 위치에서 모든 상황이 어떻게 돌아가는지 파악해야 한다.

이렇게 과거를 돌아보니 기분이 묘하지만, 의욕이 생긴다. 어떻게 보면 어린 시절의 나는 엄청난 기술을 스스로 발견했다는 기분에 흠뻑 취해 있던 풋내기였다. 그런데 성인이 되면서 그 기막힌 기술들의 가치를 더욱 깊이 이해하게 되었다. 나는 이 기술들을 바탕으로 돈에 관한 철학을 확립했다. 그리고 몇 년 후, 이 기술들을 활용하여 나 자신을 재창조하고 나와 내 아이들을 위해 견고한 경제 기반을 마련하기 시작했다.

하지만 나는 꽤 오랫동안 내 게임 기술이 현실에서 인생을 구원할 정도로 가치가 있다고는 생각하지 않았다. 극심한 고통을 겪으며 자기성찰의 시간을 보낸 후에도 마찬가지였다. 나를 찾는 과정에 키드 이카루스는 없었다. 이런 과정은 내 삶 속에서, 바로 우리 엄마를 통해서 시작되었다.

"경제적으로 자립할 수 있어야 한다"

1980년대 초, 우리 부모님의 이혼은 '의식적 결별준비conscious uncoupling'(커플이 호의적인 방향으로 별거나 이혼을 준비하는 과정—옮긴이)와는 완전히 달랐다. 보수적인 필라델피아 교외에서 이혼은 아주 드문 일이었다. 당시 사회는 이혼을 인정하지 않는 문화였고, 이혼에서 심리적으로 회복했다는 이야기도 듣지 못했다. 아버지가 가출할 때까지 엄마 사전에 '이혼'이라는 단어는 전혀 없었다. 엄마는 자신이 성장기를 보낸 1950년대 기준으로 보면 모범적인 여성이었다. 그녀는 가족을 사랑하는 근면하고 알뜰한 가정주부가 되도록 교육받았다. 유복한 가정에서 자란 엄마에게 성공적인 인생의 의미란 명확했다. 시집 잘 가서 현모양처로 사는 것이었다. 그러면 안전하고 편안한 삶을 보장받고, 개인적으로 성취감도 느낄수 있었다. 심지어 우리 엄마처럼 대학 교육을 받은 여성들조차도 '좋은 신랑감을 만나 결혼'하는 것이 일생일대의 목표라고 생각했다. 그러니 이혼했을 때 엄마는 단순히 남편만 잃은 것이 아니었다. 정체성도 상실했다. '귀하게 대접받다'가 갑자기 버림받는 신세가 되었다.

직업도 없이 세 딸과 함께 덜컥 남겨지자 엄마는 충격을 받았다. 각각 나와 열한 살 그리고 여덟 살 차이나는 두 언니와 나는 '모범적인 여성'이 사라지는 모습을 보았다. 엄마가 수년 동안 쌓아왔던 토대가 몇 달 만에 무너져버렸다. 나는 엄마가 어두운 침실에서 침대 끝에 걸터앉아 우는 모습을 자주 목격했다. 그러던 어느 날, 엄마는 내 앙상한 팔을 잡더니 이렇게 말씀하셨다. "언제나 경제적으로 자립할 수 있어야 한다."

한편, 성공한 의사였던 아버지는 멋진 집에서 여러 대의 차를 굴리며, 재혼한 새어머니와 그녀의 아이들을 먹여 살리고 있었다. 주말이나 휴일에 정기적으로 아버지 집을 방문할 때면, 내게 없는 멋진 집과 화려한 수영장, 갖고 싶었던 단란한 가정의 모습을 볼 수 있었다. 나는 샘이 났고 고통스러웠으며 분노마저 치밀었다. 내 이야기에서 첫 번째 주제는 바로 이것이다. 아버지와 남편은 당신을 구원하지 못한다. 심지어 그들은 곁에 있어 주지도 않는다. 그러므로 독립하고 돈을 많이 벌어서, 집과 차를 직접 사라. 상처를 치유하려면 잘 먹고 잘살아야 한다.

너무나 달랐던 우리 가족

어느 날 엄마가 세상에 모습을 드러내기 시작했다. 이혼녀의 모습을 지우는 데는 여러 해가 걸렸지만, 막상 홀로 섰을 때 엄마는 깜짝 놀랄 만한 결심을 했다. 1960년대에 엄마는 대학에서 수학과 물리학을 전공했고, 심지어 컴퓨터 프로그래밍도 배웠다. "강의실 전체에 컴퓨터가 가득했고, 우리는 천공카드를 사용했었지" 하고 대학 시절을 회상하신 적도 있다. 엄마는 다시 드렉셀 대학교 경영대학원에 진학해서 정보처리학으로 석사 학위를 받은 후, 우편 주문을 받아 개인용 컴퓨터를 조립해서 판매하는 직장에 취직했다. 우리 집 창고에는 플로피 디스크 드라이브가 장착된 CPU와 진한 베이지색 모니터, 컴퓨터 조립부품들로 가득 찼다. 그 이후에 엄마는 좀 더 나은 직장을 찾아 필라델피아 증권거래소의 전산 업무 지원센터에 취직했다. 엄마는 마흔두 살에 직장 생활을 시작했다. 짜잔. 엄마는 리셋 버튼을 눌렀고, **게임은 시작되었다.**

엄마는 두 시간이나 되는 통근 시간을 줄이기 위해 언니들과 나를 데리고 필라델피아 시내로 이사했다. 우리 가족이 이사한 타운하우스는 필라델피아 식민지 시대부터 있었던 자갈 깔린 도로에 접해 있었다. 우리 동네는 사우스 스트리트South Street라는 곳으로, 1989년에 이곳은 필라델피아에서 자유분방한 펑크족의 성지였다. 그곳은 현실이 적나라하게 드러나는 공간이었다. 우리 집 옆은 식당들의 뒷문이었는데, 식당 주방에서 뜨거운 증기가 새어 나오는 그곳에서 남자 종업원들은 담배를 피우며 휴식을 취했다. 10년 동안 한적한 교외에서 조용히 생활했던 나로서는 이렇게 모험 가득한 도시에서 생활하게 된 것이 무척 즐거웠다. 엄마는 직장 여성으로서 새로운 인생을 시작했다. 집에서 엄마는 좋아하는 음악인 토킹 헤즈Talking Heads의 '버닝 다운 더 하우스Burning Down the House'를 크게 틀었고, 나와 언니들은 식탁 위에서 춤을 추곤 했다. 그럴 때면 엄마는 **웃었다**.

엄마가 이런 식으로 해방감을 느꼈던 것처럼 나도 마찬가지였다. 나는 내 또래의 아이들보다 훨씬 더 많은 자유를 누렸다. 통금 시간도 없었고, TV도 아무 때나 볼 수 있었으며, 설탕이 든 시리얼도 마음껏 먹었다. 내가 열두 살 때 귀를 뚫고 머리를 염색해서 집에 왔을 때도 엄마는 걱정하지 않았다. 하지만 정작 나는 걱정이 되었다. 우리 집이 다른 집과 얼마나 다른지 깨달았기 때문이다. 내 친구들의 부모님은 나와 같은 행동을 용인하지 않았다. 그들은 이혼하지 않았고, 슬하에 아들 하나와 딸 하나를 두고 화목하게 살고 있었다. 친구 어머니들은 대부분 따뜻하고 지적이며, 다정하면서 엄격했다. 친구 아버지들은 온화하면서 근엄했다. 그들 가족은 서로 사랑했다. 내 친구들은 부모님의 심부름을 하거나 부모님이 과제로 내준 책을 읽었고, 가족이 함께 저녁 식사하는 자리에서 읽은 책을 토론했다. 친구 부모님들은 근사한 사람들을 저녁 식사에 초대하기도 했고, 아이들과 함께 문화여행을 떠나기도 했다. 나는 이런 가족을 원했다. 그들처럼 살고 싶었다. 훌륭한 어머니와 존경받는 아버지가 이끄는 평화롭고 잘 정돈된 가정에서 똑똑하고 성실한 아이들이 화목하게 사는 모습이 바로 이상적인 가족이었다. 그들의 생활은 질서가 잡혀 있었다.

앞길을 막는 게 무엇이든 맞설 수 있다는 자신감

잠재의식 속에서 나는 엄마가 선을 긋고 '정상적인' 가족처럼 규칙을 정해주기를 바랐다. 하지만 당시 엄마는 '정상적'일 필요가 전혀 없었다. 그 '정상적'이라는 기준 때문에 엄마는 결혼을 유지하고 있는 부부들 틈에서 아웃사이더였다. 하지만 그녀는 리셋 버튼을 누르는 도약을 감행했고, 이제는 어머니로서 그리고 한 여성으로서 새로운 사람이 되었다. 더는 남편이 정해준 대로 '귀하게 대접받는 사람'으로 정체성을 규정하지 않아도 되었다. 엄마는 발전하고 있었고, 나름대로 자신의 가치를 높이 평가하고 있었다. 그리고 다시 시작한 덕분에 자신이 새롭게 발견한 철학을 남들에게 전파할 수 있었다. 엄마는 종종 이렇게 말씀하셨다. "뿌리와 날개를 기억하렴. 뿌리는 너를 사랑하는 가족과 안전한 가정을 가리키고, 날개는 네가 갈 길을 계획하도록 도와주는 것이지. 네 앞길을 막는 방해물이 무엇이든지 여기에 맞설 수 있다는 자신감을 가져야 한단다. 물론, 너는 폭풍 속으로 날아갔다가 바닥으로 떨어질지도 몰라. 하지만 괜찮을 거야. 나는 너를 믿는단다."

정말로 나는 세상에 던져졌다. 멋대로 방황하고 배회했다. 이웃에 살던 열세 살짜리 남자애가 자신의 은밀한 부분을 손으로 만져주는 대가로 내게 25달러를 주겠다고 제안했을 때, 나는 그러겠다고 했다. 한 번뿐이 아니었다. 변명하자면, 여자들만 사는 집에서 성장한 나로서는 남자의 몸이 궁금했다. 또한 학교 친구들이 모두 가지고 있었던 값비싼 크리스털 목걸이도 사고 싶었다. 그때는 괜찮은 거래라고 생각했다. 나는 버스를 타고 웨스트 필라델피아 West Philly 안으로 깊숙이 들어가곤 했는데, 거기에서 당황스러운 10대의 경험을 교묘한 말로 감추는 방법을 배웠다. 나는 독립적으로 행동하고 반응했다. 마치 거리 위에 있는 피트처럼 말이다.

이제 내 이야기에서 새로운 주제로 넘어가려고 한다. 나는 **가족과 전통, 정상**이라는 느낌을 원했다. 평화롭고 잘 정돈된 가정에서 남편은 존경받고, 아이들은 무럭무럭 자라며, 나는 가족을 돌보면서 윤택한 환경을 만들고 싶었다. 하지만 그것은 내게 진정한 삶이 아니었다. 나는 그 당시에도 내가 자라서 전형적인 '좋은 아내'가 되지 못할 거라고 예감하고 있었다. 살면서 (남을 속이지 않고) 안정감과 성취감을 느끼려면, 나는 남들과 다른 가정을 꾸리고 평범하지 않은 어머니와 아내, 혹은 여성이 되어야 하리라. 나는 상승과 추락을 반복하면서도 항상 뒤로 물러섰다가 리셋 버튼을 누르고 소생할 것이다.

진짜 돈을 벌다

다섯 살 때 어머니에게서 들은 충고는 내게 북극성과도 같았다(그리고 이 충고는 내 정체성의 핵심이 되었다). 나는 다른 사람이 나를 보호해주리라 기대하지 않았다. 나를 책임져 줄 남자(혹은 직장 상사)가 나타나기를 간절히 바라지도 않았다. 그런 삶은 마치 교도소 같았다. 맨해튼 칼리지 4학년 때, 나는 대학 교직원용 데이터베이스를 관리하면서 시간당 40달러를 받고 있었다. 이 돈은 당시 대학생에게 대단히 큰 액수였다. 나는 남들보다 일찍 휴대폰을 사고 카리브 해 세인트바르트St. Barths로 즉흥 여행을 떠나는 사람 중 하나였다. 내가 졸업하던 1999년은 사람들이 폭발적으로 인터넷을 사용하기 시작한 시기였다. 그때 나는 보스턴 소재 웹사이트 프로그래밍 회사의 CEO를 찾아 가 뉴욕 지점을 열게 해달라고 설득했다. 그는 내가 너무 어리다고 걱정했지만, 나는 개의치 않고 결국 지점을 열었다. 이제 진짜 돈을 벌게 되었다.

여기서 잠깐 다른 이야기를 해볼까 한다. 자유롭지만 집요한 성격이었던 나는 사랑과 자녀, 그리고 지속가능한 젠Zen 스타일의 삶을 갈구했다. 그래서 20대 초반에 짝을 만나려고 전략적으로 술집과 파티 장소에 갔고, 심지어 유대교 안식일인 쉬바트Shabbat 저녁 모임에도 참여했다(물론 나는 유대교인은 아니다). 그렇게 해서 만난 남자는 요가수련자이자 드럼을 칠 줄 아는 정신과 의사였다. 그는 돈과 기술을 추구하는 나와 완벽하게 음양의 조화를 이루었다. 우리는 포스트모던 스타일로 요란하게 결혼식을 올렸고, 첫아들을 낳은 후에 필라델피아로 이사했다. 결혼해서 가정을 이뤘으니 마침내 내 삶이 정상으로 느껴졌다. 우리 부부는 '위대한 닷컴의 시대'에 우리만의 이야기를 완성하는 데 딱 맞는 집이 필요했다. 우리 부부는 입문자용 영국식 저택을 샀다. 마침내 나는 잘살게 되었다.

하지만 문제는 내가 소득과 라이프스타일을 관리하는 법을 전혀 몰랐다는 것이다. 나는 경제적 안정에 도움이 되는 저축이나 수익을 창출하는 투자에 대해서 전혀 알지 못했다. 어린 나이에 나는 이미 큰물에서 놀고 있었다. 스물다섯에 연봉이 십만 달러였으니까. 하지만 돈을 버는 일 말고는 돈에 관해 아무것도 모르고 있었다. 내가 커다란 경제적 어려움에 빠져들고 있다는 사실도 알지 못했다. 서른 즈음이면 내 빚은 거의 10만 달러에 육박할 상황이었다.

돈이 턱없이 모자랐다

그러나 한동안 우리 집은 그럭저럭 잘 정돈된 듯 보였다. 누구도 문제가 있다는 사실을 눈치채지 못했다. 하지만 지출이 급격히 늘어나고 있었다. 우선, 내가 경영하는 컴퓨터 프로그래밍 회사 솝박스Soapbxx(도메인명은 Soapbox.com으로 등록되어 있다)는 체납 세금이 거의 6만 달러였다. 작년에 낸 금액보다 3배나 많았다. 사업이 번창하면서 수입도 증가하고 있었지만, 늘어난 세금에는 전혀 대처하지 못했다. 자영업자는 반드시 분기별로 세금을 신고해야 한다. 나는 작년 소득세는 이미 냈지만, 일과 아이들을 돌보느라 너무 바빴던 나머지 늘어난 수입만큼 세금도 올랐다는 사실을 인지하지 못했다. 그리고 우리 회사는 현금 흐름에도 문제가 있었다. 고객들이 종종 기일보다 늦게 대금을 지급하는 바람에 납품업체에 줘야 하는 돈이 수천 달러나 밀려있었다. 회사의 당좌예금 계좌에는 2,000달러가 들어 있었지만, 모든 비용을 처리하기에는 역부족이었다.

석조주택인 우리 집도 별 도움이 되지 않았다. 백 년 된 저택을 유지하고 보수하는 비용이 엄청났다. 난방비만 매달 1,000달러였다. 파손된 창문을 교체하는 데는 만 달러가 들었다. 70만 달러짜리 주택을 담보로 받은 대출의 상환금은 어마어마했다. 더구나 아이 하나를 기르는 데 들어가는 시간과 비용은 내 예상을 훨씬 뛰어넘었다. 이런 비용들을 모두 처리하기에 돈이 충분치 않았다. 턱없이 모자랐다.

당시 나는 둘째 아이를 임신 중이었다. 아기는 딸이었으므로 이제 아들 하나와 딸 하나가 생기는 것이다! 하지만... 나는 걸음마 하는 아이와 신생아를 돌볼 때 발생할 **극심한** 피로와 스트레스를 감당할 준비가 전혀 되어 있지 않았다. 또한 아이에게 모유 수유를 하고 애착 관계를 형성해야 하며 두 살이 되기 전에는 TV를 보지 못하게 하는 등 완벽한 엄마가 되라고 강요하는 사회적 압박이 직장 일과 충돌했다. 일하는 동안에 어린이집으로부터 아픈 아이를 데려가라는 전화를 받곤 했다. 주말에는 웹페이지에 오류가 생겼다며 고객이 전화를 걸어왔다. 직장과 가정에서 도움을 받기 위해 나는 더 많은 사람을 고용해야 했고, 그 과정에서 분별력을 잃지 않으려 애써야 했다. 몸이 부서질 것 같았고, 속이 뒤집혔으며, 미칠 지경이었다. 문득 내가 황금동전도 떨어지고 하트도 남아 있지 않은 '키드 이카루스'의 피트가 되었다는 생각이 들었다. 차이가 있다면 내가 다 자란 어른이며, 이제는 리셋 버튼을 누를 수 없다는 점이다.

반복되는 신데렐라 이야기

돈을 어떻게 관리할지 기본적인 지식만 있었더라도 아마 도움이 되었을 것이다. 집을 살 때 부담하는 실제 비용을 어떻게 하면 정확하게 계산할 수 있을까? 대출이 아주 많을 때는 어떻게 저축해야 할까? 내가 저축하고 싶지 않았던 것이 아니다. 하지만 돈을 벌면서 아기도 돌보고, 말도 안 되는 난방비까지 처리해야 하는 정신없는 상황에서 할 수 있는 일이 별로 없어 보였다. 나는 와인을 따르면서 "내가 좀 더 **열심히 일하면 되겠지**"라고 혼잣말을 했다.

예산을 세우고, 개인 자산 관리서비스인 민트닷컴mint.com에 계정을 만들었다. 모든 지출이 각 항목에 맞게 자동 분류되도록 프로그램을 짜느라 몇 시간이 걸렸다. 아이들 관련 지출은 '자녀' 항목으로, 친구나 가족에게 줄 선물 구입비는 '선물' 항목으로 분류하는 식이었다. 그런데 잠깐, 아이들에게 줄 선물 구입비는 어느 항목에 넣어야 하지? 그리고 돈이 바닥나서 이웃집 아이 생일 파티에 선물 없이 갈 경우 나쁜 이웃이 될지도 모르는데, 그럼 앞으로 친구 생일파티에 가지 말아야 하나? 작업을 마치자마자 나는 **예산 계획**을 세운다고 해서 이 엉망진창인 상황에서 **빠져나올 수 있는** 것은 아님을 깨달았다. 내게는 일종의 틀, 그러니까 새로운 패러다임이 필요했다. 집 때문에 재정 위기에 몰렸을 때, 나는 우연히 여성과 돈을 주제로 워크숍이 열린다는 메일을 받았다. 메일 내용 중에 이런 질문이 들어있었다. "품위를 유지하면서 부자도 되고 변화를 일으키는 일이 가능할까?" '**제발 가능하다고 대답해줘**.' 나는 그렇게 생각했다. 워크숍은 나의 오랜 친구 두 사람이 주최하는 것이었다. 한 명은 힙합 아티스트 겸 기업가인 라 가디스였고, 다른 하나는 훌륭한 인격을 갖춘 인권 운동가 리 엔드레스였다. 메일에는 "여성들이 돈이나 권력, 존경심을 요구하지 못하게 막는 다양한 미신과 유리천장을 산산조각내겠다"고 적혀 있었다. 내게 필요한 것이었다.

그래서 9월의 어느 무더운 날, 돈에 관한 새로운 통찰력을 얻고 싶다는 절박한 마음으로 나는 임신 6개월의 몸으로 필라델피아에서 뉴욕까지 기차를 타고 갔다. 워크숍에서 나는 내 '머니 스토리

money story'가 어떻게 나를 움직이는지 깨달았다. 과거에 내 머니 스토리(돈에 얽힌 내 개인적 내러티브와 정체성)는 경제적 자유가 훌륭한 삶을 영위하도록 해주는 열쇠가 된다고 말했었다. 즉 열심히 일하면 돈을 많이 벌 수 있다는 의미였다. 하지만 막상 돈이 생겼을 때 나는 그 돈으로 무엇을 해야 할지 전혀 몰랐다. 저축이나 투자를 전혀 하지 않았으므로, 10대 때보다 금융 자산이 더 늘지도 않았다. 오히려 나는 내 자산(부동산과 회사) 때문에 빚을 지고 있었다. 머니 스토리 속의 나는 남편과 함께 안정되고 풍족한 가정을 꾸리고 있었다. 하지만 비상금이 전혀 없었고, 불안하게 살다 갑자기 곤경에 빠지면 구해 줄 안전망도 없었다. 그래서 나는 넘어졌다.

무엇이 잘못되었을까? 나는 청소년기에 썼던 이야기를 그대로 따르고 있었을 뿐 이를 성인용으로 수정하지 않았다. 내면의 소리가 초점을 바꾸어 (자기 파괴가 아닌) 진정한 자유를 누리는 방향으로 이야기를 재설계하라고 신호를 주고 있었지만, 나는 듣지 못했었다.

사실 내 머니 스토리는 '신데렐라' 이야기를 반복하고 있었다. 이상하고 억척스러우며 고립되었던 소녀가 마법처럼 자신의 야망, 백마 탄 왕자님, 자녀, 비싼 물건 등으로부터 구원을 받는 이야기 말이다.

나의 동화 같은 이야기는 (극심한 경제적 어려움 때문에) 엉망이 되었다. 엄마에게서 의존적이지 말라고 배웠는데도 나는 결국 엄마처럼 끔찍한 재정난에 빠져버렸다.

워크숍 장소를 떠날 때 나는 또 다른 깨달음을 얻었다. 돈이 불안감이나 스트레스의 원인만 되지는 않는다. 우리 삶에서 자유와 힘의 원천이 될 수 있고, 우리에게 선택권을 주기도 한다. 은행 빚이 10만 달러든 100만 달러든 각자의 처지와 상관없이, 이는 사실이다. 돈을 얼마나 많이 가졌는가가 아니라 어떻게 관리하는가가 중요하다. 인생에는 (자녀, 이혼, 사망, 해고, 이사 등) 커브볼이 들어오기 마련이지만, 이 공을 어떤 자세에서 받을지 결정할 때는 전략과 일관성이 필요하다. **만약** 건강한 머니 스토리를 가지고 있고 두려움 없이 참여할 수 있다면, 당신은 괜찮아질 것이다.

아무리 괴로워도 인정할 건 인정해야 한다

딸 마야를 낳고 나서 나는 내 결혼 생활에 문제가 생겼음을 깨달았다. 내가 결혼한 남자는 정말로 멋진 사람이었지만, 나는 '아내'라는 역할에 부적합한 사람이었다. 아니 적어도 우리 부부가 바랐던 아내의 모습은 아니었다. 남편이 사랑해서 결혼한 여자는 자신의 욕구와 야망 때문에 점점 끔찍한 동반자가 되어가고 있었다. 남편과 다정하게 영화를 보거나 텃밭을 가꾸는 대신, 나는 욕실에 숨어서 고객의 메일에 답을 보냈다. 경제적으로 어려웠으므로 계속 일해야 했다. 추가로 계약할 만한 프로젝트도 개발했다. 나는 산더미처럼 쌓인 비용을 처리하기 위해 (시시포스가 끝없이 돌을 밀어 올리듯) 닥치는 대로 일했다.

워크숍이 끝났을 때 내게 심각한 문제가 있음을 분명히 깨달았다. 나는 내 과도한 의욕을 통제하려고 다양한 방법을 시도했었다. 확실히 내 욕심과 야망이 결혼 생활을 망치고 있었다. 나는 정말로 사려 깊은 엄마, 다정한 아내, 우아한 안주인이 되고 싶었다. 모든 면에서 훌륭한 가정을 만들고 싶었다. 하지만 그러지 못했다. 이 모든 것을 충족시키기 위한 조건을 내가 거부했다. 사회에는 지켜야 하는 규칙과 규범이 있고, 옳고 그름에 관한 다양한 생각이 있다. 하지만 나는 그 어느 것도 따르고 싶지 않았다. 나는 자유롭게 사고하는 편모 밑에서 간섭받지 않고 자랐으며 가고 싶은 곳이 있으면 어디든 갔었다. 그런데 너무나도 확실하게 '이 자리에 있고 싶지 않다'는 생각이 들었다. 나는 괴로워서 계속 울었지만, 한편으로는 안심이 되기도 했다. 기존의 삶을 해체해서 새롭게 재건해야 한다는 것을 깨달았기 때문이다.

수백 번이나 심호흡을 한 후 집을 옮겼다. 아주 깨끗한 집을 떠나 몇 블록 떨어진 지역에 있는 우중충한 방 두 개짜리 아파트로 이사했다. 쪽모이 세공 마루가 깔린 아파트는 리놀륨 판자가 벗겨지고 있었고 벽도 얇았지만, 그럭저럭 감당할 수 있었다. 차도 2004년형 토요타 중고차로 바꿨다. 손수 머리를 자르고 염색하기 시작했다. 어지간한 일들은 혼자서 처리했다. 이렇게 갑작스럽게 살림을 줄이는 것이 창피했지만 어쨌든 숨통은 트였다.

어른이 되고 나서 처음으로 현금이 생겼다. 비용을 제때 처리하고 청구서에 쫓기지 않는 등 마침내 바람직한 방향으로 나아가고 있었다. 곧 저축과 투자를 할 수 있는 날도 왔다. 나는 창조적 욕구를 배출하고자 데일리워스를 만들었다. 돈에 관하여 새로운 메시지(돈을 제대로 이해해야만 풍요롭고 충만한 삶을 살 수 있다)를 여성들에게 전달하고 싶었다.

당신은 어떤 삶을 원하는가?

최근 나는 벽난로가 있고 아치형 창문이 달린 작은 집을 임대했다. '정상적'이지 않은 생활이지만 그럭저럭 잘 해내고 있다. 나는 사회적 기대보다 저축을, 옷보다 투자를 우선시하고 있다. 워크숍에서 배운 대로, 예산 계획만으로는 원하는 삶을 살지 못한다. 서툴거나 부정적인 머니 스토리를 수정하는 것부터 시작해야 한다.

여기까지가 내 이야기였다. 이제 당신 이야기를 해보자.

02

스토리를 다시 쓰라

여성들이여, 눈을 떠라. 이야기의 방향을 바꿀 시간이다.

니샤 무들리는 2006년에 다니던 화장품 회사를 그만두었다. 그녀는 9년간 화장품 업계에서 차근차근 성장하면서 권한도 커졌다. 급여 조건이나 복지 혜택도 훌륭했다. 하지만 그녀는 여성들을 돕기 위해 좀 더 중요한 역할을 하고 싶었다. 그래서 놀라운 일을 벌였다. 여성들에게 영양교육을 하는 학교와 내키는 대로 음식을 섭취하는 습관을 극복하도록 도와주는 회사를 설립했다. 불과 몇 년 만에 니샤는 이전보다 훨씬 더 많은 돈을 벌게 되었다. 게다가 자기가 좋아하는 일도 하고 있었다. 성공이다! 그런데 과연 그럴까? 그녀는 수입이 많았지만, 저축은 한 푼도 하지 않았다. 버는 대로 썼다. 여유롭게 살고 있었지만, 안전망을 전혀 갖추지 못했다.

엘르 새토는 **몰랐던 사실**이 얼마나 큰 피해를 주는지 고생스럽게 배웠다. 어렸을 때 엘르는 개인 수표란 계좌에서 현금이 바로 인출되지 않고 나중에 빠져나가는 '지불 약속'이라고 생각했다. 그녀는 이렇게 말했다. "제가 여기저기서 남발한 수표는 대단히 골칫거리였어요. 엉망이었죠. 통장에서 초과 인출된 금액이 너무 커서, 초과 인출 수수료NSF fees도 못 낼 정도였어요. 그 경험 덕분에 지금은 돈 관리를 철저히 한답니다." 엘르는 부족한 잔고를 채우기 위해 학교를 그만두고 취직했다. 달리 할 수 있는 일이 없었다. 엘르의 집에서는 늘 아버지가 돈을 관리했다. "가정에서 돈을 배우지 못해서 악순환이 반복되었어요"라고 엘르는 말했다.

팟캐스트 방송 〈더 빅 페이오프The Big Payoff〉를 공동 진행하는 레이철 벨로는 원하는 삶을 위해서라면 얼마든지 소비할 수 있다고 생각한다. "저는 **특정** 물건을 사면 삶이 변할 거라고 생각해요. 이 청바지와 신발이 바로 그런 물건이죠. 멋진 옷(제 생활에 맞지 않아 입지도 않을 거면서)을 보면, '혹시 알아? 저 옷을 사면 카리브 해 유람선에서 턱수염을 기른 매력적인 남자와 함께 있게 될지도…'라고 혼잣말을 해요. 그리고는 불현듯 제가 산 물건에 어울리는 생활을 하고 있다는 환상에 빠져요."

타라 젠타일의 머니 스토리는 돈을 버는 일과 관련이 있다. 타라는 검소하고 열심히 일했다. 빚도 없었고 과소비도 하지 않았다. 하지만 그녀는 전형적인 저소득층이었다. 그럭저럭 먹고 사는 정도에 만족했다. 그녀는 이렇게 말했다. "저희 엄마는 제가 원하면 어떤 사람도 될 수 있지만 그렇다고 돈을 많이 벌 수 있는 것은 아니라고 말씀하셨어요. 하지만 그래도 괜찮다고 하셨죠." 타라는 시간당 14달러를 받고 대형 서점에서 일했다. "저는 제대로 된 급여를 받지 못하고 있어요. 저는 똑똑해요! 박사 과정 학생이거든요! 하지만 연봉을 4만 5,000달러 이상 받을 것 같지는 않아요."

니샤와 엘르, 레이철과 타라, 그리고 앞 장에서 읽었던 내 사례 중 공감되는 이야기가 있다면, 당신 역시 자신의 머니 스토리를 수정해야 한다. 왜냐하면 그 머니 스토리가 당신의 경제생활을 좌우하고 있을 가능성이 있기 때문이다.

언젠가 왕자님이 나타날 거야

앞 장에서는 내 머니 스토리를 들려주었다. 내 머니 스토리는 내 개인적 내러티브, 즉 인생 이야기와 그렇게 다르지 않았다. 딱 하나 차이가 있다면, 내가 성장기 경험과 중요한 전환점을 들여다볼 때 돈에 관해 무엇을 배웠고 이것이 내 삶과 정체성에 어떻게 영향을 미쳤는가에 집중했다는 점이다. 당신도 마찬가지이다. 당신의 머니 스토리는 돈에 대한 당신의 무의식적인 믿음(돈을 어떻게 벌어야 하고, 돈이 왜 필요하며, 돈이 많고 적다는 것이 자신에게 어떤 의미인가)이다. 머니 스토리는 당신이 어떤 사람이고 어떤 가능성을 믿는지 등 많은 정보를 알려준다. 나는 워크숍을 진행할 때 참여한 여성들에게 자신의 머니 스토리를 한 문장으로 말해보라고 한다. 우선 이런 방식은 자신의 전체 이야기를 쓰는 것보다 좀 더 쉽다. 그리고 이야기를 한 문장으로 압축하면서 자신의 이야기에서 중요한 부분(자신의 어떤 면을 믿고, 돈을 어떻게 다루는지)을 신중하게 생각해 볼 수 있다. 참여자들이 공통으로 말했던 문장들을 소개하면 이렇다.

"돈이 있으면 사고 싶은 것을 뭐든 살 수 있다."
"아무리 노력해도 저축을 못 한다."
"불황일 때 급여 인상을 요구하면 해고될지 모른다."
"돈은 나쁘다."
"언젠가 왕자님이 나타날 것이다."

니샤는 내 워크숍에서 머니 스토리에 관해 듣고 자신의 이야기를 분석하기 시작했다. 니샤의 머니 스토리는 무엇이었을까? 그녀가 저축하지 않은 것은 남자나 사업을 통해 구원받기를 기다렸기 때문이다. 즉 자신이 아닌 다른 사람 혹은 사물에 의존했었다. 하지만 이러면 곤란하다. 니샤는 이렇게 떠올렸다. "저는 음악가와 결혼했어요. 남편이 레코드 계약 같은 것을 따내서 제게 경제적으로 안정된 삶을 제공하기를 바랐었죠." 니샤는 혼자서도 돈을 잘 벌었지만, 계속 일할 생각은 없었다.

마음속에 건강하지 못한 머니 스토리가 자리 잡으면 삶의 기초가 흔들린다. 니샤는 자신이 돈을 너무 잘 다루면(그녀의 표현대로, 돈에 대해 '완전히 주도권'을 가지면), 여성스러움을 포기해야 한다고 생각했다. 모든 것을 스스로 책임져야 하고, 살면서 갈망했던 지원도 받지 못하리라 생각했다. 그녀는 행복해지려면 돈에 관해 알 필요도 없고 관심도 두지 말아야 한다고 생각했다.

좀 더 깊이 생각해 볼 문제

많은 여성이 돈을 잘 모르는 채로 성인기를 보낸다. 돈이 재미있거나 중요한 게임이라고 생각하지 않는다. 돈에 관여하지 않고 피하기도 한다. 마음속에서는 돈을 멀리할 이유가 없다고 생각하지만, 어쩐지 돈에 관심을 두지 않으면 좀 더 행복해지는 느낌이 든다. 내 워크숍에 참가했던 다른 참가자들의 머니 스토리를 몇 개 더 살펴보자.

"나는 창조적이고 사고 체계가 복잡한 사람이다. 그래서 돈은 다른 사람에게 맡긴다."
"남편은 돈을 투자하고 관리하는 것을 좋아하지만, 나는 전혀 좋아하지 않는다. 그런 쪽으로는 머리가 발달하지 않았다."
"자본주의는 악이다. 그래서 나는 자본주의에 얽매이지 않는다."

머릿속에서 돈을 신경을 쓰지 않으면 기분이 더욱 좋아진다니 아이러니하다. 계좌의 입출금 내역을 살펴보고 뭘 선택할지 고민하며 상황을 파악하는 것보다 돈을 제대로 관리하지 않고 잘못된 길로 가는 것에 더욱 만족하는 듯하다. 이런 심리의 밑바탕에는 여성들이 자기에게 돈과 자산이 얼마나 있고 얼마나 더 **필요한지**를 살펴본다는 생각만으로도 두려움에 빠진다는 진실이 깔려 있다. 그런데 왜 그럴까?

많은 여성이 자기가 남성보다 천성적으로 수학적·계량적 사고를 못 한다고 생각한다. 이들은 돈을 관리할 때 대단히 복잡한 공식을 알아야 한다고 생각한다. 또는 자칫 실수하면 값비싼 대가를 치르고, 중요한 인간관계나 가족 역할을 훼손할지 모른다고 생각한다. 여기에 설득력 있는 이유는 없는 것 같다. 그저 '결국은 누군가 돈 관리를 대신 해주지 않을까' 하고 막연히 생각하는 것 같다. 만약 누군가로부터 재정 지원이 오기를 계속 기다리기만 한다면 자신이 돈 관리를 잘하는지 못하는지 확인할 필요가 없다. 사실 돈을 관리는 데 대단한 기술이 필요하지는 않다. 관련 학위도 필요 없다. 앞에서 무슨 일이 벌어지고 있는지 이해할 수 없는 것도 아니다. 하지만 여기에서 좀 더 깊이 생각해 볼 문제가 있다. 그것은 바로 돈과 관련된 믿음(자기를 불편하게 하는 돈이 있다는 것 혹은 없다는 것의 의미)이다.

자신의 머니 스토리에 지나치게 압도되면, 계약처럼 골치 아픈 일은 아예 신경을 쓰지 않고 다른 사람에게 맡겨버린다. 배우 브룩 실즈가 미국 공영 라디오 방송 NPR에서 운영하는 〈죽음, 사랑 그리고 돈Death, Sex & Money〉이라는 팟캐스트에 출연해서 진행자인 애나 세일과 인터뷰한 내용에는 그런 심리가 잘 나타나 있다. 실즈는 1966년에 '아이보리 스노' 비누 광고로 TV에 처음 모습을 드러낸 때부터 수많은 회계사와 변호사를 만나왔다고 한다. 그동안 그녀는 자신의 삶과 밀접하게 관련된 금융 및 법률 서류들을 읽지도 이해하지도 못했다. 그래서 모든 서류를 다른 사람에게 맡겼다. 전문용어가 너무 어려워서 그것을 이해하려면 평생이 걸릴 것 같아 '그냥 전문가에게 맡기면 되지' 하고 생각했다고 한다. 실즈는 오십이 되어서야 비로소 혼자 힘으로 계약서를 읽기 시작했다.

실즈의 이야기는 내가 자주 듣는 머니 스토리의 대표적인 예이다. 우리 여성은 돈을 자유나 선택권, 안전을 확보하는 수단이 아닌 지루함과 두려움을 주는 대상으로 여긴다. 자기는 이미 충분히 할 만큼 했다고 생각한다. 뼈 빠지게 일해서 녹초가 되었으니 이제 누군가에게 책임을 넘기고 싶다. 그러나 이렇게 생각하는 순간 당신의 머니 스토리는 **잠자는 숲속의 공주·백설 공주·신데렐라·라푼젤**과 같은 동화가 된다(이 중에 어떤 동화가 당신의 이야기와 유사한지 생각해보라).

왕자는 곤경에 처한 공주를 도와줄까?

혹시 공주가 주름 장식 드레스를 입은 작은 요정이라고 생각하는가? 다시 생각해라. 사실 앞에서 언급한 공주들은 **힘겨운** 시간을 보냈다. 그들은 아름답기도 하지만 지독히도 강인하다. 양부모와 악인, 질투심 많은 대모代母의 끔찍한 차별과 학대를 견뎌내며 엄청난 용기를 발휘하고, 주변에서 불가능할 것 같은 협력과 자원을 끌어내어 살아남았고 승리했다. 하지만 어느 순간 상황을 통제할 수 없으면 그들 모두는 행동을 멈추고, 영웅이 나타나서 자신을 구원하고 문제를 해결해줄 때까지 깊은 잠에 빠진다. 그런 후에 그들은 영원히 행복하게 산다.

내 생각에 우리 대부분은 어느 정도 그런 이야기와 무관치 않다. 말하자면, 앞에서 이야기한 젊은 여성들의 감정에 공감하고 있다는 의미이다. 우리도 **시련**을 겪으며 자기 자신과 주변 사람들을 돕기 위해 최선을 다했지만, 이제는 지쳐버렸다. 지금 우리를 도와줄 사람이 없을까? 도움이 필요한 일을 혼자서 처리하려고 한다면 그야말로 미칠지도 모른다. 왕자님, 당신은 어떻게 하겠는가? 공주를 도와줄 수 있겠는가? 도와주기 전에 먼저 사냥 원정에 앞장서야 하고, 영웅처럼 모험에도 나서야 하며, 부모 형제와 로열패밀리의 여가를 즐겨야 한다면, 그렇게 해라. 할 일이 있다면 하고 와라. 하지만 지금 우리는 당신이 돌아올 때까지 낮잠이나 자겠소. 잘 다녀오시오!

자기 돈을 관리해야 한다고 생각만 해도 우리 대부분은 수면 발작을 일으킬지 모른다. 나는 이것을 '머니 코마money coma'라고 부른다. 사람들이 왜 그런 상태에 빠지는지 충분히 이해할 만하다. 하지만 머니 코마에 빠지면 위험하다. 자유와 '주도권'을 잃고, 꿈과 안전도 위협받기 때문이다. 머니 코마 때문에 정신이 몽롱해지면, 하던 일을 중도에 그만두어도 괜찮다고 생각한다. 그러나 그렇지 않다. 멍한 상태가 되면 최선의 선택을 하지 못한다. 두려움과 절망 속에서 혹은 완벽하게 무의식인 상태에서 결정을 내릴지도 모른다. 그뿐만 아니라 계속 머니 코마 상태가 유지되면 자신을 보호할 수 없어서 외부 공격에 취약해진다.

어떤 상황도 피하지 말라

내 머니 스토리 때문에 나도 머니 코마에 빠진 적이 있다. 나는 성공하려면 소비해야 한다고 생각했다. 그리고 수입이 좋았으므로, 만약 지출을 늘리고 싶다면 지금보다 돈을 더 벌면 된다고 생각했다. 앞으로도 계속 돈을 벌면 되니까 저축이나 투자는 필요하지 않았다. 머니 코마에 빠졌을 때는, 나중에 깨어나면 모든 상황이 어떻게든 제 자리로 돌아오리라 생각했다. 절대로 하고 싶지 않았던 일은 머니 코마에서 깨어나 재정 안정성을 구성하는 요소가 **실제로** 무엇인지 확인하는 일이었다.

처음 집을 산 사람에게 왜 감당하지 못할 일을 저질렀냐고 비난한다면 과연 온당한 일일까? 아무도 내게 말해주지 않았다. 부동산중개인이나 은행 등 어떤 관련자도 내게 경고하지 않았다. 물론 결과에 대한 책임은 고스란히 내게 있었고, 이는 중요한 의미가 있다. 나는 외부에서 오는 경고음을 확실히 **들었어야 했다**. 그것은 내가 자책할 가능성을 분명히 암시하고 있었다. 경제적 파탄에 이른 이유가 돈 관리를 제대로 못했기 때문이라는 사실을 나는 받아들여야 했다. 하지만 상황이 절망적이니 손을 떼야 한다고 생각했을지도 모른다. 어떻게 보면 나는 내 머니 스토리 때문에 망했다. 내 머니 스토리는 나 자신보다 더 큰 요인들, 예컨대 성공한 사람이나 돈을 잘 쓰는 사람처럼 보여야 한다는 사회적 압박을 받아 형성되었다.

뉴욕에서 활동하는 재무심리치료사 어맨다 클레이먼은 이렇게 말한다. "돈은 우리 삶의 모든 부분과 연관됩니다. 자존감이 부족하거나, 타인과의 경계를 제대로 설정하지 못하거나, 자신의 욕구를 정확하게 파악하지 못하는 행위 등 이 모든 것은 돈을 통해 드러납니다." 누가 이런 상황을 맞닥뜨리고 싶겠는가? 사람들은 그저 편안하게 잠이나 자고 싶을 것이다. 하지만 무의식 상태에 빠져있는 동안에도 당신의 머니 스토리는 계속해서 불리하게 쓰이고 있을 것이다.

지금까지 나는 강연이나 수업, 또는 데일리워스를 통해 수백만 명의 여성들을 만났다. 그리고 그런 자리를 통해 내가 깨달은 사실은 누구든 언젠가는 어떤 계기로 인해 결국 자신의 머니 스토리와 마주하게 된다는 것이다.

계기가 되는 사건(이혼이나 재정난 혹은 인생의 큰 변화)이 갑자기 일어나면, 엉망진창이 된 사태를 수습해야 한다. 우리에겐 선택권이 없다. 마음도 추슬러야 하지만 돈 문제도 처리해야 한다. 그리고 이 일은 즐겁지 않다.

자신이 희생자가 된 것 같아서 이렇게 생각하기도 한다. '난 잘 모르겠으니 누군가 대신 이 일을 해줘야 해. 난 능력이 없어. 돈 관리는 너무 힘들고 여성스럽지 못한 일이야.' 대략 이런 식이다. 그러나 사실 우리는 생각과 행동을 바꿀 능력이 있다. 클레이먼은 이렇게 말한다. "우리의 머니 스토리는 흥미롭고 유익하지만, 현실성은 별로 없어요. 환상에서 벗어나 현실을 분명하게 파악하는 일이 대단히 중요하답니다. 어떤 사람들에게는 그것만으로도 변화의 시작이 되거든요."

마음속에 이미 자리 잡은 이야기를 다시 쓰는 작업이 처음에는 쉽지 않다. 하지만 해볼 만하다. 돈 관리를 즐겁고 재미있는 일, 꿈과 소망을 실현하는 데 도움이 되는 일이 되도록 자신의 머니 스토리를 바꿀 수 있을까? 이야기를 완전히 바꾸어야 하지만, 가능하다. 그리고 이는 정말로 가치 있는 일이다.

돈에 대한 태도는 곧 삶에 대한 태도이다

사람마다 머니 스토리는 다르지만, 공통된 주제가 있다. 일단 자기 이야기를 확인하고 나면, 그 이야기를 해체해서 새롭게 만들 수 있다. 당신의 이야기와 비슷한 동화를 하나 골라보라. 예를 들어 니샤의 이야기를 선택해보자. 니샤는 **백설 공주**처럼 아름다움을 추구하는 삶을 살다가 방향을 바꾸어 여성을 돕는 일에 헌신하게 되었을 때, 비로소 자신 안에 숨겨진 용기와 동정심을 발견했고 새로운 사업도 시작할 수 있었다. 하지만 그녀는 여전히 여성스럽고 아름답게 보이고 싶었다. 그래서 '난 돈 관리나 투자는 하고 싶지 않아. 그런 건 남자들이 할 일이야'라고 생각했다. 니샤는 아름다움이라는 머니 코마에 빠져, 과거에 했거나 현재 하는 일에 전혀 책임지지 않았다. 계속해서 세련되고 멋진 여성이 되고 싶었고, 그럴 만한 자격도 있었다. 하지만 실제로는 자신의 삶을 주도적으로 이끌 능력을 포기하고 있었다.

엘르의 머니 스토리는 **잠자는 숲속의 공주**에 좀 더 가깝다. 그녀는 몽유병자처럼 돌아다니면서 닥치는 대로 물건을 사고 부도 수표를 남발하는 등 한심하게 돈을 관리했다. 어쨌든 그것은 모두 꿈이었다. 하지만 잠에서 깬 엘르는 고통스러운 현실을 마주해야 했다. **신데렐라**와 비슷한 레이철은 물건을 많이 사면 자신감 있게 능력을 발휘하며 생활할 수 있으리라 믿었다. 그녀는 75세에 은퇴하려면 180만 달러가 더 있어야 한다고 농담처럼 말했지만, 정작 그녀의 소비 습관을 보면 마치 세상을 향해 자신의 행동이 정당하다고 말하는 것 같다(레이철의 이야기를 읽고 불편하다면, 나도 당신처럼 그렇다).

최근 니샤는 돈과 사랑을 분리했다. 그녀의 마음속에 그 둘은 더 이상 하나가 아니다. 요즘 그녀는 이렇게 말한다. "저는 책임감 있게 돈을 관리해요. 제 파트너도 그랬으면 좋겠고요. 누가 더 많이 돈을 버는지는 중요하지 않답니다." 돈을 많이 번다고 해서 덜 낭만적인 것은 아니다. 엘르는 "정말 속이 다 시원해요"라고 말한다. 잠에서 깨어 현실(돈)을 마주했을 때 그녀는 자신이 원하는 삶을 위해 진정한 선택을 할 수 있음을 깨달았다. 이런 깨달음은 돈뿐만 아니라 삶에 대해서도 새로운 접근법이었다. 레이철은 천하무적이라고 느끼고 싶어서 돈을 썼던 습관을 버렸다. 그녀는 이렇게 말했다. "연약함을 되찾고 나니 전에 샀던 값비싼 모터사이클 재킷이 입기 싫어지더군요. 그저 말도 안 되게 비싼 가격 때문에 그 옷에 끌렸던 것이죠!" 이제 그녀는 새로 확립한 정체성을 잘 유지하기 위해 저축과 투자를 활용하고 있다(정말 멋진 모습이다).

긍정적인 말로 스스로를 세뇌하라

아마도 당신은 처음에는 무의식적으로 자신의 머니 스토리를 썼겠지만, 이를 다시 쓸 때는 완벽하게 깨어있어야 한다. 정말 멋지고 훌륭하다. 당신은 옛 머니 스토리에 갇혀 있지 않다. 돈과 관련된 정체성은 엄청난 재난을 겪지 않아도 바꿀 수 있다. 그러므로 지금 당장 건강하고 긍정적인 머니 스토리를 만들 수 있다. 이 머니 스토리는 후손에게 물려줄 수도 있다. 그러려면 당신 먼저 바뀌어야 한다. 여기에서는 그저 동기를 유발하는 생각과 아이디어를 살펴볼 뿐이다. 사실 사람의 정신 건강은 자신에게 일어나는 사건들 속에서 의미를 발견하고 이를 앞으로 진행될 이야기와 결합하는 능력에 달려 있다.

노스웨스턴 대학교의 연구 결과를 보면, 부정적인 사건을 비교적 긍정적인 용어로 바꿔 해석할 수 있는 사람들(또는 역경을 통해 얻은 교훈을 설명할 수 있는 사람들)이 자존감도 높고 세계관도 긍정적이며 자신의 삶과 환경에 대한 통제력도 강하다. 그러므로 가끔 자신을 세뇌할 필요가 있다. 예를 들어, 나는 주방에 있는 병에 동전을 넣을 때마다 '나는 저축형 인간이야'라고 혼잣말을 한다. 이런 행동을 '스토리 프롬프트story prompt'라고 부르는데, 이것은 마음속에서 부정적인 이야기를 수정해서 생각을 바꾸는 기능을 한다. 2014년에 버지니아 대학교에서 발표한 연구 결과에 따르면, (부잣집 백인 친구들보다 머리가 나쁘고 능력이 부족하다고 생각해서) 학교를 그만두려고 했던 소수자와 저소득층 학생들이 '교육용' 비디오를 본 후에 성적이 월등하게 향상됐고 사교성도 회복했다고 한다. 이 비디오에 담긴 내용은 많은 학생이 비슷한 감정을 느끼면서 대학에 진학하지만, 일부러 더욱 열심히 공부하고 실수를 두려워하지 않으며 당당하게 도움을 요청하면 몇 달이 지나지 않아 대부분 일취월장한다는 것이었다. 자멸하는 '이야기'를 대성공으로 바꾸는 데 필요한 것은 자기 암시의 힘이었다.

당신도 마찬가지이다. 돈에 관한 생각 속에 무엇이 숨어 있고 재무적 결정을 내릴 때 무엇에 영향을 받는지 파악하면 매우 효과적이다. 지금 있는 머니 스토리가 자기에게 유리한지 아니면 불리한지 확인하라. 별로 힘들지 않다.

두 개의 간단한 목록

나는 처음에 간단한 목록 두 개로 내 머니 스토리를 이해할 수 있었다. 그런데 이 목록 사이에는 훨씬 더 간단한 인과관계가 존재했다. 우선 첫 번째 목록에는 돈과 관련된 행동을 설명하기 위해 내가 간직하고 있던 믿음을 적었다. 그다음에는 그 믿음이 바뀌게 된 계기를 찾아보았다. 두 번째 목록에는 바뀐 믿음과 이를 증명하는 행동을 적었다. 이런 방식은 좋은 출발점이므로 여기에서 독자들과 공유하고자 한다.

과거의 믿음과 행동

- 나는 돈을 쓰는 사람이다. 이것이 내 진정한 모습이다. 나는 쓰기를 좋아한다.
- 돈을 저축하려고 하면 항상 예상하지 못한 지출이 생겨서 하지 못하게 된다.
- 나만큼 성공한 사람들은 모두 큰 집과 최신형 자동차를 가지고 있으므로 나도 그래야 한다.
- 성공한 사람처럼 보이려면 옷에 많은 돈을 써야 한다. 그렇게 하지 않으면, 사람들이 나를 대단치 않게 여길 것이다.
- 나를 돌봐 줄 사람이 없으므로 성공하려면 무슨 일이든 해야 한

다. 회사를 키우려면 없는 돈도 만들어서 회사에 써야 한다.

머니 스토리와 마주하게 된 계기: 예상하지 못한 납세고지서와 주택 관련 비용

바뀐 믿음과 행동

- 나는 저축형 인간이다. 먼저 돈을 따로 떼어 저축한다.
- 저축과 투자로 안전망을 마련해두었으므로 심각한 재정 문제가 발생해도 해결할 수 있다.
- 가족, 친구, 연인, 심지어 투자자들까지 내 주변에 있는 사람들이 나를 도울 것이다. 필요할 때면 언제나 조력자를 찾을 수 있다.

돈 문제를 명확하게 정리하라

이제 돈 이야기를 해보자. 당신은 정말로 돈을 어떻게 생각하는가? 당신은 너무나 오랫동안 특정 생각과 아이디어를 되뇐 탓에 그것들이 이야기를 구성한다는 사실을 잊었을 것이다. 당신은 이런 이야기들이 사실이라고 오해했다. 우선, 새 노트를 꺼내거나 컴퓨터에 폴더를 하나 만들어라. 그리고 이를 '머니 클래리티money clarity'라고 부르자. 앞으로 당신이 해야 할 일은 돈 문제를 명확하게 정리하는 것이다.

자기 이야기를 명확하게 만들려면 수치심과 죄책감을 드러내야 한다. 현재 모습과 앞으로 바라는 모습 사이의 간극을 참담하게 느끼라는 의미가 아니다. 그러므로 자기 자신이나 자신의 재무적 결정에 대해 단 한 순간이라도 부정적으로 생각한다면 이는 규칙 위반이다. 당신은 자신을 자극하는 새로운 돈 관리 방법을 공개적으로 이야기하게 될 것이다. 이때 깊이 생각하면 안 된다. 그냥 머릿속에 처음 떠오른 생각을 재빨리 적어보자. 완전한 문장으로 작성할 필요도 없다. 속기로 적어도 상관없다. 그럼 시작하겠다.

(1) 아래 질문들에 관해 생각해보자. 한 번 더 말하지만 깊이 생각하지 말고 그냥 처음 떠오른 생각을 적어라.

- 돈에 관련된 최초의 기억은 무엇인가? 돈이 있던 사람은 누구이고, 없던 사람은 누구인가? 돈의 출처는 어디인가? (5~10분)
- 당신은 저축형 인간으로 성장했는가, 아니면 소비형 인간으로 성장했는가? 그 내용을 설명하라. (1~5분)
- 오늘날 수입의 출처(일, 배우자, 가족, 유산, 투자 등)가 어디여야 한다고 생각하는가? (5분)
- 당신은 저축, 지출, 투자, 돈벌이, 기부 등 돈을 관리하는 일에 얼마나 자신이 있는가? 가장 자신 있는 항목과 가장 취약한 항목은 무엇인가? 더 배우고 싶은 항목은 어떤 것인가? (5분)
- 친구와 가족과 비교할 때 당신은 얼마나 많은 돈을 가지고 있다고 생각하는가? 재산 규모가 당신에게 적당한가? 그것에 대해 당신의 기분은 어떤가? (5~10분)

이쯤에서 잠시 멈추고 자기 생각을 정리해서 쓸 용기를 냈다는 사실을 높이 평가하라. 자신의 믿음, 특히 사실 같지만 더는 도움이 되지 않는 믿음을 마주해야 하는 어려움을 과소평가하지 마라.

(2) 돈에 대해 스스로 되뇌는 메시지를 살펴보자.

- 돈, 특별히 자기 돈과 관련해서 자주 중얼거리는 말을 가능한 한 많이 적어보자. (5~10분)
  예를 들면 다음과 같은 말이다.
    - 돈이 선택권을 준다.
    - 돈은 힘의 원천이다.
    - 나는 충분히 먹고 살 만큼 돈을 벌지 못한다.
    - 나는 돈을 잘 다루지 못한다.
    - 내 돈이 다 어디로 가는지 모르겠다.
- 당신이 작성한 목록을 보고 바꾸고 싶은 부정적인 믿음에 밑줄을 그어보자. (5~10분)

(3) 이제 다음 문장들을 생각해보자. 동의하는 문장에는 밑줄을 긋고, 동의하지 않는 문장에는 원을 그려라.

- 유사시에 배우자와 부동산, 회사가 도움이 될 것이다. 그래서 요즘은 돈 걱정을 하지 않으며, 장기적으로도 안전하다.
- 돈 관리는 나 말고 다른 사람이 할 일이다.
- 나는 금전운이 없다. 행운만이 나의 재정 상태를 바꿀 수 있다.

- 돈 관리는 힘을 축적하는 데 도움이 되므로 남자들이 좋아한다. 힘 있는 남자는 매력적이다. 나는 그들을 방해하고 싶지 않다.
- 돈을 가지고 뭘 해야 할지 알지도 못하고 앞으로도 모를 것 같다.
- 나는 돈을 귀하게 여기지 않고 돈에 관심도 없다(혹은 그 반대이다).
- 내게 돈이 있으면, 사람들은 나를 탐욕스럽고 냉정하다고 생각할 것이다. 그래서 내 아이들, 부모님, 친구, 도움이 필요한 사람들을 도우려면 더 많은 노력을 해야 한다.
- 예산을 꼼꼼하게 짜고 이를 엄격하게 따른다면, 돈이 내게 도움이 될 것이다.
- 당장 돈 쓰는 일을 멈춘다면 더 많은 돈이 모일 것이다.
- 불경기이므로 내가 필요한 만큼 또는 내 경력에 합당한 급여를 받기가 어렵다.
- 내가 급여를 올려달라고 요청하면 직장에서 쫓겨날지 모르고 사장과의 관계도 나빠질 것이다.
- 나는 돈을 충분히 가지고 있다. 더 많이 가지려 한다면 이기적이다.
- 더 추가하고 싶은 문장이 있다면 적어보자.

이제 잠시 멈추고 심호흡을 해보자. 당신은 방금 커다란 쓰레기봉지를 가득 채워 영원히 밖으로 던져버렸다!

그럼, 계속해보자.

(4) 3번에서 답했던 내용을 다시 한 번 살펴보자. '나는 돈을 잘 다뤄'라고 생각하지 못하도록 막는 이야기들을 한두 개 정도 찾아보자. 내용을 명확히 설명하기 위해 생각해낸 이야기를 완전한 문장으로 적어보자.

- 떠오르는 생각이 있다면 자세히 서술해보자. 예를 들어, '돈 관리는 나 말고 다른 사람이 할 일이다'라는 문장을 '방법을 배우면, 배우자나 상담사의 도움을 받으면서 내 돈을 스스로 관리할 수 있다'로 바꿀 수 있다(이 작업은 당신을 괴롭히기 위해서가 아니고 당신에게 의미 있는 변화를 일으키게 하려는 목적임을 기억해라!). (1~5분)

(5) 돈에 관련된 긍정적인 생각들을 적어보자. 어떤 것이든 상관없다. (문장을 직접 손으로 쓰거나 인쇄해서 컴퓨터 옆에 붙여보자. 공과금을 낼 때 '나는 돈 관리를 잘해'라는 문장을 떠올리는 것보다 강력한 방법은 없다!)

몇 가지 예를 소개하면 다음과 같다.
- 돈은 선을 위한 힘이다.
- 저축과 투자가 늘었다는 것은 내가 얼마나 나 자신을 소중하게 생각하고 있는지를 보여준다.
- 돈이 나의 가치관과 이상을 실현하도록 도와준다.
- 돈은 신성하다.
- 저축한다고 해서 이기적이라는 의미는 아니다. 저축과 투자는

가족에게 짐이 되지 않도록 해주고 미래를 대비할 수 있게 도와준다.
- 나는 돈 관리를 잘한다.
- 나는 자립할 수 있을 만큼 돈을 가지고 있다.
- 내가 돈을 벌 수 있는 능력은 끝이 없다.
- 내게 필요한 것을 바라는 건 전혀 문제될 게 없다.

돈에 관한 당신의 믿음이 무엇인지 파악해서 좋은 것은 인정하고, 쓸데없는 것은 버리며, 새로운 것을 만들어라. 수치심과 무력감을 느끼게 하고 혼란을 유발하며 도움도 되지 않는 믿음들을 이제는 제거할 때이다. 여러 연구 결과에 따르면, 새롭고 긍정적인 문장들을 반복하다 보면 (그리고 그렇게 행동하다 보면) 자신의 태도와 행동도 바뀐다고 한다. 온 신경을 다른 쪽에 집중시키려면 어느 정도 노력이 필요하다(농담이 아니다). 하지만 불가능한 일은 아니다. '고정된 것'은 없으며, 뭐든지 변할 수 있다.

환상을 실현 가능하고 생생하며 건강한 현실로 바꿔라

돈에 관해 새로운 관점이 생기면 대단히 기쁠 수도 있지만, 이전에는 미처 생각하지 못했다는 사실에 오히려 기분이 나쁠 수도 있다. 낡은 생각을 떨쳐내고 새로운 시각을 확보하려는 시도는 흥미로우면서 힘들다. 자신의 처지를 있는 그대로 받아들이는 것이 어쩔 줄 모르고 화를 내며 아예 신경을 끊는 것보다 낫다는 사실을 깨달아야 한다. 새로운 믿음이 형성될 수 있다고 생각하라. 그리고 부정적인 머니 스토리(또한 당신이 돈과 관계를 맺을 때, 당신을 위협해서 포기하게 하는 모든 무의식적인 사회의 압박)가 영향력을 행사하지 못하게 하라.

돈은 자유와 같다는 점을 기억하라. 돈을 관리할 줄 알면 원하는 인생을 설계할 수 있고, 계획한 대로 살 수 있다. 지금 당장 모든 것에 통달할 필요는 없다(사실, 이번 장을 읽고 나면 책을 내려놓고 산책하러 가도 좋다). 그저 새롭게 발견한 긍정적인 머니 스토리를 잠시 그대로 놓고 심호흡을 한번 해보자. 당장 해야 할 가장 중요한 일은 돈에 관한 환상을 실현 가능하고 생생하며 건강한 현실로 바꾸는 일이다.

방금 당신은 정말로 놀라운 일을 해냈다. 그리고 당신은 소중한 사람이다. 이제 본격적으로 중요한 주제인 돈 문제로 넘어가 보자.

03

뿌리를 키우고 날개를 펼쳐라

단단한 땅에 발을 붙이고 그대로 순항하라.

지금부터 하는 이야기는 정말로 중요하다. 당신은 재무 관리를 하면서 잘못된 측면에 주력했을 가능성이 대단히 높다. 나는 워크숍과 강연에서 그런 경험담을 수없이 보고 들었으며, 각종 조사에서도 비슷한 사례를 여러 번 발견했다. 그 내용은 이렇다.

대개 여성들은 예산 및 소득 관리를 돈 관리의 핵심이라고 생각한다. 그 두 가지가 중요하지 않다는 의미는 아니다. 하지만 이런 생각은 마치 장인이 짠 태피스트리를 이리저리 살펴보고 그 예술성과 심오한 의미를 이해하는 대신 그저 뒷면에 있는 매듭실만 연구하는 꼴이다.

말하자면 큰 그림을 보지 못하는데, 어떻게 영원한 가치를 만들어내는 심오한 사상과 기술을 이해하겠느냐는 의미이다. 사소한 일에 매달려봤자 장기적으로 아무 도움이 되지 않는다. **왜 우리 여성들은 그렇게 행동하는 것일까?**

정확히 말하면 그것이 여성들의 잘못은 아니다. 우선 여성들은 오랜 문화적 관습 때문에 상업수단이나 거시경제 교육을 받지 못했고, 그 대신 가정이라는 소우주와 건강, 미용에 신경 쓰도록 훈련받았다.

오늘날까지도 여전히 여성들을 위한 인기 있는 금융 매체조차 미묘한 방식으로 성차별적 태도를 강화한다. 블로그와 잡지, 디지털 미디어와 TV에서는 보수와 만족도가 높은 직장으로 옮기는 방법은 물론 각종 예산 관리 서식을 만들고 예산 계획표를 지키는 요령을 알려준다.

우연이든 아니든 이런 매체들이 유지하는 어조와 다루는 주제 모두 체중 감량과 건강한 생활을 주로 다루는 여성 잡지들과 놀랄 정도로 유사하다. 생각해 보면 예산 관리는 (시작한 다음 꾸준히 해야 한다는 점에서) 다이어트와 비슷한 점이 많다.

또한 임금이 높고 창조적인 직업으로 전환하는 방법은 좀 더 열정적이고 충만한 삶을 살기 위해 정신적·심리적 루틴을 바꾸는 요령과 일맥상통한다. 둘 다 어느 정도 도움이 되지만, 한편으로 삶을 완벽하게 바꿀 것이라는 주술적 사고 magical thinking를 부추기기도 한다.

중요한 내용이 빠졌다

솔직히 말해서 다이어트나 마음을 다스리는 삶에 관해 아무리 조언을 많이 들어도 혼자만 아는 자기 내면의 현실을 마주할 생각이 없다면, 식생활과 사고방식을 실질적으로 변화시키지 못한다. 이와 마찬가지로 알뜰하게 생활하거나 수입이 많아져도 현실을 낱낱이 들여다볼 때까지는 재무 관리에 성공하기 어렵다. 다이어트처럼 지나치게 절약하며 살다 보면 인생을 즐기기 어려워진다. 또한 전체 목표에서 다른 중요한 부분들을 보지 못한 채 절약하는 습관에만 집착하게 될 것이다.

그뿐만 아니라 수입이 많아지면 확실히 생활은 편해지겠지만, 시간과 돈을 쓰는 방법과 같이 새로운 고민거리가 생기기도 한다. 이 말을 오해하지 않았으면 좋겠다. 누구나 자신의 가치에 맞게 보수를 받아야 하는 것은 **당연하며**, 이 문제는 나중에 더 논의하겠다. 그보다 내가 발견한 사실은 좀 더 단순하고 심오하다. 자신의 재정 상황과 행동(그리고 삶)을 개선하고 그 수준을 높이는 데 정말로 중요한 것이 무엇인지 이해하는 여성들이 거의 없다는 점이다.

그렇다면 무엇이 중요할까?

개인의 재정 안정성이 온전히 거기에 달려 있을 만큼 그렇게 중요한 것일까? 아무도 이 문제를 다루는 사람이 없었기에 지금부터 내가 솔직하게 털어놓겠다.

이는 예산이나 소득에 관한 이야기가 아니다! 평균 지출 금액이나 전반적인 생활비 규모와도 상관없다. 거주하는 주택의 가치보다 이것이 당신에게 훨씬 중요하다. 사실 이것은 너무나 중요해서 당신의 전반적인 재정 안정성을 (단기적으로는 물론 인생 전반에 걸쳐) 좌우한다. 이쯤에서 '**순자산**'이라는 금언을 소개하겠다. 이것은 개인의 재무 관리와 장기적 행복에 대단히 중요한 역할을 한다. 그러므로 이 단어를 마음속에 깊이 새겨야 한다. 하지만 먼저 단어의 의미를 명확히 밝혀야 한다. **순자산**이라는 용어는 여러 다양한 의미(자기가치감과 고마움 같은 긍정적 사고에 대한 비유적 표현부터 **필요한 수단이나 자력資力**과 같이 불명확한 용어까지)를 아우른다. 그래서 여기에서는 내가 순자산을 어떻게 이해하고, 어떤 방식으로 이 책에서 그 단어를 사용하며, 살면서 자신의 순자산을 어떻게 관리하면 좋을지 등을 명확하게 설명하고 싶다.

내가 데일리워스를 만들었을 당시에는 온라인이든 오프라인이든 재정상담란에서 순자산을 다루는 여성지가 하나도 없었다. 예산 관리 방식, 부동산 계산기, 이직, 임금 협상 등과 관련해서 조언하는 글은 많이 있지만, **왜 그렇게 해야 하는가**에 대해서는 아무런 언급이 없었다. 어떻게 각종 재무 정보를 종합해서 좀 더 원대한 계획을 세울지에 대해서는 전혀 설명하지 않았다. 중요한 내용이 빠진 것이다.

그런데 나는 내 궁극적인 목표가 무엇인지 어떻게 알았을까? 나는 이것을 혼자서 알아냈다. 가진 것을 더하고 빚진 것을 **뺐을** 때 남는 것이 바로 **순자산**이다. 순자산은 소득이나 절약과 같이 단기적인 실행 목표가 아니라 뿌리와 날개와 같이 장기적인 관점에서 관리해야 할 목표이다.

자기 날개의 길이를 재보라

앞에서 우리 엄마가 불량 청소년이었던 내게 인생을 성공적으로 헤쳐 나가려면 뿌리와 날개만 있으면 된다고 말씀하셨던 일화를 당신은 기억할 것이다. 즉 뿌리와 날개는 근본 가치이자 원리이며, 예측 가능한 위험을 기꺼이 감수해서 성장하도록 도와준다. 나는 여러 해 동안 엄마의 비유를 곰곰이 생각했으며, 어머니·기업가·워크숍 진행자로서 인생의 다양한 순간에 그것을 적용해왔다. 또한 내 가치관에 따라 돈을 관리하고 투자할 때에도 같은 원리를 적용했는데, 이제는 다른 사람에게 나처럼 해보라고 충고하고 싶다.

지금부터 금융 웰빙이라는 관점에서 '뿌리'의 의미를 설명하겠다. 뿌리는 중요한 기본 자산이자 장기 투자자금이다. 예를 들어, 은퇴자금, 부동산, 주식, 채권, 본인 소유 회사 등이 뿌리이다. 때로는 예술품이나 보석, 기타 귀중품도 해당한다. 시간이 갈수록 뿌리는 천천히 자란다. 쉽게 현금으로 바꿀 수 없다. 뿌리는 물과 비료를 주고 잡초를 뽑아주듯 정기적으로 꾸준히 관리해줘야 한다. 튼튼한 뿌리는 쉽게 뽑히지 않으므로 든든한 장기 자산은 순자산의 핵심이 된다. 또한 장기 자산은 시간이 갈수록 가치가 상승하고 수익도 올릴 수 있으므로 돈으로 돈을 버는 셈이다. 따라서 장기 자산을 현명하게 관리한다면 뿌리가 나무를 지탱하듯 경제적 안정을 누릴 수 있다.

반면 날개란 수입처럼 현금화할 수 있는 자산이다. 원하는 곳으로 높이 날아가려면 보유한 현금 자산이 얼마냐에 달려있다. 날개의 길이는 규칙적으로 발생하는 소득 규모와 자신의 재무 습관에 달려있으며, 이는 날마다 삶에 영향을 미친다. 지혜롭게 사용하면, 날개는 규칙적인 수입원이 되고, 뿌리가 땅에 떨어진 과일에서 영양분을 공급받듯 날개가 뿌리를 보호하기도 한다. 또한 날개는 하늘 높이 날고 싶은 욕구와 자신감을 제공해서 인생을 즐길 수 있도록 도와준다.

그렇다면 뿌리와 날개로 자신의 재무 건전성을 어떻게 평가할 수 있을까? 스스로 몇 가지 질문을 던져보자. 단기적으로는 어렵고 손실이 발생하지만, 이것이 기본적인 재정 안정성을 해치거나 인생의 궁극적 비전을 위협하지 않을 수 있는가? 비상상황에 대비할 수 있을 만큼 현금을 충분히 가졌다면 당신의 날개는 강하므로, 살면서 갑작스러운 재정난에 빠지더라도 그럭저럭 헤쳐 나갈 수 있다.

5년·10년·15년·30년 후 모습을 떠올렸을 때, 꾸준히 증가하는 든든한 자산 덕분에 자신이 경제적으로 안정됐다고 느끼는가? 그렇다면 당신의 뿌리는 강하다. 그렇다면 뿌리와 날개가 효과적으로 상호 작용하는지 어떻게 측정할 수 있을까? 이는 자신의 순자산을 구성하는 항목들의 수치를 규칙적으로 점검해보면 된다. 이제 **순자산**에 대해 좀 더 자세하게 알아보자.

당신은 아마도 주택 구입이 투자라고 생각할 것이다. 하지만 2008년 부동산 버블 붕괴 경험에서 알 수 있듯이, 주택은 소유하는 동안 가격이 **오를 때만** 투자가치가 있다. 이제 순자산의 관점에서 생각해보자. 사람들은 대개 '집이 있다'고 말하지만, 현금으로 사지 않았다면 실은 주택담보 대출이 있는 것이다. 따라서 그 거래를 재구성해보면, '주택 구입'이 적어도 처음에는 순자산에 **나쁜** 영향을 미친다는 점을 알 수 있다. 그 집의 소유자는 당신이 아니라 은행이고, 당신은 은행에 빚을 지고 있다.

순자산은 퇴직 후에 수입원이 되기 때문에 중요하다. 모두 아는 사실이지만, 일시적 해고나 은퇴로 수입이 없다고 해서 빚이 사라지지는 않는다. 만약 자신의 순자산이 플러스라면 수입도 발생하고 선택의 폭도 넓다. 그러나 순자산이 마이너스라면 가장 수입이 많았을 때 그 금액이 얼마였는가와 상관없이 당신은 무일푼이다. 선택권도 거의 없다. 순자산은 재정 안정성을 측정하기에 아주 적합한 척도이다.

그동안 돈 관리를 잘못했어!

이번 장에서는 순자산에 대한 예비 교육을 한다. 뿌리와 날개는 미래의 재정 안정성을 위협하지 않고 꿈(자신이 진정으로 원하는 삶)을 실현할 수 있도록 자금을 지원한다. 순자산을 파악하고 개선하는 작업은 작게는 마음가짐을 달리하는 것부터 크게는 관점을 바꾸는 것을 모두 포함한다. 즉 단편적 자료들을 조작하기보다 전체를 관리하고, 빚을 지고 맹목적으로 지출하던 습관에서 벗어나 자신의 거시적 목표를 파악해서 무슨 일이 일어나든 날마다 한걸음씩 전진하는 태도로 바꾸어야 한다. 좋은 소식이 있다면, 현재 순자산의 규모가 플러스든 마이너스든 당신이 움직이고 있는 방향과 상관없다는 점이다. 따라서 당신은 그저 올바른 방향으로 계속 가면 된다. 머니 코마에 빠지지 말고 계속 깨어 있어야 한다.

이 이야기는 대단히 중요하므로 한 번 더 반복하겠다. 순자산을 구축하기 위해 가능한 한 많은 돈을 벌어야 하는 것은 아니다. 적어도 순자산은 소득 능력에만 좌우되지 않는다. 돈을 많이 버는 것도 좋지만, 그 돈을 저축할 수 없다면 더 많이 벌수록 오히려 곤란해질지 모른다. 물론 이것이 지나친 견해일 수 있다. 그러나 사람들은 자신의 재정 안정성과 지급 능력을 평가할 때 소득이나 부동산만 생각하기 쉽다. 또한 부유하다고 해서 모든 문제를 해결할 수 있다거나 항상 흑자가 보장되는 것도 아니다. 연봉이 백만 달러여도 그 수입으로 순자산을 늘리지 않는다면 재정 상황은 악화될 수 있다. 소득은 순식간에 사라진다. 다들 알다시피, 사람은 돈을 벌면 벌수록 더 많이 지출하려고 한다. 자산을 제대로 만들어놓지 못하면(뿌리가 자라지 못하면) 별장 임대료를 지불하느라 있던 자산도 줄어들 것이다.

'책임 있는' 소비를 실천하는 것도 마찬가지이다. 자신의 재정 상황에 미칠 영향을 따져보지 않고 주택을 구입하는 행위는 성공은커녕 재앙에 가깝다. 확실히 이런 행동은 순자산을 견고하게 만드는 데 방해가 된다. 내 사례를 떠올려보라. 나는 큰 집을 사면서 계약금으로 지불한 금액이 너무 적었기 때문에 주택담보 대출금이 어마어마했다. 그 집은 생각보다 손이 많이 갔고 유지비도 막대했지만, 가치는 점점 하락했다. 내 수입은 백만 달러나 됐지만, 엄청난 청구서 비용들을 처리하느라 자산이 줄어들고 있었다. 그래서 결국 나는 어떻게 되었을까? 순자산은 마이너스가 되었고 부채를 짊어졌다.

빚은 순자산을 구축하는 데 또 다른 흔한 장애물이다. 단순히 빚이 있다는 사실을 문제 삼는 것이 아니다. 누구나 조금씩 빚은 있기 때문이다. 내 말은 만약 자신의 부채 규모가 뿌리나 날개보다 크다면 순자산은 마이너스가 된다는 의미이다. 이는 엄연한 사실이다. 자, 여기서 잠깐 멈춰보자. 이 글을 읽고 혹시 심장이 멎을 것 같은가? 일단 심호흡을 하고 머릿속에 떠올랐을 생각에 신중을 기하라. '나는 희망이 없어! 통제 불능이야. 그동안 돈 관리를 잘못했어!' 또는 '진작 좀 더 많이 저축이나 투자를 해야 했는데!' 이런 생각이 떠올랐을지 모른다. 그렇다면 여기서 생각을 멈춰라. 자신에 대한 부정적인 생각들을 밖으로 던져 버려라.

사실 순자산을 구축하는 방법은 별로 어렵지 않다. 부채를 줄이고 자산을 늘리면 된다. 부채가 자산보다 적으면 순자산이 쌓인다. 이런 올바른 방향으로 나아가기 위해 노력해야 한다.

젊은 독신 여성에겐 특히 가능성이 무한하다

이제 당신은 고소득이나 부동산이 재정 안정성을 보장해주지 않으며, 빚이 많더라도 꼭 나쁜 것은 아니라는 사실을 알았다. 또한 뿌리를 내려 잘 자라게 해야 한다는 것도 알고 있다. 별로 어렵지 않게 시작할 수 있는 일이다. 그러니 여유를 갖고 천천히 뿌리에 영양을 공급하자. 그리고 그 뿌리들이 멀리 뻗어 나가게 하자. 당신의 순자산은 자산의 건전성과 증식력에 좌우된다.

지금부터는 실제 순자산이 어떻게 계산되는지 파악하기 위해 몇 가지 숫자들을 살펴보겠다. 여기 해나라는 여성이 있다. 20대인 해

나는 대학을 졸업하고 시애틀 도심에 있는 회사에 근무하면서 작은 집도 마련했다. 이제 앞에서 언급했던 기본 공식을 떠올려보자. 순자산은 총자산(당신이 소유하고 있는 것)에서 총부채(당신이 지고 있는 빚)를 차감한 것이다. 이 공식을 적용해서 해나의 순자산을 계산하면 아래 표와 같다.

단위: 달러

총자산	
주택	500,000
비상금	2,000
퇴직연금 적립금	30,000
	= 532,000
총부채	
주택담보 대출	400,000
신용카드 빚	15,000
학자금 대출	100,000
	= 515,000
순자산	
532,000 - 515,000	= 17,000

해나의 순자산은 플러스이다. 이는 해나가 주택과 교육에 투자한 것과 어느 정도 관련이 있다. 그녀가 주택담보 대출을 갚아나가다 보면 빚은 점점 줄어들 것이고, 학사 학위 덕분에 급여가 인상되면 퇴직연금 적립금도 점점 불어날 것이다. 그러므로 해나의 빚은 흔히 말하는 '좋은 부채'이다.

사람들은 주택이나 대학 교육처럼 시간에 따라 가치가 상승하는 상품을 구입할 때 좋은 부채를 활용한다. 반면 '나쁜 부채'란 보트나 장난감 총과 같이 시간에 따라 가치가 하락하거나 아예 가치가 없어지는 물건을 구입하기 위해 빌리는 돈이다(장난감 총을 사느라 빚을 진다니 이해하기 어렵겠지만, 열 살짜리 아들을 둔 엄마의 이야기니 믿어도 좋다).

하지만 해나도 주의해야 할 점이 몇 가지 있다. 단기자금인 비상금의 액수가 너무 적다. 가능한 한 빨리 비상금을 1만 달러까지 늘려야 한다. 특히 주택 소유자에게는 예상하지 못한 지출이 발생하기 마련이므로 비상금은 부채와 커브볼에 대비하는 안전장치가 된다.

장기적으로 해나는 긴장을 늦추지 말고 자신의 순자산에 영향을 미칠 수 있는 모든 변수를 철저히 감시해야 한다. 시애틀과 그 주변 지역들은 멋지고 유행에 민감해서 부동산의 가치가 위치에 따라 오르락내리락하는 경향이 있다. 그러므로 자신의 집과 비슷한 주택들의 가격 동향과 전반적인 부동산 시장의 추이를 추적할 필요가 있다. 그리고 집을 잘 관리해야 한다. 그렇게 하지 않으면 유지 비용이 집값 상승분을 상쇄할 것이다. 또한 커리어도 철저하게 관리해야 한다. 전략적으로 이직하지 못하면, 가진 능력보다 수입이 적어질 위험이 있다.

마지막으로 해나는 젊고 미혼이며 부양가족도 없으므로 과소비하기에 딱 좋은 조건을 갖추었다. 밀레니얼 세대로서 전문직에 종사하는 다수의 독신 여성들처럼 어쩌면 해나도 여행을 많이 다니고, 적어도 일주일에 한 번은 친구들과 새로 생긴 클럽에 가며, 옷에 돈을 펑펑 쓰면서 멋진 차를 모는 생활을 하고 있을지 모른다. 이런 식으로 생활하면 신용카드 빚이 늘어난다. 그러면 매달 학자금 대출금을 상환하는 데 차질이 생긴다. 또한 퇴직연금 계좌에 적립하는 금액도 적어진다. 어쩌면 소비를 주체하지 못해 성인기 초기에 벌써 머니 코마에 빠질지 모른다.

그러나 나이에 상관없이 순자산은 목적을 가지고 선택적으로 늘려야 한다. 그렇게 하지 않으면 잠자는 숲속의 공주처럼 머니 코마라는 깊은 잠에 빠져 있다가 수년 후에 깨어나 보면 자신의 성이 허물어지고 순자산이 마이너스가 되는 상황을 목격하게 될 것이다. 해나의 경우, 지금 당장 잠에서 깨어 일상생활과 장기 목표에 도움이 되도록 명확하고 의식적인 선택을 한다면, 남보다 일찍 견고한 순자산을 구축할 수 있다. 순자산의 금액이 커질수록 해나는 자기가 바르게 살고 있음을 깨닫게 될 것이다.

지금 당장 절약할 방법을 찾아야 한다

조금 더 복잡한 예를 살펴보자. 소득 수준이 대단히 높고, 백만 달러가 넘는 아파트를 소유한 친구가 있다(실상은 그리 화려하지 않다).

뉴욕에 사는 서른다섯 살 케이트는 패션업계에서 연봉 25만 달러를 받으며 일한다. 그러니까 거물인 셈이다. 그녀는 120만 달러짜리 아파트에 살고 있으며, 1년에 두 차례 호화 휴가를 떠난다. 그녀의 차는 프리우스인데, 주중에는 차고에 넣어두었다가 주말마다 약혼자와 함께 이 차를 타고 뉴욕 주 북부로 놀러 간다.

지금까지 보면 케이트의 삶은 대단히 멋져 보인다(실제로 멋지다). 그럼 그녀의 자산과 부채를 분석해보자. 케이트는 120만 달러짜리 아파트를 사면서 구매 대금의 20%만 계약금으로 지불했으므로 매달 상환금이 약 5,000달러이다. 거기다 아파트 관리비로 매달 1,000달러 이상을 지불해야 한다. 그리고 이미 말했듯이, 케이트는 뉴욕 패션업계에서 일하고 있으므로 당연히 직장에서는 모델처럼 옷을 차려입어야 한다. 그녀는 매달 옷과 액세서리 구입비로 1,500달러를 지출한다.

케이트의 학자금 대출금은 6만 달러이고, 이자율이 16%인 신용카드 빚은 4만 달러이다. 차량 관련 비용으로 매달 300달러(주차비는 별도)를 지출한다.

저축한 돈이 거의 없고(약 3,000달러의 비상금이 있지만, 이 돈으로는 매달 1만 5,000달러가 넘는 지출을 줄여주지 못한다), 퇴직연금 계좌에는 고작 5만 달러뿐이다. 이 숫자들을 가지고 계산했을 때 케이트의 순자산은 정확히 얼마일까? 그리고 그녀에게 도움이 되는 방법은 무엇일까?

이제 케이트의 재무 상태를 분석해보자.

단위: 달러

총자산

주택 매도 시 가격	1,200,000
퇴직연금 적립금	50,000
자동차 매도 시 가격	28,000
비상금	3,000
	= 1,281,000

총부채

주택담보 대출	960,000
신용카드 빚	40,000
학자금 대출	600,000
자동차 할부	18,000
	= 1,078,000

순자산

1,281,000 − 1,078,000	= 203,000

케이트는 고소득자로서 고가의 아파트와 비싼 옷들을 많이 가지고 있지만, 순자산은 그녀의 나이에 적합한 수준이다. 하지만 재무 구조는 상당히 취약하다. 왜 그럴까? 그녀는 마치 벌새처럼 계속 날기 위해 부지런히 날갯짓하고 있다. 그리고 간신히 버티고 있다. 그녀의 수입은 모두 주거비와 생활비로 지출된다. 그리고 뿌리에 정기적으로 적립하는 현금은 전혀 없다. 그래서 내일 당장 직장을 잃기라도 하면, 한 달분 주택담보 대출 상환금도 내기 어렵다. 월말이면 현금이 거의 없어서 신용카드 빚을 전혀 줄이지 못하므로 시간이 갈수록 빚은 점점 늘어난다(연이율이 16%이다). 그러니까 케이트는 미국에서 근근이 살아가는 부자 가운데 하나인 셈이다.

케이트의 뿌리는 성장이 정지되었거나 견고하게 자리 잡지 못했다. 서른다섯까지 퇴직연금으로 5만 달러밖에 모으지 못했고, 그마저도 신용카드 빚을 다 갚기 전에는 추가 적립도 어려운 상태이므로 자신의 소득 수준에 전혀 맞지 않는다. 케이트의 유일한 안전망은 부동산인데, 일단 주택담보 대출을 갚고 나면 살고 있는 아파트의 지분을 온전히 확보하기 때문이다. 그러나 부동산 시장이 나빠지면 케이트의 자산 가치는 떨어진다. 물론 그녀의 아파트는 가격이 오를 확률이 더 높다. 뉴욕에서 부동산은 전형적으로 우량한 투자 자산이므로 케이트의 투자는 결국 성공할 것이다. 하지만 주택 유지비가 많이 들 경우, 부동산에만 집중하는 투자는 위험하다.

그런데 앞에서 나는 부유하다고 해서 모든 것을 해결할 수 있는 것은 아니라고 말했다. 케이트는 백만 달러가 넘는 아파트에 거주하는 고소득자였지만, 현금도 부족하고 아파트 지분도 적다. 그래서 서류상으로는 재무 현황이 대단히 훌륭해 보이지만, 사실 뿌리는 빈약하다. 케이트는 신데렐라가 빠진 머니 코마와 같은 증상을 보인다. 매력적인 라이프스타일과 화려한 장신구들은 쉽게 **사라진** 다! 멋진 옷들도 도움이 되지 않는다. 만약 케이트가 해고당한 후 새 직장을 구하느라 3개월을 소비해야 한다면 어떻게 될까? 구직 기간에는 신용카드 빚이 배로 늘어날 것이고, '주택담보 대출 월상환금'을 내기도 전에 비상금은 바닥날 것이다. 어쩌면 비용을 충당하기 위해 손해를 보고 아파트를 팔아야 할지도 모른다. 썩 훌륭한 상황은 아니다. 케이트는 경고음이 울리기 전에(신데렐라의 마차가 호박으로 변하기 전에) 지금 당장 절약할 방법을 찾아야 한다.

자유는 이렇게 얻는 것이다

케이트와는 달리, 수입은 상당하지만 생활이 검소해서 순자산이 견고한 사람이 있다고 하자. 이런 사람의 뿌리와 날개는 도움이 된다. 예를 들어, 당신의 연봉이 7만 5,000달러쯤 된다고 해보자. 실용적인 아파트를 세내어 살면 주택 수리비나 유지보수비를 지출하지 않아도 되고, 이렇게 절약한 금액을 투자계좌에 넣어둘 수 있다. 학자금 대출은 2만 달러가, 신용카드 빚은 4,000달러가 남아 있고, 현 직장에서 적립해주는 퇴직연금 계좌에 15만 달러, 이전 직장에서 적립한 퇴직금을 모아 둔 개인 퇴직연금 계좌에는 3만 6,000달러가 들어있다. 당신은 상태가 나쁘지 않은 중고차를 몰고 있으며, 비상금도 1만 2,000달러 정도로 적정한 수준이다.

이제 이런 당신의 재무 현황을 분석해보자.

단위: 달러

총자산

직장 퇴직연금 적립금	150,000
개인 퇴직연금 적립금	36,000
자동차 매도 시 가격	12,000
비상금	12,000
	= 120,000

총부채

학자금 대출	20,000
자동차 할부	8,000
신용카드 빚	4,000
	= 32,000

순자산

210,000 – 32,000	= 178,000

이 시나리오에서 당신의 소득은 케이트의 3분의 1에도 미치지 못하지만, 순자산은 그녀와 거의 비슷하고 현금도 충분하다. 그러므로 당신의 뿌리와 날개는 강하다. 또한 퇴직연금을 직장 퇴직연금과 개인 퇴직연금 계좌로 분산해서 관리하고 있다. 집을 임차한 덕분에 주택 수리비와 유지보수비를 지출하지 않아도 되므로 이렇게 자유롭게 은퇴자금을 적립할 수 있다. 수입이 많아도 생활이 사치스럽지 않기 때문에, 순자산이 견고하고 유사시에 쓸 수 있는 현금도 확보했다.

친구들이여, 자유는 이렇게 얻는 것이다.

어떻게든 해낼 수 있다는 마음가짐

지금까지는 순사산에 대해 알아보았다. 이제 한 가지만 더 살펴보겠다. 이것은 순자산을 플러스로 만들 수 있는가 없는가를 결정하는 가장 강력한 요인이다. 그것은 바로 **자기가치감**이다. 자신을 가치 있는 존재라고 생각하지 않는 사람은 자신을 돌보는 데 관심이 없으므로 소비 유혹에 쉽게 빠진다. 그리고 이런 태도는 지독한 낭비로 이어진다.

자기가치감이 핵심 요인이라니 정말 다행이다. 왜냐하면 자신의 가치를 인정하지 못하도록 막는 것은 아무것도 없기 때문이다. 다른 사람의 승인이나 증명서가 필요하지 않다. 기다리지 않아도 되고 새로운 힘을 요구하지도 않는다. 그냥 자신이 **선택**하면 된다. 그러나 마음이 변할 수도 있으므로, 든든한 뿌리와 날개를 만드는 일이 **가치가 있다고** 공개적으로 말하라. 그다음에 자신이 한 말을 뒷받침할 수 있는 선택을 해라. 오늘부터 시작해도 좋다.

패배주의적 혹은 자기 파괴적 사고는 자신이 재무 관리를 제대로 하지 못한 이유를 스스로에게 말할 때 자기변명처럼 사용하는 작지만 해로운 머니 스토리가 된다. 이런 걸림돌이 되는 생각은 사실이 아닐뿐더러 실제로도 **불안을 가중하고, 자신감을 떨어뜨리며, 무력감과 절망감을 부채질 한다.** 2016년에 스탠퍼드 대학교에서 발표한 연구 결과를 보면, 불안감과 무력감을 일으키는 사고와 행동을 막는 유일한 해결책은 연구자들이 지칭한 "배우려는 마음가짐"을 유지하는 것이라고 한다. 즉 "도전할 과제를 찾아 고군분투하며 끝까지 해결 방법을 찾아내려는 태도"가 필요하다는 것이다. 또한 같은 연구에서 처음에는 너무 어렵다고 생각했던 수학 문제에 도전하는 참가자의 비율을 조사한 결과, 살면서 자신이 진정으로 기여하고 싶은 분야를 적극적으로 생각했던(그리고 두뇌와 능력을 개선하기 위해 힘든 일을 기꺼이 맡으려 했던) 사람들이 배우려는 마음가짐을 지도받지 **못한** 사람들보다 30%나 더 많이 도전했다.

여기에서 핵심 주제는 무엇일까? 꿈을 크게 꾸고 용감하게 행동하라는 것이다. 이미 망쳤다고 생각해서(또는 돈 관리를 어떻게 하는지 모르기 때문에 일을 그르칠 것 같다는 걱정 때문에) 시작하기도 전에 멈추어서는 안 된다. 전진하면서 겁내지 말고 **어떻게든 해내라.** 힘들어서 못 할 것 같다고 늘 생각만 했던 일에 달려들어라.

자기가치감을 갖는 나만의 비결은 '키드 이카루스'를 정복하게 했던 힘, 즉 리셋 버튼을 누르려는 의지와 다르지 않다. 당신도 마찬가지이다. **실수는 누구나 하므로** 당신도 실수할 것이다. 하지만 그게 무슨 상관이겠는가? 다시 시작해라. 실수를 파악해서 이를 잘 활용하면 된다. 정말 형편없이 돈을 관리하는 바보도 시간이 지나면 어떻게 하는지 배우기 마련이므로 당신 역시 그 방법을 터득할 수 있다. 그리고 자신이 정말로, 간절하게 인생에서 원하는 것이 무엇인지 아는 사람이라면, 그리고 작은 어려움은 오히려 도움이 된다는 사실을 아는 사람이라면 다시 시작하는 것을 두려워하거나 부끄러워하지 말아야 한다. 그저 이 말만 기억하자. 게임이 정말로 끝난 것은 아니다.

여성은 리더로서 자질이 부족하다?

어떤 사람들은 "그것은 내 문제가 아니야" 또는 "네가 무슨 말을 해도 난 도무지 이해가 안 돼"라고 말하는 불쾌한 머니 스토리를 없애는데, 수년이 걸린다. 그렇다 하더라도, 앞에서 보았듯이 순자산은 복잡한 개념이 아니다. 지금까지 나는 내가 알고 있는 지식과 저지른 실수, 그리고 그 실수들을 바로잡은 방법을 전부 이야기했다. 그런데도 당신은 지출에서 저축으로 또는 저축에서 투자로 옮아가는 것이 어려울지 모른다. 순자산을 구축하려면 먼저 왜라는 질문으로 시작해야 한다. 사실 이것 때문에 많은 여성이 거부감을 느끼거나 슬그머니 다시 머니 코마 속으로 빠져든다.

하지만 남을 배려하지 않는 것과 자기가치감이 서로 반대가 아니라는 생각을 받아들이기 어렵더라도 주변에는 비슷한 사례가 많다. 각계각층의 여성 리더도 종종 같은 상황을 맞닥뜨린다.

2013년 〈하버드 비즈니스 리뷰〉에서는 여성들이 책임 있는 일을 맡겠다고 나설 때 혹은 그렇게 하도록 요청받을 때 은밀하게 당하는 성차별을 연구했다. 이 보고서는 일반적으로 리더가 자신의 가치는 물론 집단 이익과 일치하는 일을 하고 있을 때 가장 효율적인 성과를 낸다고 주장했다. 또한 그들은 공익과 사익을 결합함으로써 평범한 업무의 영역을 넘어서서 **가능성**을 내다보는 비전을 갖고, 자신 있게 업무를 처리함으로써 의심과 염려를 떨쳐내고 통제력을 발휘한다.

하지만 연구자들은 이런 사실도 발견했다. 여성들에게는 임무 중심의 마인드를 갖는다는 것이 "근본적으로 정체성을 바꾸는 것"을 의미한다. **왜 그럴까?** 그 이유는 대부분의 문화에서 리더십과 관련된 자질(결단력, 적극성, 독립성)은 남성의 전형적인 성격으로, 순종과 관련된 자질(고분고분함, 돌봄, 이타주의)은 여성의 성격으로 간주하기 때문이다. 전통적으로 '여성적 성향'과 '리더로서 자질'이 서로 일치하지 않기 때문에 여성 리더들은 '이중맹검'에 빠진다고 연구 보고서는 주장했다.

어디서 들어본 이야기 같을 것이다. 경제 '주도권'을 가지고 '독립적'으로 살면 자신의 여성성이 제거된다고 느꼈던 니샤의 이야기가 떠오르지 않는가? 그런데 니샤만 그렇게 생각하는 것이 아니다. 경영계와 정치계는 물론 다른 주류 문화와 개인들조차도 니샤처럼 생각한다. 앞서 밝혔듯이, 전통적으로 남성의 영역이었던 분야에서 성공한 여성들은 유능하게 보일지는 모르지만 대중적 인기는 떨어진다는 연구가 많다. 더구나 사람들은 리더십이 있는 남성들을 자신감 있고 강하다고 생각하는 반면 여성들에 대해서는 "오만하다"

거나 "거슬린다"고 표현했고, 심지어 힐러리 클린턴의 사례에서 보았듯이 "병적"이라고 생각하기도 했다. 이 점이 바로 하버드 연구진이 관찰한 이중맹검의 첫 번째 난관이다.

그렇다면 두 번째는 무엇일까? 관습에 따라 여성스럽게 행동하는 여성 리더들은 호감을 줄 수는 있지만, 존경을 받지는 못한다. 이들이 "너무 감정적"이어서 어려운 결정을 내리지 못하고, "너무 연약해서" 강한 리더가 되지 못한다는 것이다. 하지만 다행스럽게도 여성들이 자신과 타인의 마음속에 광범위하고 은밀하게 자리 잡은 편견을 인식하고 나면, 다시 주도권을 회복해서 편견에 대응하는 행동을 취한다고 연구 보고서는 밝히고 있다.

그러므로 현실을 자각하고 항상 깨어있어야 한다. 자신에게 품었던 편견을 파악하면, 머니 코마에서 쉽게 빠져나올 수 있다. 자신의 머니 스토리를 다시 쓸 때는 성차별주의라는 이중맹검에서 벗어나야 **핵심 정체성**을 바꿀 수 있다. 하버드 연구에서 효과가 있다고 했다면, 당연히 당신에게도 효력을 발휘할 것이다!

자신을 먼저 돌본 뒤 주변 사람을 도와라

하지만 많은 여성이 자신의 머니 스토리에 지나치게 얽매인 나머지 (파괴적인데도 불구하고) 거기에서 벗어나지 못하고 있다. 그들은 새로운 정보를 유익하고 필요한 행동으로 전환하지 못한다. 이것이 바로 머니 스토리가 작동하는 방식이다. 이런 머니 스토리는 재정 안정성을 심각하게 위협한다. 그리고 그동안 여성들은 문화적 제약 때문에 재정적으로 자립하지 못했고 경제적으로 안정된 생활을 누리지 못했다. 대신 그들은 이타주의(자기 일과 시간을 희생해서 다른 사람들을 **먼저** 그리고 무상으로 돌보는 행위)를 과도하게 지향한 나머지, 자신을 먼저 돌보면 이기적이고 인색한 것이 아닐까하고 불안함을 느낀다. 나를 **제외**하고 모두에게 이로운 일을 하는 것이 여성의 역할이라는 생각을 떨쳐내려면 다소 시간이 걸릴 수 있다. 그리고 어쩌면 신경성 경련을 일으킬지도 모르겠다.

이렇게 한 번 해보자. 언니가 돈을 빌려달라고 하는데 내키지 않는다면, 곧바로 "현금이 없어"라고 말하라. 그렇다고 언니의 이야기를 들어주지 말라는 의미는 아니다. 언니가 왜 곤경에 처했는지, 돈 문제를 해결할 다른 방법은 없는지 언니에게 물어보라. 그리고 언니에게 빌려주려 했던 돈은 비상금 통장에 넣어둔다. 또 다른 예로, 비행기를 타고 가서 대학 친구의 결혼식에 참석하는 것이 스트레스인가? 마음이 불편하겠지만, 참석하지 못하겠다고 정중히 거절해라. 그리고 지출하려고 했던 돈을 투자계좌에 넣어둔다. 이렇게 모인 돈 덕분에 10년 뒤에는 (그 친구와 단둘이서) 자메이카로 주말여행을 떠날 수 있을 지도 모른다.

가족에게 돈을 빌려주지 않거나 돈 때문에 오랜 친구의 결혼식에 참석하지 못한다고 생각하면 어떤 느낌이 드는가? 자기를 돌보면서 동시에 친구와 가족도 아낌없이 사랑하고 보살피는 일이 가능할까? 아니라고 생각한다면, 당신이 정말로 두려워하는 것은 무엇인가?

다른 사람과 자신 사이에 우선순위를 매길 때는 균형을 잃지 말아야 한다. 둘은 배타적인 관계가 아니기 때문이다. 주변 사람들을 보살피고 중요한 행사에 참석하는 것은 삶의 커다란 즐거움이 될 수 있다. 그러므로 친한 친구와 가족을 돕지 말라고 말하지는 않겠다. 다만 지금이든 나중이든 자신도 돌보면서 관대함의 균형을 유지하라고 말하고 싶다. 자신 안에 튼튼한 뿌리와 날개가 있을 때 당신은 더욱 강하고 훌륭한 어머니이자 언니와 딸, 친구와 부양자가 된다는 사실을 알아야 한다. 혼자 힘으로 먹고살 수 있을 때 상황을 통제할 수 있다. 미안하게 생각하지 말고 거절해라. 그래도 계속 사랑받을 수 있다. 이직을 결심해도 당신은 충분히 해낼 수 있다. 당신은 원하는 것을 선택할 수 있다. 그러면 돈 때문에 받는 스트레스는 사라진다.

당신이 의사결정자이다

물론, 일상생활에서 눈과 귀를 가린 채 각종 청구서 대금을 미루는 습관이 들면(청구서를 깨끗하게 개어 놓은 세탁물 아래에 두고 잊어버린다거나 식기세척기에서 그릇을 꺼내거나 세차하는 일을 비용 처리 보다 우선시하면), 안정된 재정 기반을 구축하기 어렵다. 하지만 경제적으로 자립하면, 주변 사람들도 돌볼 수 있다. 아이들에게 경제적으로 안정된 가정을 제공하고, 부모님의 걱정을 덜어줄 수 있으며, 인생에 변화를 주고 싶을 때는 원하는 대로 할 수 있다. 튼튼한 경제적 기반을 갖추면 돕고 싶은 사람들에게 실질적인 도움을 줄 수 있다. 토머스 스탠리는《이웃집 백만장자Millionaire Women Next Door》에서 같은 백만장자라도 여성이 남성보다 훨씬 더 관대하다고 썼다. 자기 능력이 충분하다면, 남에게 베푸는 일이 즐겁지 않겠는가?

하지만 거짓말은 하지 않겠다. 만약 당신이 집에서 일하는 경우(아이를 기르거나 이직을 준비 중이거나 혹은 아파서), 순자산을 늘릴 방법은 제한적이다. 하지만 그렇다고 완전히 망했다는 의미는 아니다. 물론 수입이 없다면 혼자 힘으로 연금을 적립하지 못한다. 하지만 배우자가 당신을 위한 개인 퇴직연금 계좌를 만들어서 적립하는 방법이 있다. 이전 직장에서 적립했던 연금 계좌가 있다면 '롤오버rollover'(상환 연장 또는 만기가 도래한 금융투자 계약의 종목을 교체하여 포지션을 이월하는 것을 말한다.—옮긴이) 하여 통합 관리할 수도 있다. 또는 주택과 같은 건물자산을 관리할 수도 있는데, 예를 들어 집의 가치를 높이기 위해 수리하는 경우가 해당된다. 또는 연금 계좌의 포트폴리오를 적절하게 배분하고 조절할 수도 있다. 돈을 벌고 있지 않다고 해서 재무 관리에서 아예 손을 뗐다는 의미는 아니다. 계속 관심을 기울여야 한다. 당신은 의사결정자이다. 가정의 자산을 관리하는 것도 당신이 할 일이다. 머니 코마는 금물이다!

자기 자산을 계산해보자

처음 시작할 때는 순자산이 플러스가 되지 않을 수도 있다. 아마 다음 날도 그럴 것이다. 때로는 순자산이 마이너스로 떨어지기도 한다. 내가 큰 집에서 작은 아파트로 이사할 때 그랬다. 하지만 괜찮다. 나는 명확한 목표를 세워 투자하고 장기적으로 지출을 줄이는 식으로 경로를 수정하고 있었기 때문이다. 경로 수정이란 부채를 적극적으로 줄이면서 자산을 구축할 준비를 하는 것을 의미한다. 때로 경로 수정의 효과가 분명하게 드러나기까지는 수년이 걸린다. 나는 이혼했을 때 집을 팔고 셋집을 얻었다. 이는 특별한 의미가 있다. 저택에 살다가 세를 얻는 것은 극적인 변화였다. 커다란 추락이었고 실패였다. 또한 막대한 자산 손실이기도 했다. 하지만 경제적 이익이 훨씬 더 중요했으므로 나는 불편함을 받아들였다. 절약하며 살았더니 현금이 생겼다. 엄청났던 부채가 줄어들고 퇴직연금 계좌에 돈이 적립되기 시작했다. 물론 한동안 내 재정 상태는 좋지 않았다. 하지만 나는 내가 올바른 방향으로 가고 있음을 알았기에 두려워하지 않았다. 그리고 내가 절대 포기하지 않으리라는 것도 알고 있었다. 장기적으로 순자산은 늘어날 것이다. 피트처럼 말이다. 그리고 나는 정말로 그것이 중요하다고 생각했다.

시간이 갈수록 순자산은 증가해야 한다. 부채가 줄고 저축과 투자가 늘고 있다면, 당신은 올바른 방향으로 가고 있다. 그것으로 동기부여가 된다. 그리고 매년 혹은 매달 순자산의 증감을 비교해봄으로써 자신이 얼마나 잘하고 있는지도 파악할 수 있다. 필요하다면 자산과 부채의 항목과 숫자를 조정해라. 작년에 지출이 너무 많았나? 지난 몇 달간 신용카드 빚이 너무 많이 쌓였군. 저축을 충분히 하지 못했는데? 이런 것들은 다음 표에 나타난 숫자들을 보고 알 수 있다. 그렇다면 **당신의** 순자산은 정확히 얼마인가? 순자산 금액은 지금 바로 계산할 수 있다.

순자산을 계산하려면 자산의 총합계에서 부채를 전부 차감하면

단위: 달러

총자산

최초 주택 구입가	0
현금 보유액	0
중고차 시세	0
퇴직연금 계좌	0
투자계좌	0
기타	0
합계	0

총부채

주택담보 대출	0
자동차 할부	0
신용카드 빚	0
홈에퀴티론	0
학자금 대출	0
기타 부채	0
합계	0

된다. 자, 당신의 순자산은 플러스인가 아니면 마이너스인가?

당신은 자신의 순자산이 플러스가 되기를 바랄 것이다. 하지만 플러스가 아니더라도 스스로 다그치지 말아야 한다. 오히려 역효과가 난다. 자기연민 역시 돈을 날리는 행동이다. 왜 그럴까? 모든 일을 그르쳤다고 자책하느라 귀한 시간을 낭비할 때는 자제력을 잃기 쉽다. 이런 상태에서는 무의식적으로 언니에게 2,000달러를 건네거나 친구 결혼식에 참석하기 위해 2,000달러짜리 비행기 표를 예약할 것이다. 그럼, 어느새 빚이 4,000달러가 된다. 그러므로 긍정적으로 생각해야 한다. 수치심은 자동으로 무모한 지출로 이어진다. 따라서 자신에게 관대하고 인내심을 가져라.

자신의 재무 현황을 살펴보는 일은 그 자체로 중요한 진전이다. 비판이나 후회 없이 숫자를 가까이하는 것이 재무 관리의 첫 단계이기 때문이다. 이미 순자산이 플러스라면 그다음에는 무엇을 목표로 삼아야 할까? 우선 자신의 연봉 총액과 동일한 금액을 목표 수치로 설정하라. 예컨대 연봉이 8만 달러라면, 순자산을 8만 달러까지 늘리는 것이 첫 번째 목표가 된다. 이 목표를 달성하고 나면 목표액을 더 높인다.

아직도 이 일을 해낼 수 있다는 자신감이 안 생기는가? 재무상담사인 조슬린 블랙 호즈는 돈에 예민한 사람들도 자신감이 생겼다 없어졌다 한다고 말한다. 조슬린은 이렇게 말했다. "재무상담사로서 저는 가끔 제 고객들이 부러워요. 그분들이 부자라서가 아니에요. 자산을 축적하고 일찍 은퇴할 수 있도록 할 일을 꼭 하는 통제력과 결단력이 있기 때문이에요. 저는 전문가인데도 다른 사람들처럼 은퇴는 고사하고 부자가 되는 일이 허황된 꿈이 되지 않도록 몸부림칠 때가 많아요." 그러니 자신감을 가져라. 모든 사람이 자신의 부정적인 머니 스토리를 다스리면서 불안하고 예측하기 어려운 인생을 살고 있다. 그러므로 해야 할 가장 중요한 일은 계속 게임에 참여하는 것이다.

나쁜 일은 언.제.든. 일어날 수 있다

이제 현실로 돌아가자. 당신은 상황이 어떻게 전개될지 예측할 수 없다. 우리 엄마는 적당한 사람과 결혼하면 '만사형통'이라고 생각했다. 하지만 나중에 이혼녀가 되어 아이 셋을 양육해야 했다. 내 친구 수지는 언론계에서 고위직까지 올랐지만 디지털 시대가 도래하자 수입에 큰 타격을 받았다. 내가 2007년에 산 집은 2009년에 가격이 20만 달러나 떨어졌다. 그런데 우리 조부모님은 1950년에 9만 달러로 구입한 집에서 교원연금을 받으며 여유 있게 살다가 돌아가셨다.

오늘이나 내일부터 자신의 순자산을 관리한다고 해서 당장 다음 달부터 인생의 불확실성이 해소되지는 않는다. 앞에서 설명한 규칙들을 잘 따르더라도 나쁜 일은 일어난다. 그렇다. 언.제.든. 일어날 수 있다. 하지만 순자산이 클수록 크고 작은 추락에서 헤어 나올 수 있는 회복력도 향상된다. 상황은 좋아지기도 하고 나빠지기도 한다. 어쩌면 당신은 은퇴 목표를 세우지도 못했거나 빚에서 벗어날 가망이 없다고 느낄 지도 모른다. 하지만 중요한 점은 당신이 장기적으로 재정 안정성을 확보하기 위해 무언가를 하고 있다는 것이다. 이 말은 아무 때나 쓸 수 있는 현금이 충분하거나 연금계좌에 적립금이 많다는 의미가 아니다. 훌륭한 경제 습관이 몸에

뱉 때까지 차곡차곡 단계를 밟아나가야 한다. 그러면 아침마다 일어날 때 "나는 순자산이 플러스가 되도록 노력하고 있어"라고 확실히 말할 수 있을 것이다.

목표를 세우고 집중력을 유지하라

순자산은 개인의 재정 안정성을 높여준다. 그러려면 시간에 따라 가치가 상승하는 자산을 소유해야 한다. 즉 중간에 차질이 생기더라도 순자산을 늘리는 방향으로 계속 움직여야 한다. 왜냐하면 자산(계속 돈이 있는 상태)이란 하늘에서 내려온 마법의 페가수스가 아니며, 경제적 안정이란 딱 맞는 순간에 나타나 자신을 구해주는 횡재가 아니기 때문이다.

자기가치감이 순자산을 만들고, 순자산은 자기가치감의 형성을 돕는다. 경제적 독립이 중요하다고 생각한다면, 돈을 절약하고 자신에게 투자해야 한다. 대단하지는 않더라도 성공을 위해 장단기 목표를 세우면, 계속해서 집중력을 유지할 수 있다. 어떤 어려움이 우리를 방해할지 결코 예측할 수는 없지만, 자기가 원하는 대로 살겠다는 목표는 세울 수 있다. 이는 이기적이거나 여성스럽지 못한 행동이 아니다. 이것은 용감한 생각이며, 더 나아가서는 다른 어떤 선택보다 훨씬 정직한 태도이다.

자산을 키워라. 그리고 자신이 설계한 인생을 살아라. **그렇게 하려면 돈을 모아라.**

2부
돈: 자유로워지는 확실한 방법 찾기

돈을 벌어라. 마음의 양식을 채워라. 삶을 확장하라.

04

너 자신을 알라

최고의 투자를 위해 자신의 머니 타입을 발견하라.

우선 축하 인사를 하고 싶다! 이제 당신은 자신의 머니 스토리가 무엇이고 오늘날까지 당신을 무의식적으로 이끌고 왔던 것이 무엇인지 파악했다. 또한 **순자산**의 의미와 다른 무엇보다도 올바른 방향으로 나아가야 하는 이유도 알고 있다. 이제 당신은 뿌리가 (시간에 따라 서서히 커지는) 자산이라는 것을 안다. 또한 어떤 인생을 위해 돈을 모을 것인지 좀 더 명확한 그림을 그릴 수 있고, 지금 자신 앞에 어떤 놀라운 기회가 놓였는지도 파악했을 것이다. 지금까지 정말 많은 내용을 배웠다. 이제는 좀 더 깊이 들어가서 세부 내용을 살펴보자.

이번 장은 자신에게 가장 알맞은 재정적 뿌리를 결정하도록 도와줄 것이다. 먼저 선택할 수 있는 뿌리에 어떤 것들이 있는지 간략하게 설명한 다음 개인의 성격과 인생관, 라이프스타일을 고려해서 최적의 뿌리를 찾는다. **당신에게는 안정적인 뿌리일지 모르지만 다른 사람에게는 부담이 될 수 있다.** 자기가 키우고 싶은 뿌리를 선택하는 일은 대단히 중요하다. 적합한 뿌리를 고르고 나면 눈을 크게 뜨고 자신의 소득을 들여다보고 싶어질 것이다. 그리고 이렇게 생각할 것이다. '소득이 있어야 뿌리를 키울 텐데. 먼저 내 수입이 얼마인지부터 알아야 하지 않을까? 예산은 어떻게 세우고, 내게 필요한 통장은 무엇일까?' 하지만 현금을 의미하는 날개보다 뿌리를 먼저 고민해야 한다. 궁극적으로 이루고 싶은 목표를 모르면, 날마다 집중해서 돈을 관리하고 싶은 의욕이 생기지 않는다. 지출과 신용점수를 관리하는 데에도 '반드시 해야 할' 일들이 산더미이다. '헉' 소리가 날 지경이다. 이런 일들이 그렇게 어렵지는 않지만 그리 유쾌하지도 않다.

그러므로 베개나 립글로스, 자명종, 휴대용 머그잔을 충동 구매하는 데 월급을 쓰는 대신 활력을 찾을 수 있도록 **먼저 저축부터 해야한다.** 여기에는 그럴 만한 이유가 있다. 저축은 뿌리에 돈을 대는 것이다. 미래를 대비하고 **자기가치감을 높인다.** 이제 당신은 "나는 언제 무슨 일이 발생해도 해결할 수 있을 거야"라고 말할 수 있다. 그러다 문득 자신의 습관이 **순자산**에 직접적으로 영향을 미친다는 사실을 알게 된다. 또한 자신에게 유리하도록 그 습관을 조정할 수 있다는 것도 깨닫는다. **당신에게는 힘과 통제력이 있다.** 참여해야 할 게임이 있다면, 그것은 바로 자신의 인생이다.

미래를 걱정하지 않아도 된다

시작하기 전에 잠시 앞의 내용을 복습해보자. 뿌리는 어려운 개념이다. 뿌리는 곤란한 상황에서 벗어나거나 충동구매를 위해 바로 현금화할 수 있는 자산이 아니다. 카드 대금을 납부하지 못해도 이미 투자한 상품은 현금화하지 못한다(적어도 수많은 영혼을 구해야 할 때나 최후 수단이 아니라면 현금화하지 않는 것이 좋다). 투자한 자산을 현금으로 바꾸면 상당한 손실이 발생하기 때문에 순자산이 급격히 줄어들 위험이 있다. 그러나 뿌리에 적립하는 금액을 늘리면, 그 뿌리는 (이상적인) 장기 자금이 되므로 미래를 걱정하지 않아도 된다. 그리고 순자산도 서서히 늘어난다. 멋지지 않은가? 그럼 지금부터 선택할 수 있는 뿌리의 종류와 그 내용을 살펴보자. 그 이후에는 내가 머니 타입MoneyType이라고 부르는 개인의 인생관과 금전관에 어울리는 뿌리가 무엇일지 생각해보겠다.

일단 당신이 퇴직연금을 제공하는 회사에 다니고 있다면 당신은 급여의 일정 비율을 매월 퇴직금 계좌로 적립 받게 된다. 미국에는 401k와 IRA라는 두 가지 종류의 퇴직연금 제도가 있다(401k는 사용자가 부담하는 적립금을 근로자가 스스로 운용하는 확정기여형 퇴직연금 제도로 '근로자퇴직소득보장법'의 401조 k항에 규정되어 있다고 해서 붙여진 이름이며, IRA는 개인사업자, 주부 등 401k에 가입되지 않은 개인이 운용할 수 있는 개인 퇴직연금 제도이다.—옮긴이). 401k 같은 퇴직연금의 경우, 회사가 자신의 세전 급여에서 얼마를 떼어 퇴직연금 계좌에 적립할지 그 금액을 결정하는 사람은 당신이다. 그리고 짜잔! 매월 자동이체가 되므로 급여에서 적립금이 빠져나가는지 알아채기 어렵다. 또한 세제 혜택도 있으니 두루 유익한 제도이다.

그러나 주의할 점이 있다. 당신이 자신의 퇴직연금 계좌를 어느 상품에 투자할지 명확하게 밝히기 전까지 계좌에 적립된 돈은 현금으로 남아 있다. 즉 돈이 불어나지 않는다. 수년 동안 내가 만났던 많은 여성은 자신의 퇴직연금이 어딘가에 투자되고 있다고 믿었지만, 나중에 알고 보니 그렇지 않았다. 당신에게는 이런 일이 일어나지 않도록 하라! 지금쯤 당신은 자신의 은퇴자금이 어디에 **투자**되고 있는지 확인하고 싶을 것이다.

자신의 퇴직연금이 '투자 상품'에 투자되고 있는지 확인하려면 다니는 직장의 퇴직연금 담당자에게 문의하라. 뮤추얼 펀드mutual fund(투자자들의 자금을 모아 투자회사를 설립해 주식이나 채권 등에 투자한 후 이익을 나눠주는 투자신탁 상품—옮긴이), 상장지수 펀드 exchange-traded fund(코스피200과 같은 특정 지수의 수익률을 따르도록 설계된 지수연동형 펀드—옮긴이) 등 다양한 투자 상품이 있으므로 시간을 따로 내어 궁금증을 모두 해소하도록 한다. 세상에 한심한 질문은 없다. 한 번 더 말하지만, 바보 같은 질문은 없다. 더구나 이것은 **자신의 돈과** 관련된 문제이다.

자산 배분을 조정하라

나이가 들수록 당신은 퇴직연금 계좌의 투자 상품을 조정하고 싶을 것이다. 이를 자산 배분이라 하며, 운용하는 자산의 편입 비중을 조정하는 행위를 리밸런싱rebalancing이라고 한다.

사람들은 대부분 퇴직연금 계좌를 가지고 있다. 퇴직연금 계좌를 만들 수 없거나 기존 퇴직연금 계좌에 적립을 중단하는 경우는 오직 두 가지밖에 없다.

첫 번째는 이자율이 5% 이상이고 사용한도금액이 큰 신용카드를 이용하는 경우이다. 왜 그럴까? 만약 카드 대금을 미납하고 남은 카드빚이 1,000달러이고 적용받는 이자율이 16%라면, 당신은 이자로만 연간 160달러를 내야 한다. 만약 퇴직연금 계좌에 똑같이 1,000달러를 투자했고 평균 수익률이 5%라면 당신은 50달러의 수익을 올리지만, 이 금액은 신용카드 이자보다 적다. 그러므로 먼저 카드 대금부터 상환해야 한다. 그래야 빚의 함정에 빠지지 않고 은퇴를 대비해서 투자자금을 마련할 수 있다.

두 번째는 비상금 통장의 잔액이 한 달분 생활비에 못 미치는 경우이다. 대개 재무상담사들은 퇴직연금 계좌에 돈을 적립하기 전에 3개월에서 6개월 정도 현금을 따로 모아두라고 권고한다. 하지만 내가 관찰한 바에 따르면, 사람들은 저축을 다람쥐가 쳇바퀴를 돌리는 것과 같다고 생각한다. 그래서 나는 일단 한 달분 생활비만 따로 저축한 다음 돈이 늘어가는 것을 경험할 수 있도록 나머지 돈을 비상금 통장과 퇴직연금 계좌에 나누어 넣으라고 조언한다. 돈이 늘어가는 모습을 보면 의욕이 생겨서 좀 더 쉽게 관심을 가질 수 있다. 관심이 생긴다는 것은 더 많이 저축하고 투자한다는 의미이다. 노인이 된 당신이 혼자 미소 짓는 모습이 보인다. 미래의 당신은 스스로가 자랑스러울 것이다.

투자: 오래 하는 것이 좋다

장기적으로 뿌리를 만들기에 가장 간단한 방법은 주식투자이다(단, 장기분산투자에 집중해야 한다). 분산투자란 여러 산업에 나누어 투자한다는 의미이다. 해당 상품으로는 뮤추얼 펀드와 상장지수펀드가 있으며, 대개 미국과 해외의 수백 개 기업으로 종목을 구성한다.

가장 단순하고 비용이 적게 드는 투자 상품은 인덱스 펀드index fund이다. 인덱스 펀드는 모든 경제 분야를 대표하는 주식과 채권을 모아놓은 상품이다. 예를 들어, S&P500 인덱스 펀드는 미국 500대 기업을 대표한다. 만약 현재 미국에서 500번째 기업인 벌링턴 스토어Burlington Stores와 502번째 기업인 니만 마커스 그룹Neiman Marcus Group의 순위가 바뀐다면, 인덱스 펀드는 자동으로 벌링턴 스토어의 주식을 니만 마커스 주식으로 바꾼다.

인덱스 펀드는 증시를 잘 반영하는 주요 종목의 주가와 수익률을 단순히 그대로 따라가도록 설계된다. 개인이나 펀드 매니저가 개별 기업을 선택하지 않고 인덱스 위원회의 엄격한 기준과 시가총액(주식 시장에서 기업의 가치)에 근거하여 종목이 구성된다.

한편, 적극적 투자란 이트레이드E*TRADE 계좌를 만들어 직접 종목을 골라 투자하는 방식이다. 1990년대와 2000년대 초반, 수많은 개인 투자자들이 닷컴 버블dot-com bubble(인터넷 관련 분야가 성장하면서 주식 시장이 과열된 거품 경제 현상—옮긴이)에 편승해서 떼돈을 벌기 위해 '단타 투자자day trader'(주가 움직임만을 보고 차익을 노리는 주식투자자를 말한다.—옮긴이)가 되려고 직장을 그만두었다. 그 결과 어떤 일이 벌어졌는지 우리 모두 잘 알고 있다. 별로 성공하지 못했다. 아니, 결과가 대단히 형편없었다.

즉각적인 이익을 (특별히 퇴직연금 계좌에서) 추구하는 것이 아니라면, 소극적 투자가 영리하고 비용이 적게 드는 투자방식이 될 것이다. 요즘은 상장지수펀드가 인기인데, 이것은 인덱스 펀드의 일종이지만 조금 다르다. 투자할 때는 장기 수익에 집중해야 한다. 단기 수익을 추구하면 멀미가 날 수 있다. 매일 20% 손해를 보다가 두 달 후에 수익률이 25%가 되기도 한다. 그러므로 일희일비하지 말고 멀리 내다보아야 한다. 역사적으로 볼 때, 시장은 언제나 회복되지만 폭락한 다음 반등하는 데는 시간이 걸린다. 그러니 주가가 급락하더라도 **겁먹지 마라**. 아무리 불안해도 돈을 **회수하지 마라**. 시장이 회복될 때까지 기다려라.

만약 당신이 매년 퇴직연금 계좌에 한도액까지 적립하고 있다면(바람직한 행동이다!), 다른 상품에 투자하는 것도 고려하라(단, 세제 혜택이 없는 상품이어야 한다). 어떻게 행동하든 투자의 작동원리는 이해하고 있어야 한다. 왜냐하면 퇴직연금 계좌에 적립된 돈은 다른 상품과 마찬가지로 일종의 투자 포트폴리오이기 때문이다.

부동산: 위치에 따라 가격이 다르다

많은 사람이 부동산을 소유하고 싶어 한다. 아이젠하워 시대부터 미국인에게 있어 주택 소유는 비로소 미국인이 되었다는 것을 의미했다. 말하자면 부동산은 확실한 투자처이자 성인이 되었다는 표시였다. 요즘은 케이블 채널마다 호화 부동산을 소개하는 '리얼리티 TV 쇼'를 제작하고 있다. 이런 프로그램들은 환상을 만들어 시청자를 감질나게 하고, 일단 완벽한 집에 시간과 노력을 투자하기만 하면 마치 마법처럼 인생의 보상을 받을 수 있다고 믿게 한다. 그런데 과연 그럴까?

부동산은 관련 비용을 잘 이해하고 있으면 훌륭한 투자 대상이 될 수 있다. 부동산을 소유하면 세제 혜택을 받고, 투자 수익도 올리며, 지역 사회에 정착할 수 있다. 시간에 따라 가격이 오를 가능성도 있으므로 수입을 발생시키기도 한다. 사실 부동산의 가치는 주택담보 대출금이 줄어들수록 커진다. 집이 있으면 나중에(나이가 들어 지출을 줄이고 싶을 때) 집세를 절약할 수 있다. 게다가 부동산은 이해하기 어렵지 않은 뿌리이다. 어쨌든 눈에 보이는 자산이고, 그 안에 직접 거주할 수 있기 때문이다.

하지만 다른 투자 상품처럼 부동산도 수익을 확실히 보장하지는 않는다. 부동산에도 비용(매입 대금)과 위험(불확실한 수익)이 따른다. 예를 들어 부동산은 퇴직연금보다 가치가 덜 오르기도 한다. 또한 조경이 아름다운 크고 잘 꾸며놓은 집이라도 그 위치에 따라 상당히 지저분한 아파트보다 훨씬 가격이 저렴할 때가 있다(집이 길가에 있는지와 상관없다). 그렇다고 집을 사지 말라는 의미는 아니다. 다만 집을 선택할 때 **자산**으로 생각할지 아니면 라이프스타일을 고려할지 분명히 구분해야 한다. 이 문제는 나중에 자세히 다룰 예정이므로 미리 겁먹지 마라. 그리고 그때 주택 임차에 필요한 비용도 함께 따져볼 계획이다.

사업: 가장 위험한 뿌리

아마도 가장 불확실하면서 위험한 뿌리는 사업일 것이다. 사람들은 다양한 이유로 사업에 뛰어든다. 어떤 사람은 9시부터 5시까지 일하는 따분한 삶이 싫어서 혹은 다른 사람들이 기꺼이 돈을 지불할 만한 훌륭한 서비스를 제공하고 싶다는 나름의 열정을 채우고 싶어서 사업을 시작한다. 실리콘밸리에서 발생하는 막대한 매출액과 기업공개IPO, Initial Public Offering(기업이 특정 목적을 가지고 자사의 주식과 경영 내용을 공개하는 것을 말한다.—옮긴이)를 통해 엄청난 이익을 거두는 회사들을 보면서 군침을 흘리는 사람도 있다. 사업가에게 이상적인 결과는 (어떤 사업을 하느냐에 따라 다르겠지만) 지금 버는 돈보다 더 많이 받고 다른 사람에게 회사를 파는 경우이다. 많은 회사가 이미 성사된 계약, 독창적인 기술, 브랜드 명성, 그 외에 '눈에 보이지 않는 자산'을 보유하고 있다. 이 모든 것들이 나름대로 가치를 지닌다.

사업을 하면 직원으로 일할 때보다 더 많은 돈을 벌 수 있다. 하나의 독립체로서 회사의 가치는 당신의 시간당 인건비보다 훨씬 크다. 시간이 갈수록 회사는 당신이 그곳에서 8시간 근무하지 않아도 더 많은 수입을 창출할 것이다. 더구나 사내 역학관계에서 영원히 자유로울 수 있고, 자신이 알고 있는 모습대로 공격적인 사업가로 탈바꿈할 수 있으며, 개인 스케줄도 자유롭게 운용할 수 있다. 대단히 신나는 일이다.

회사를 운영하면 막대한 부를 쌓을 가능성이 있다. 하지만 빚을 지고 실패할 확률도 높다. 자금, 신용, 피, 땀, 눈물 등 모든 것을 걸고 난 후 고정적으로 10만 달러 이상의 수입을 올릴 수 있을까? 답은 '어쩌면'이다. 그럴 수도 있고 그렇지 않을 수도 있다. 사업은 아무나 할 수 있는 것이 아니다.

회사를 운영하려면 많은 것을 빠르게 학습해야 하고, 심각한 재정난도 각오해야 한다. 처음 몇 년 동안은 시장에서 신뢰를 쌓고, 인맥을 넓히고, 고객을 유치하고, 매출을 늘리기 위해 매일 24시간 일해야 한다. 이런 일들을 오랫동안 하고 난 후에야 매출이 늘어난다. 사업가는 이윤이 롤러코스터처럼 출렁이는 상황(혹은 자신의 인건비만 겨우 건지는 상황)을 견뎌야 한다. 하지만 당신이 열정적이고 체계적이며 모험을 좋아하는 사람이라면 수익이 나는 사업이 좋은 뿌리가 될 수 있다.

당신은 어떤 사람인가?

앞에서 뿌리의 종류를 대략 살펴보았으니 지금부터는 핵심 내용으로 들어가겠다. 그런데 자신이 **어떤 사람**이고 어떤 투자자가 될지 스스로 파악할 때까지는 세부 내용을 들여다보는 것이 의미가 없다. 내 생각에, 각자 심어서 키우고 싶은 뿌리는 자신의 성격과 감내할 수 있는 위험의 종류와 정도에 좌우된다.

누구나 경제적 자유와 안정을 원하지만, 사람은 제각각이다. 독특하게도 나는 위험이 큰 상황과 기회를 견딜 수 있으며, 언제나 스릴을 추구한다. 하지만 그렇지 않은 사람들도 있다. 내 가까운 친척들 대부분은 평생 회사에 다니며 임원 자리까지 올라갔다. 그들은 주식 시장이 출렁대면서 발생하는 문제들은 잘 다루지만, 부채가 쌓이고 수입이 불안정한 것은 견디지 못한다. 당신은 어떤가?

예를 들어 안정된 삶과 멋진 집, 진지한 공동체 활동을 간절히 원하는가? 그럼 주택을 소유해야 한다. 아직 생활이 정착되지 않았고 새로운 도시로 이주할 계획이라면, 스마트폰으로 포트폴리오를 점검하면서 장기 투자에 집중하는 편이 낫다. 요약하자면 자기 자신을 아는 것이 중요하다. 그럼 이제 자신이 **어떤 사람**인지 알아보자.

다섯 가지 머니 타입

나는 캘리포니아에서 심층 심리학자로 일하는 제니퍼 셀리그 박사와 함께 사람마다 유익한 뿌리가 무엇이고, 회복력은 어느 정도이며, 참고 견딜 수 있는 것은 무엇인지 쉽게 확인하는 방법을 개발했다. 머니 타입이란 돈과 관련된 재능과 강점, 방해 요소를 알려주는 심리적 평가도구이다.

머니 타입에는 다섯 가지가 있다. 비전가형Visionaries, 미식가형Epicures, 양육자형Nurturers, 독립인형Independents, 제작자형Producers이 바로 그것이다. 모든 사람이 이 다섯 가지 성향을 조금씩 골고루 가지고 있지만, 한두 가지 유형이 두드러지는 경우도 있다. 자, 당신에게 가장 가까운 머니 타입은 어떤 것인가?

비전가형: 위험을 상쇄시켜라

비전가형은 돈을 자기표현의 도구이자 자신의 열정을 좇는 수단으로 생각한다. 이들은 직장에서 자기가 좋아하는 일을 하려하고, 하고 있는 일이 경제적으로 커다란 성공을 가져다줄 때 흥분을 느낀다. 비전가형 중에는 돈에 동기부여가 되는 사람도 있지만, 창조적인 일을 할 수만 있다면 현재 가진 돈에 만족하는 사람도 있다. 이들은 세상에 자신의 비전을 펼칠 수 있는 일을 잘 해내며 돈을 성공의 상징, 즉 자신의 아이디어와 업적을 인정받았다는 증거라고 생각한다. 사람들은 복잡한 문제를 해결하기 위해 창조적인 방법이 필요할 때 비전가형을 찾기도 한다. 비전가형은 항상 규모를 확대하는 방법을 고민하므로 수입원도 다양하다. 그래서 한 가지 일만 하지 않을 가능성이 높다.

어떤 사람인가: 비전가형은 다른 사람들이 자신의 가치를 인정해주고 자기 프로젝트에 투자하기를 바란다. 그리고 의도하지는 않았지만, 재정 위기를 초래할지 모르는 과도한 위험을 받아들인다. 비전가형은 '유익한 정보를 혼자만 아는 채로' 혹은 '자기 뜻을 제대로 펼쳐보지 못한 채' 죽을까 봐 두려워한다. 그와 동시에 다른 사람들에게 기회를 포착하고 자신의 창조적 꿈을 좇으라고 격려한다.

도전 과제: 미래에 받을 보상을 위해 모든 것을 희생하기보다 지금 당장 체계적으로 계획을 세운다.

동기를 부여하는 질문: 비전가형은 영향력을 행사하고 싶어 하므로 스스로 이렇게 질문하면 도움이 된다. "뿌리가 튼튼하면 어떤 큰 꿈을 이룰 수 있을까?"

비전가형을 위한 더 큰 계획
자신의 안전망을 만들어라
영감을 얻고자 기꺼이 위험을 감수하는 비전가형에게는 안전망을 갖추는 것이 중요하다. 이들은 고용주나 파트너에게 신세 지기 싫어하고, 자신의 전반적인 재무 상태를 흐트러뜨리지 않고도 경로를 바꿀 수 있다는 것을 알고 싶어 하므로, 반드시 단기 자금으로 현금을 보유해야 한다. 자신의 월평균 지출액을 파악한 다음 안심할 수 있을 정도의 '안전망'을 구축하기 위해 저축하겠다고 목표를 세우라. 여기서 안전망은 자신의 위험 수용도에 따라 3개월 혹은 1년 정도 생활할 수 있도록 모아 놓는 비상금이다.

계약조건을 꼼꼼하게 살펴라
비전가형은 투자자나 후원자가 자신의 노력을 인정해줄 때 정말 기뻐한다. 자신의 아이디어에 투자하려는 사람이 있다니 흥분되는 일이지만, 투자자나 후원자가 아무리 좋은 사람이더라도 계약조건을 꼼꼼하게 따져야 한다. 파트너십 계약이나 심지어 법인카드 거래 계약을 맺을 때도 계약서에 서명하기 전에 신속하고 철저하게 계약서를 확인해야 한다. 즉 모든 조건을 확실하게 인지해야 한다. 기회가 왔다면, 발생할 결과를 파악하기 위해 충분히 검토하라. 만약 투자자가 필요하거나 자금을 지원받고 싶다면, 변호사나 재무설계사와 같은 전문가의 도움을 받아 향후 계획을 세워라.

세금을 잊지 말라

직장에 다니면서 부업으로 따로 하는 일이 있다면, 창조적인 일을 한 대가로 뜻밖의 일을 당하지 않기 위해 세금 낼 돈을 미리 마련해 둬야 한다. 정기적으로 세금이 얼마나 부과될지 이를 대비해 얼마를 저축할지 알아야 한다. 세금 문제는 나중에 생각해야지 하고 미루어서는 안 된다.

위험을 상쇄시켜라

모든 투자에는 어느 정도 위험이 따르므로 자신의 투자에 어떤 위험이 있는지 파악하는 일이 비전가형에게 중요하다. 만약 당신이 프리랜서나 자영업자여서 이미 많은 위험을 감수하고 있다면, 투자로 그 위험을 상쇄하도록 한다. 예를 들어, 친구가 개업한 식당에 덥석 투자하기보다 분산 투자를 하는 것이 좋다. 일시적인 글로벌 위험은 받아들이되, 자신의 흥미로운 시도에 다소 방해되더라도 보수적으로 대응해야 할 부분은 없는지 확인하라.

비전가형에게 적합한 뿌리: 퇴직연금 계좌, 사업

미식가형: 박탈감이 아닌 의욕을 불러일으켜라

미식가형은 돈을 좋아한다. 이들은 주로 물건이나 서비스, 체험 활동에 돈을 쓴다. 심지어 돈을 저축하는 것도 좋아하는데, 현재를 즐기며 살기 때문에 마음속에 품고 있는 저축 목표는 늘 지출이다. 미식가형은 멋진 삶을 추구하고, 자기가 보기에 세련된 물건들을 좋아한다. 그들은 자신의 고상한 취향을 자랑스러워하며, 이는 여

성에게 매우 중요하다. 미식가형은 돈을 벌기 위해 열심히 일하는데, 그 이유는 돈이 소비하는 즐거움도 주지만 자신과 남에게 대접하는 기쁨도 주기 때문이다. 이들은 오감을 사용해서 인생을 즐기며, 돈이 있을 때는 사람들을 초대해서 함께 어울린다. 미식가형은 휴가나 특별한 날에 주는 선물에 지나치게 관대하다. 자신에게 즐거움을 주는 사치품을 사거나 체험을 위해 야근이나 부업을 하며, 패션과 옷차림에 특별히 관심이 많다.

어떤 사람인가: 미식가형은 흥미로운 체험과 서비스를 즐기고 물건 사기를 좋아한다. 하지만 현재 누리는 라이프스타일을 포기해야 하거나 원하는 대로 살 수 없을까 봐 두려워한다. 이들은 의도하지 않게 충동구매에 빠져 재정난을 겪을 때도 있다. 그와 동시에 우리에게 돈이 재미있는 것이고 삶을 즐기기 위한 수단이라는 점을 가르쳐준다.

도전 과제: 괴롭더라도 즉각적인 만족을 지연시킨다.

동기를 부여하는 질문: 미식가형은 부와 즐거움(아름다운 물건을 소유하고 욕구를 마음껏 채우고 싶어 함)을 추구하므로 스스로 이렇게 질문하면 도움이 된다. "나이가 들어도 계속해서 멋진 라이프스타일을 유지하려면 어떤 뿌리가 필요할까?"

미식가형을 위한 더 큰 계획
의식적인 지출 목표를 세우는 데 집중하라
절대 포기할 수 없는 물건과 체험 활동을 선별하고, 이를 위해 목표를 세워 돈을 모아라. 장단기 목표를 분명하게 설정하고, 자신에게 박탈감이 아닌 의욕을 불러일으키는 보상에 집중하라. 단기 목표는 2년 미만으로 세우고, 장기 목표는 2년 이상부터 은퇴와 같이 먼 미래까지 여러 해에 걸쳐 세워야 한다. 예를 들어 카페라테 한 잔이 하루를 즐겁게 한다면 마셔라. 그러나 꼭 사고 싶은 가방이 있는 경우가 아니라면 백화점 근처에는 가지 않도록 한다.

지출하기 전에 먼저 저축부터 하라

카드를 절제해서 쓰기 어려운 미식가형은 매달 저축할 돈이 빠져나가도록 자동이체를 설정하고, 자체적으로 일종의 '월급'을 만들어두면 좋다. 즉 저축할 돈과 고정 비용으로 나갈 돈을 먼저 떼어 놓은 후에 남은 돈을 자유롭게 쓰는 방식이다.

자신의 월평균 지출액을 알아보려면 지난 3개월에서 6개월간 실제로 지출한 금액을 계산하면 된다. 그러면 '필수 지출 항목(임대료 혹은 주택담보 대출 상환금, 공과금, 자동차 할부금, 식료품비)'에 소요되는 비용을 알 수 있다. 그런 다음 손톱관리비, 외식비, 피복비, 스포츠센터 회원권 등과 같이 유연하게 조절할 수 있는 지출을 살펴본다. 자신에게 중요한 순서대로 지출 항목의 우선순위를 매기고 그대로 지킨다.

우선순위를 다시 생각하라

미식가형은 부채 상환 방법을 늘 염두에 둬야 한다. 동료와 친분을 유지하거나 단지 혼자 즐기려고 부족한 수입을 신용카드로 벌충하기 쉽다. 이미 부채가 있다면, 이자율이 가장 높은 신용카드 빚부터 갚아야 한다. 집을 살 때는 조심해야 한다. 주택 개조나 인테리어에 너무 많은 돈을 쓰면 주택 자산의 가치가 완전히 사라질 수 있다.

미식가형에게 적합한 뿌리: 퇴직연금 계좌, 부동산

양육자형: 남을 먼저 생각하는 사람

양육자형은 돈을 동반자나 자녀, 가족이나 동료, 직원이나 공동체 등 타인을 돕기 위한 도구로 생각한다. 이들은 인간관계를 가장 중요하게 생각하므로 재무적 결정을 내릴 때 항상 다른 사람을 챙긴다(심지어 남을 먼저 고려할 수 없는 상황에서도 그렇다). 양육자형은 돈이 있을 때 다른 사람들을 금전적으로 돕기를 좋아하고, '시간은 돈이다'라는 격언에 따라 자신의 시간도 아낌없이 내어준다. 그들의 우선 사항은 친척이나 가족에게 훌륭한 조력자가 되는 것이다. 만약 자신의 주된 관심사가 타인을 돌보고 친척들에게 도움을 주는 것이라면 당신은 양육자형이다. 당신에게 큰 만족을 주는 뿌리는 부동산과 퇴직연금 계좌이다. 은퇴자금을 마련해두면 다른 사람들을 더 많이 도울 수 있다는 점을 항상 잊지 말아야 한다.

어떤 사람인가: 양육자형은 다른 사람들을 물질적으로 도우며 안전하게 보살피지만, 다른 한편으로 그들을 실망시키고 충분히 돕지 못할까 봐 두려워하기도 한다. 의도한 결과는 아니지만, 남을 돕느라 지나치게 많은 돈을 지출한 나머지 자신의 필요는 충족시키지 못할 때가 있다. 우리는 양육자형을 통해 이타주의란 무엇이고, 남을 사랑하고 보호하기 위해 돈을 쓴다는 것이 어떤 의미인지 배운다.

도전 과제: 자신에게 먼저 그리고 꾸준히 투자한다.

동기를 부여하는 질문: 양육자형은 인간관계를 중요하게 여기

므로 스스로 이렇게 질문하면 도움이 된다. "다른 사람을 보살피고 돕고 싶은 마음을 표현하려면, 어떤 뿌리가 필요할까?"

양육자형을 위한 더 큰 계획
남을 돕고 싶으면 먼저 자기부터 보살펴라
양육자형은 남에게 주기를 좋아하고, 친절하며, 자신이 사랑하고 소중하게 생각하는 사람들을 위해 주로 지출한다. 물론 이타주의는 우리가 모두 배워야 하는 귀한 성품이다. 그리고 돈은 기업이나 물건에만 쓰는 것이 아니고 자신이 사랑하는 사람들을 돕는 데에도 쓸 수 있는 도구이다. 그러나 다른 사람들을 돕는 데 급급하다 싶을 때면, 비행기 승무원의 말을 기억하라. "다른 사람을 돕기 전에 자기 산소마스크부터 쓰세요." 이 말은 양육자형에게 특히 중요하다.

다른 사람 때문에 빚지지 말라
복리 이자는 유리하지만 불리할 때도 있다. 그러므로 사랑하는 사람들을 위해 선물을 사거나 그들에게 돈을 빌려줄 생각으로 신용카드를 사용하지 마라. 많은 사람을 구하는 일이 아니라면 위급한 상황이 무엇인지 다시 정의하고 그 경계를 분명하게 설정해라.

관계를 건강하게 유지하려면 자신을 우선시하라
만약 당신이 부모라면 자녀들의 대학등록금을 마련하는 데 주력하기 전에 먼저 자신의 은퇴자금을 신경 써야 한다. 왜냐하면 자녀들은 나중에 대출을 받을 수 있고, (농담이 아니라) 그들이 성인이 되면 소파에서 잠이나 자는 당신보다 더 나을 것이기 때문이다. 만약 당신보다 벌이가 적은 사람과 친구라면, 당신은 자신의 소득이 더 높다는 이유로 그들보다 더 많이 지출하면서 친분을 유지하기 쉽다. 물론 당신의 은퇴자금이 충분하고 따로 저축해 둔 돈이 있다면 괜찮다.

지원 예산을 마련하라

양육자형은 다른 사람들을 돕겠다는 목표에 맞춰 계획을 세우고, 손해를 보지 않는 범위 내에서 자신의 도리를 다할 때 이익을 얻을 수 있다. 자신의 신념에 맞는 자선 기부금을 찾아보고 아끼는 사람들에게 줄 선물이나 도움의 목표와 한계를 정하면, '지원 예산'을 마련할 수 있다. 이는 다른 사람을 돕지 말라는 의미가 아니고, 사랑하는 사람들을 앞으로도 계속 지원할 수 있도록 자신의 미래부터 대비하라는 의미이다.

양육자형에게 적합한 뿌리: 퇴직연금 계좌, 부동산

독립인형: 지나치게 많은 규칙을 싫어하는 사람

독립인형은 자유와 자율성을 대단히 소중하게 생각한다. 이들에게는 자기 방식대로 살면서 제 복을 누리며 사는 삶이 중요하다. 독립인형은 자신이 원하는 삶과 관계가 없으면 돈에 관심을 두지 않는다. 이들은 돈이 생활을 지배하는 것에 거부감을 가지고 있어서, 간혹 주변 사람들이 이해하지 못하는 선택을 할 때가 있다. 그들은 돈이 지나치게 규칙이 많은 게임이라고 생각하므로 돈이 중요하다

고 말하는 사람들의 이야기에 반발하기도 한다. 독립인형은 돈을 별로 아쉬워하지 않는데, 그 이유는 자신에게 돈 말고 다른 자원이 충분하다고 생각하기 때문이다(그들은 큰 그림이 중요하다고 생각하며, 자신이 그것을 알아낼 수 있다고 믿는다).

만약 당신이 자신과 맞지 않는 단체에 절대로 참가하지 않고, 9시에 출근해서 5시에 퇴근하는 삶을 싫어하며, 돈을 별로 아쉬워하지 않는다면 당신은 독립인형이다. 특별히 얽매이기를 싫어하는 독립인형에게 부동산은 어울리지 않는다. 퇴직연금 계좌로도 동기부여가 되지 않는다. 하지만 독립인형은 원하는 방식대로 살고 싶기에 그들에게는 투자가 최상의 뿌리이다. 소득을 극대화하면 개인의 성장도 극대화된다. 그리고 어쩌면 주도권을 가지고 일할 수 있으므로 사업도 독립인형에게 어울릴지 모른다.

어떤 사람인가: 독립인형은 모험과 경험에 투자하기를 좋아한다. 하지만 자기 방식과 다르게 살거나 그저 더 많은 돈을 벌기 위해 자신의 본모습을 포기해야 하는 상황은 두려워한다. 의도하지 않게 독립인형은 돈에 충분한 주의를 기울이지 않아서 재정적 어려움에 부딪히기도 한다. 그와 동시에 독립인형 덕분에 우리는 원대한 계획을 세울 때 돈이 얼마나 중요한지 재고하게 된다.

도전 과제: 현실에서 돈이 있고 없을 때 초래되는 결과(그리고 돈이 가진 가능성)를 생각해본다.

동기를 부여하는 질문: 독립인형은 자유와 자율성을 중요하게 여기므로 스스로 이렇게 질문하면 도움이 된다. "앞으로도 계속 내 마음대로 살려면 어떤 뿌리가 필요할까?"

독립인형을 위한 더 큰 계획
돈에 관한 태도를 재고하라

독립인형은 꼼꼼하게 분석하고 기획하는 일을 다른 사람에게 맡기는 것이 좋은데, 그렇게 하면 경제적 선택을 하고 계획을 수립할 때 발생하는 스트레스와 불안감을 조금이나마 줄일 수 있다. 이렇게 생각해보자. 만약 당신에게 저축하고 투자한 돈이 있다면, 살면서 더욱 많은 자유를 누리기 위해 그 돈을 도구로 사용할 수 있다. 내가 아는 전직 헤지펀드 매니저는 종종 자신의 예금을 "망할 돈"이라고 말했다. 즉 저축한 돈이 있으면, 아침에 눈을 뜰 때마다 주택담보 대출 상환금을 걱정하지 않고도 고용주에게 집어치우라고 말할 수 있는 능력이 자신에게 있음을 깨닫는다. 이런 마음가짐이 자신에게 도움이 된다면, 그에 맞는 새 이름을 저축계좌에 붙여보자.

사회책임투자를 시도하라

투자가 지나치게 친기업적이고 경제에 미칠 부작용을 우려해서 도산해야 할 기업마저 존속시킨다고 생각한다면, 사회책임투자를 고려해보라. 자기 신념에 어긋나는 기업들의 주식은 포트폴리오에서 제외하면 된다.

더욱 안전한 미래로 한 단계 나아가라

마음대로 여행을 다니고 싶은가? 미래에 되고 싶은 자신의 모습이 되려면 그 꿈을 이루는 데 필요한 돈을 마련해야 한다. 지금 퇴직연금에 적립해서 세금이연 혜택을 활용하면, 나중에 일을 계속하지 않아도 편하게 살 수 있다. 자영업자라면 자신에게 가장 적합한 퇴직연금 상품을 알아보거나 (독립인형의 성격에 맞게) 재무 설계사를 고용하라. 퇴직연금 제도가 있는 직장에 다닌다면 큰 액수의 적립금이 자동 출금되도록 설정하라.

자동이체를 활용하라
크게 생각하고, 의욕을 불러일으키는 목표를 세우며, 자동 출금 기능을 설정하여 일상의 여유를 찾아라. 각종 납부금과 청구서, 적금 등을 자동이체 해 놓으면 좋은 일에 쓸 시간이 많아진다.

독립인형에게 적합한 뿌리: 투자, 사업

제작자형: 체계적 관리를 중요하게 생각하는 사람

제작자형은 돈에 관해 현실적으로 생각하고, 부지런하며 일관성이 있다. 이들은 돈을 모으고 그 돈이 불어나는 모습을 보고 좋아한다. 가진 돈을 살펴보고, 자신이 했던 경제적 결정을 체계적으로 평가한다. 제작자형은 경제적으로 보수적인 사람이라서, 돈이 아무리 많아도 위험을 꺼린다. 실리를 추구하므로 필요하지 않은 물건에 돈을 쓰기보다 저축을 하려 한다. 또한 체계적인 관리를 중요하게 여기므로 예산을 관리하고 재무 계획을 세워야 마음이 편해진다.

만약 당신이 전략적으로 계획 세우기를 좋아한다면 제작자형일 가능성이 높다. 제작자형에게는 스프레드시트를 만들고 구체적 목표를 세우는 일이 익숙하므로, 불확실성 때문에 신경이 많이 쓰이는 사업을 제외하고 대부분의 뿌리를 키울 수 있다. 퇴직연금은 가장 체계적인 장기 저축 방식이므로, 일단 연금 계좌를 만들어 은퇴 자금을 늘리는 일에 집중하라. 그런 다음 부동산과 투자에 뛰어들어도 좋다. 제작자형은 어느 정도 위험은 감내할 수 있지만, 커브볼이 지나치게 많이 들어오면 스트레스를 심하게 받을 것이다.

어떤 사람인가: 제작자형은 돈을 벌고 관리하고 모으는 것을 좋아하지만, 큰돈을 잃거나 자기 돈에 대한 통제력을 남에게 빼앗길까 봐 두려워한다. 이들은 의도하지 않게 강박적인 절약가가 되거나 돈에 관해 대단히 보수적인 사람이 되기도 한다. 그와 동시에 제작자형은 미래를 계획하는 일이 중요하다는 교훈을 준다.

도전 과제: 가능하거나 허용해도 괜찮은 것들에 너무 엄격하지 않도록 한다.

동기를 부여하는 질문: 제작자형은 질서와 마음의 평화를 좋아하므로 스스로 이렇게 질문하면 도움이 된다. "목표에 도달한 다음에는 어떻게 그것을 뛰어넘을 수 있을까?"

제작자형을 위한 더 큰 계획
더 많은 안전망을 확보하라
건강한 저축 습관을 들이면 튼튼한 재무 계획을 세울 수 있으므로, 제작자형은 거의 모든 저축 상품을 완벽하게 알고 있다. 하지만 주의를 기울이지 않으면, 다양한 상품에 투자하는 방식이 독이 될 수 있다. 자신에게 얼마나 많은 안전망이 필요한지 파악하고, 적절한 포트폴리오를 만들어 투자하라. 청구서 대금과 기본 생활비로 얼마나 지출하는지 파악하려면, 지난 몇 달간의 소비 내용을 살펴보면 된다. 그런 다음 자신의 직업 안정성과 위험 수용도를 고려해서 적어도 3개월분 생활비를 따로 모아두거나, 좀 더 든든한 안전망을 원한다면 거의 1년 치 생활비를 마련해도 괜찮다.

돈을 잃지 마라―인플레이션을 고려하라
일부 제작자형은 돈을 모아 놓는 것에만 집중하고 돈을 불리고 쓰는 것에는 별 관심이 없다. 저축계좌는 괜찮은 상품이지만, 비싼 신용카드 이자를 물어가면서까지 계속 유지하는 건 좋지 않다. 오늘날과 같은 불경기에는 믿기 어려운 일이지만, 실제로 물가상승은 일어나고 있다. 그러므로 만약 투자계좌가 자신에게 별 도움이 되지 않거나 수익률이 겨우 물가상승률과 비슷한 수준이라면, 당신은 현금 저축이 지나치게 많은 탓에 돈을 잃고 있는 셈이다. 그러므로 단기자금 계좌를 만들어 장래 계획과 목표, 위험 수용도를 반영해서 포트폴리오를 구성한 다음 투자하는 방법을 고려해보라. 그렇다고 해서 초보수적 태도를 갑자기 공격적으로 바꿀 필요는 없다. 다만 포트폴리오를 어떻게 구성할지는 전문가와 상의하도록 한다.

프리랜서라면 미래를 대비하여 계획을 세워라
제작자형은 대체로 퇴직연금을 엄격히 관리하므로, 자영업자라면 세금이연을 통해 이익을 최대로 얻을 수 있는 퇴직연금 상품에 가입했는지 확인해야 한다. 퇴직연금 제도가 있는 회사에 다니는 사람이라면, 적립된 퇴직금이 어떤 상품에 투자되고 있는지 재확인하라. 장기적 성장을 위해 자신의 타고난 성격을 발판으로 삼아 절세와 다양한 퇴직연금 상품 등 주어진 기회를 활용해라.
  제작자형에게 적합한 뿌리: 퇴직연금 계좌, 부동산

머니 타입 조사를 통해 나온 결과는 현재 당신이 어떤 성향에 가까운지, 즉 두드러지는 유형이 무엇인지 알려준다. 예를 들어 나처럼 당신도 비전가형 성향이 100%일지 모른다. 하지만 나는 제작자형 성향 또한 60% 정도 가지고 있는데, 그래서 개인 회사를 운영할 수 있었나 보다. 특정 유형이 두드러지는 극단적인 사람도 있고, 여러 유형이 두루 나타나는 사람도 있을 것이다. 지금까지 설명한 다섯 가지 머니 타입을 보고 '나는 모든 유형의 특징을 조금씩 갖고 있는 것 같아' 하고 생각했다면 이것 역시 자연스러운 반응이다.

인생은 원래 불확실성으로 가득하다

사람마다 자신에게 맞는 뿌리가 있다. 지금의 나로 말하자면 주택을 소유하지 않기로 했다. 나는 10년 전에 분수에 맞지 않는 주택을 구입해서 발생한 손실에서 여전히 회복 중이다. 지난 5년간 회사를 세우고, 주택담보 대출금과 이혼으로 진 빚을 상환하며, 저축을 하고 퇴직연금 계좌에 적립하고 있다.

당신이 선택한 뿌리가 어떻게 자라는지 알 수 없더라도, 마음을 편하게 가져라. 당신은 손가락이 아플 때까지 구글을 검색하고, 알 만한 사람에게 전화를 걸어서 물어보거나 기도를 할 것이다. 하지만 주식과 부동산 시장, 벤처기업이 돌아가는 상황 때문에 항상 놀라운 일이 발생하기 마련이다. 하지만 불확실성을 견디는 것도 그만한 **가치**가 있다. 그리고 불확실성(혹은 위험)이 항상 부정적인 것이라고 생각한다면, 내가 다른 방식으로 설명해보겠다. 위험은 그냥 불확실하다는 의미이다. 긍정적인 단어도 부정적인 단어도 아니다. 즉 위험이란 그저 앞으로 좋아질지 나빠질지 알 수 없다는 의미이다.

그렇다면 당신은 얼마나 불확실성을 참을 수 있는가? 그것은 사람마다 다르다. 그리고 자신의 뿌리를 세우기 전까지는 잘 모를 것이다. 모든 뿌리는 생기려면 돈이 필요하고 성장하려면 더욱 많은 돈이 필요하다. 예를 들어, 집을 살 때는 우선 계약금을 내야하고 나중에는 수리비와 유지비도 필요하다. 그리고 퇴직연금 계좌를 만들고 난 다음에는 정기적으로 돈을 적립한다. 돈을 쏟아 붓고 나면, 수익이 얼마나 **많이** 증가할까? 이는 당신이 예측할 수 없는 다양한 요인들에 좌우된다. 그러므로 자신이 장기전에 참여하고 있고 시장은 오르락내리락하기 마련이라는 사실을 이해한다면, 순조롭게 출발할 수 있다.

일상은 이미 불확실성으로 가득 차 있다. 식료품 가게에 가면 어디에 돈을 쓸지 정해야 한다. 올리브오일을 대용량으로 살 것인가, 아니면 작은 병으로 살 것인가? 돈을 조금 더 주고 대용량으로 사는 것이 유리한지 혹은 탈장의 위험을 무릅쓰고 차까지 그 무거운 올리브오일 병을 운반하는 것이 적절한지 현장에서 알기는 어렵다. 하지만 현장에서 신속한 결정을 내려야 한다. 그것은 위험 부담이 따른다. 다행히도 많은 사람이 상당히 오랫동안 이 모든 뿌리에 관해 연구했다. 따라서 어떤 뿌리를 세울지 무턱대고 추측하지 않아도 된다. 최대한 잘 판단해서 시작하면 된다.

만약 당신이 부동산이나 경기침체 때문에 속을 태우고 있거나 그러고 있는 사람을 알고 있다면, 다시 뿌리를 내려야겠다는 생각을 주저할 것이다. 클리블랜드에 사는 리사 바우만의 친척들처럼, 대공황 시대 때로 돌아가 거실 러그 아래나 책과 가구 속에 돈을 감추고 싶을지도 모른다. 할머니가 돌아가셨을 때, 리사와 그녀의 엄마는 집안 곳곳에 숨겨진 돈을 발견했다. 하지만 모든 재산을 현금으로 보유하는 행동은 안전한 미래를 확보하는 전략이 아니다. 만약 당신이 전통적인 저축계좌에 1,000달러를 예치한다면, 20여 년 후에 그것의 가치는 500달러밖에 하지 않는다. 그것은 물가상승 때문이다. 시간에 따라 물가가 올라가므로 현금의 가치는 떨어진다. 위험으로부터 숨지 마라. 이제 당신은 위험을 어떻게 측정하는지 알고 있다. 한 번 더 자신의 뿌리를 세우도록 하라.

무엇이든 일단 시작하라

만약 지식이 부족해서 조심스러운 마음이 든다면 이렇게 생각하라. **어떤 뿌리든 간단히 세울 수 있는 방법이 있다.** 나는 대학생일 때 기업가 정신으로 여러 가지 실험을 했다. 1999년에 '와이투케이기프트Y2Kgift'라는 이름의 전자상거래 회사를 세웠다. 이 시기를 기억하는 사람은 알겠지만, 1999년은 사람들이 과학기술의 붕괴를 예측했던 광란의 해였다. 과거에 소프트웨어 개발자들이 네 자리 숫자를 두 자리로만 표시했기에 2000년과 1900년을 구분할 수 없었다. 1999년 12월 31일 자정에 사람들은 어둠의 시대로 돌아가게 될까 봐 두려워했다. 신문의 헤드라인들은 세상의 종말이 올지 모른다며 하나같이 과장 보도를 했다! 대기업들은 가지고 있던 소프트웨어가 데이터를 수집할 때 네 자리를 구분하도록 시스템을 재구성하느라 수백만 달러를 썼다. 그런데 과연 나는 어떤 기여를 했을까? 나는 양초와 물, 쌀과 콩 등으로 구성된 'Y2K 비상장비 세트'를 만들었다. 이 익살스런 제품을 Y2Kgift.com에서 팔려고 계획했다. 돌아보면 이런 아이디어가 사업으로서는 무모했지만, 당시 스무 살이었던 내게는 영리한 생각 같았다.

나는 이 상품을 만들기 위해 부업으로 씨티은행의 'Y2K 프로젝트'에 참여해서 벌었던 돈 중 2,000달러를 투자했다. 나는 차이나타운으로 가서 쌀 한 자루를 샀다. 양초를 상자째 구입하고 스티커 로고를 인쇄해서 천 개의 세트를 만들었다. 엄마는 기겁하시며 이렇게 말씀하셨다.

"그거 사는데 2,000달러나 썼다는 거니?"

"저기, 엄마." 내가 말했다. "MBA 학위를 받는 것보다 돈이 적게 들잖아요."

하지만 나는 단 한 세트도 팔지 못했다. 하지만 전자상거래용 웹사이트를 어떻게 개발하는지, 신용카드 거래를 어떻게 연결하는지, 제품을 어떻게 마케팅 하는지 처음부터 배울 수 있었다. 어디에서든 일단 시작하면 실험을 통해 수많은 것을 배울 수 있다. 정보가 많다고 분석을 못하는 것은 아니다. 그저 뭔가를 시작하라. 오늘날에는 공짜로 활용할 수 있는 도구가 아주 많기 때문에 나처럼 2,000달러를 지출할 필요도 없다.

베터먼트Betterment, 애스퍼레이션Aspiration, 데일리워스DailyWorth 자매사인 워스에프엠WorthFM과 같은 디지털 투자 플랫폼에 들어가서 500달러를 예치하라. 그러면 이 업체들이 적은 수수료를 받고 분산투자가 가능하도록 다양한 포트폴리오를 만들어준다. 당신은 시장의 동향을 자세히 살펴보라. 작게 시작하면 위험이 최소화된다. 또한 저축계좌 말고 다른 곳에 돈을 투자하는 데 익숙해질 시간도 번다. 모든 것 중에서(당신에게 특히) 가장 큰 위험은 아무것도 안하는 것이다. 행동하지 않으면 위험하다. 게임에 참여하지 않고 가능성도 탐색하지 않으면, 자신의 금융 웰빙이 위험해진다.

05

미래에 투자하라

자신이 원하는 삶을 살고 싶다면 돈을 모아라.

어느 날 나는 식탁에 앉아 각각 8살과 10살이 된 아이들을 물끄러미 바라보고 있었다. 아이들에게 특별 간식으로 브라우니 두 개를 건네주면서 이렇게 말했다. "엄마가 너희들을 잘 보살펴 주잖니. 엄마가 늙으면 너희들도 엄마에게 잘해 줄 거지? 엄마가 늙고 돈이 다 떨어져서 오갈 데가 없어도 잘할 거지?" 아이들은 아무 말도 하지 않고 음식을 먹는다. 나는 과장되게 빈정대며 이렇게 말한다. "내 안전망이 해결해 줄 테지만 그래도 아이들에게 부담이 되지 않도록 할 수 있는 모든 일을 할 거야." 이 말은 분명히 사실이지만, 한편으로는 궁금하기도 하다. 과연 아이들이 나를 **돌봐줄까?**

여성들의 약 50%는 은퇴 연령이 지났는데도 여전히 일하고 있다. 나는 쭈글쭈글하고 등이 굽은 89세의 나를 머릿속에 그려본다. 아이스크림 가게에서 소프트아이스크림이 나오는 손잡이를 당기고 있다. 마치 벤치 프레스를 들어 올리는 것 같다. 관절염에 걸린 손가락 마디가 욱신거려서 아무도 안 볼 때 손을 냉동고에 집어넣는다. 조금 낫다. 손님들이 우르르 가게 안으로 들어오고 그와 동시에 온갖 연령대의 아이들의 고함과 주문이 뒤섞일 때까지는 괜찮다. 눈도 침침하다. 누군가 내게 **고혈압 약**을 가져다준다!

그 나이가 되면, 나는 오래된 TV 드라마 〈비버는 해결사Leave It to Beaver〉에 등장하는 은퇴한 사람들의 모습을 그리워할 것이다. 하, 그런 은퇴라면 얼마나 편할까! 1950년대와 60년대에 남편들은 연금이 보장되는 안정된 직장에 다녔다. 65세 이후에는 여유롭게 유람선 여행을 떠나고 자원봉사 활동을 하며 친구들과 카드놀이를 하고 손주들의 재롱을 보며 살았다. 정말로 그들은 그렇게 살았다. 그런 세상(1세대 페미니스트들이 오래전에 타파했지만)은 지금보다 바람직한 사회처럼 보인다. 그렇지 않은가?

오늘날은 안전이 보장되지 않는다. 미국인 3명당 1명은 은퇴 자금 용도로 **저축하지 않는다**. 더 이상 '평생 직장'은 존재하지 않는다. 대학 졸업 후 5년 동안 직장을 옮긴 횟수가 지난 20년간 거의 두 배나 늘었다. 1986년에서 1990년 사이에 대학을 졸업한 사람들은 졸업한 지 불과 5년 만에 평균 1.5번 이상 이직했다. 그런데 2006년에서 2010년 사이에 졸업한 사람들은 거의 평균 세 번 이직했다. 그렇다면 연금은 어떻게 되었을까? 미국에서 연금은 퇴직연금 제도가 생기면서 단계적으로 사라졌는데, 이는 퇴직연금을 제공하는 회사에 다닐 정도로 충분히 운이 좋은 사람에게만 해당된다. 만약 당신이 미국에서 3분의 1 이상을 차지하는 프리랜서라면 스스로 연금을 마련해야 한다. 그리고 현재 미국 여성의 4분의 1 이상이 자기 남편보다 더 많이 벌고 있지만, 대부분의 미국 엄마들은 배우자 없이 홀로 자녀를 키우며 겨우 살아가고 있다. 나 역시 이혼한 자영업자이다. 그럼 나는 어떻게 은퇴를 준비할 것인가? 혹시 **아이들**이 도와줄까(그건 당신 생각이다)? 지금 우리 아이들은 입에 잔뜩 초콜릿을 묻히고 브라우니를 먹고 있다.

여성에게 휴가란 없다!

일단 이렇게 말해야겠다. 여성들의 퇴직 후 모습은 대단히 암울해 보인다. 직장 여성의 44%만이 미국 노동부가 운영하는 퇴직연금 계좌에 적립하고 있다. 퇴직연금 계좌가 **없는** 경우는 여성이 남성보다 30% 더 많다. 전체 여성의 3분의 2(63%)는 퇴직금으로 적립한 돈이 전혀 없거나 만 달러가 채 되지 않는데, 남성의 경우는 반 정도(52%)가 그렇다. 남녀 간의 격차는 퇴직금 적립액이 많을수록 더욱 커진다. 즉 적립액이 만 달러에서 9만 9,000달러 이하인 남성과 여성의 비율은 비슷하나, 20만 달러 이상을 적립한 경우는 남성이 여성의 두 배에 이른다.

물론 여성의 적립액이 남성보다 적은 주된 이유는 내가 이 책을 시작하며 이미 밝혔듯이 남녀 간 임금 격차와 여성의 불규칙한 노동 패턴 때문이다. 받는 보수가 적으니 당연히 퇴직금으로 적립되는 금액도 적다. 게다가 적립금이 복리 이자를 적용받는다는 사실을 고려하면 차이는 더욱 벌어진다. 또한 상당수의 시간제 근로자(많은 여성이 가족을 돌보거나 나이 든 부모님을 모시기 때문에 시간제로 일한다)는 퇴직연금 제도를 적용받지 못한다(일반 근로자는 79%가 퇴직연금 혜택을 받지만, 시간제 근로자는 49%만 혜택을 누린다).

그런데 사실 여성은 남성보다 훨씬 더 많은 은퇴자금이 필요하다. 우선 여성은 은퇴에 대한 생각이 남성과 다르다. 그들에게 은퇴란 장거리 골프 여행이 아니다. 남성은 은퇴를 직장에서 해방되는 것으로 생각하지만, 여성은 **여전히** 가족을 돌보고 친구와 관계를 유지하며 사회적 책임도 다해야 하므로 은퇴란 할 일이 그저 **줄어드는 것으로** 여긴다. 또한 여성은 남성보다 수명이 길기 때문에 나이가 들수록 의료비 지출이 많아진다. 솔직히 말하면 현재의 퇴직연금 제도는 여성에게 부족하다.

경제학자인 테레사 길라르두치 Teresa Ghilarducci가 2016년에 〈뉴욕타임스〉에 기고한 칼럼을 보면, 1900년대 초부터 도입되기 시작한 연금과 사회보장 제도, 퇴직연금 제도는 노사 합의를 거쳐 확보된 권리였다. 하지만 정부는 미국인의 생활이 변화하는 속도를 따라가지 못했다. 2020년 즈음이면 마지막 베이비붐 세대가 은퇴 연령에 이르는데, 길라르두치의 예측에 따르면 극빈 노령층의 숫자가 기하급수적으로 상승한다고 한다. 그러므로 사회보장 제도에 부담이 될 것이다. 생활비 지출이 늘어남에 따라 부채가 늘고 지갑이 얇아지면서 중산층은 이미 약화되었다. 〈타임스〉 기사에 따르면, 일반 가정의 가계소득은 이미 2003년과 2013년 사이에 무려 36%나 감소했다고 한다. 그러나 65세가 넘어서도 지금과 같은 라이프스타일을 그대로 유지하려면 백만 달러에서 2백만 달러(혹은 그 이상)가 필요할지도 모른다. 다수의 연구에서 수많은 여성이 노인이 되었을 때 궁핍하게 될까 봐 두려워하고 있다고 말한다. 심지어 여성들은 은퇴 이후에 돈이 바닥나거나 집도 없이 살게 될까 봐 걱정한다. 그럴 만한 이유가 충분하다.

안 해서 그렇지 하면 잘한다

그러나 좋은 소식도 있다. 2008년 경기침체 이후부터 자신의 재정 상태에 관심을 두게 된 여성들이 퇴직연금 계좌에 더 많은 돈을 적립하기 시작했다. 데일리워스가 수집한 자료를 보면, 데일리워스 회원들(즉 여성들)의 80%가 가정의 은퇴 계획을 실질적으로 책임지고 있고, 63%는 퇴직연금 계좌에 적립하고 있다. 여성들에게서 현실을 피하려는 모습은 보이지 않는다. 또 다른 연구에서는 일단 여성들이 참여하기만 하면 남성처럼 위험을 피하지 않는다고 한다. 실제로 여성은 남성보다 더 많은 돈을 적립한다. 이쯤에서 한 번 더 말하지만, 여성들은 퇴직연금 계좌가 어떻게 운용되는지 이해할 능력이 충분하다. 사실 여성이 투자하면 잘한다. 2016년에 자산운용사인 피델리티가 1,200만 명의 투자자들을 대상으로 조사한 내용을 보면, 여성이 남성보다 급여에서 퇴직계좌로 적립하는 금액의 비율이 더 높았다. 물론 여성의 급여가 더 적기 때문에 적립 금액 자체는 더 적었지만, 투자 실적은 남성보다 더 나았다.

하지만 여성 대부분은 여전히 투자를 어렵게 생각한다. 2015년에 데일리워스에서 수행한 조사를 보면, 여성의 12%만이 현재의 투자 방식에 만족한다고 응답했다. 훨씬 더 많은 응답자(82%)는 투자에 대해 거의 모른다는 점을 인정했다(피델리티 조사에서는 이렇게 응답한 비율이 90%에 이른다). 여성들은 자신이 충분히 알지 못한다는 사실을 인지하기에, 투자를 배우고 그 활동에 참여하고 싶어 한다. 그리고 (내가 뭐라고 할지 눈치챘겠지만) 우리는 **할 수 있다**. 수십 년간 숨어서 부끄러워하고 분노하고 좌절하던 태도를 버릴 수 있다(머니 스토리처럼 말이다!). 누구도 다음과 같이 재니스가 겪었던 일을 똑같이 당할 필요가 없다. 그럼, 이제 퇴직연금 계좌가 실생활에서 어떻게 운용되는지 살펴보자.

무슨 질문을 해야 할까

재니스는 위스콘신 북부 시골 지역에 정착한 스칸디나비안 이주민 가정에서 자랐다. 그녀의 어머니는 재니스에게 농촌을 떠나 그녀만의 커리어를 시작하라고 격려했고, 재니스는 대학 졸업 후 교사로 일했다. 그녀는 열심히 노력해서 중산층에 진입했고, 결혼해서 자녀도 낳았으며, 자신이 상상했던 것보다 훨씬 잘살게 되었다. 1970년대에 이혼해서 세 자녀를 혼자서 길러야 했을 무렵, 그녀는 대학원에 진학했다. 이후에 박사학위를 받아서 종신 교수가 되었다. 하지만 재니스는 자기 가족처럼 돈이 많지 않았다. 생활비와 세 자녀의 양육비가 대단히 많이 들었다. 그래서 퇴직연금 계좌에 한도액까지 적립하지 못했다. 또한 퇴직연금 계좌의 투자 상품이 그녀의 나이에 맞게 적절하게 배분되고 있는지 확인하지 못했다. 그녀가 은퇴자금과 관련해서 직접 경험한 것이라고는 부모와 조부모가 수급한 사회보장연금과 자신이 공립학교 교사로 일하면서 얻게 된 교원연금뿐이었다. 퇴직연금을 운용하는 건 재니스의 가족이 경험하지 못한 현실이었다. 심지어 퇴직연금 계획을 짜는 일조차 재니스의 부모 세대에서는 결코 생각하지 못한 일이었으므로, 재니스는 관련 지식을 물려받지 못했다.

은퇴 연령에 이른 재니스의 이야기로 빨리 감기를 해보자. 63세가 되어 정년퇴직을 준비하던 재니스는 그동안 3개 주에서 대학을 5번 옮겨 다니며 교수직에 있으면서 적립한 퇴직금이 자신이 예상했던 것보다 **훨씬** 적다는 사실을 발견했다. 그녀의 퇴직금 포트폴리오는 주식에서 채권으로 재조정되지 않았다. 그래서 고위험 주식에 투자했던 그녀의 적립금은 2001년 닷컴 버블과 2009년 부동산 시장의 붕괴로 큰 손실을 보았다. 그래서 그녀가 30만 달러 정도 모았으리라 생각했던 퇴직금이 9만 달러 남짓밖에 되지 않았다. 월로 환산하면 매달 700달러였다.

다른 여성 동료들처럼 재니스도 고용주가 적립하는 퇴직연금 계좌의 운용 상황을 추적하지 못했었다. 그녀는 자신이 6년간 교수로 있었던 오리건 주에서 운영하는 제도이므로 자신의 퇴직금이 보호받고 있으리라 생각했다. 그녀는 이 제도가 어떻게 운용되는지 명확히 알지 못했고 펀드 매니저로부터 안내도 제대로 받지 못했다. 그녀는 최근에 자신의 상황이 어떤지 파악하고 나서 이렇게 말한다. "저는 제 상황에 맞는 조언을 받지 못했어요. 저는 1세대 전문직 종사자예요. 주변에 투자나 퇴직계좌 운용에 직접 개입하는 사람을 본 적이 없죠. 저는 어떻게 의사결정 해야 하는지 지식이 부족했어요. 충분한 정보도 없었고요. 심지어 뭘 물어봐야 하는지도 몰랐습니다."

그래서 직장 생활을 성공적으로 마쳤고 절약하면서 열심히 일했는데도, 지금 재니스는 너무나 빠듯한 예산으로 근근이 살아가야 한다. 70세가 되어 캘리포니아에 거주하는 재니스는 여유가 생기면 (삶의 즐거움인) 여행을 다니고 집세가 오르지 않기를 간절히 바라고 있다. 여유롭게 여행을 다니며 손주들과 즐겁게 지냈을 삶이 돈 한 푼에 벌벌 떨며 자아 성찰하는 삶으로 바뀌어 버렸다. 재니스는 겨우 먹고 산다.

모르면 모른다고 말하라

재니스의 이야기는 가슴이 아프다. 하지만 그녀가 조금이나마 기본 지식만 있었더라도 시간에 따라 적절하게 경로 수정을 했을 것이다. 나이와 조기 은퇴 계획에 맞지 않는 잘못된 조언 탓에 재니스는 노년기에 위태로운 상황에 놓였다. 하지만 재니스의 이야기는 대단히 흔한 사례이다. 사실 그녀와 비슷한 처지에 있는 여성들이 **많다**. 여성은 자신이 투자하고 있다고 **생각하지만**, 투자 성과를 평가하는 방법을 알지 못한다. 도움을 구하지만, **누가** 자신을 도와줄 수 있는지 조사할 줄 모른다. 여성들은 재무 설계사가 전문가이므로 그들이 자신의 이익을 위해 최선을 다해 도와주리라 생각하거나 아니면 아예 그들을 믿지 않는다. 진정한 기회를 도외시하고,

직감적으로 무언가 **잘못**되었다는 생각이 들어도 무시한다. 그리고 "잘 모르겠어"라고 말하기를 두려워한다. 하지만 아무리 기초적인 질문이라도 편하게 묻다 보면(그리고 확실하게 이해하고자 추가 설명을 요구하다 보면), 나중에는 자신의 재무 상황을 관리하는 데 큰 도움이 된다.

2016년에 기업전략컨설팅 회사인 어드밴스드 컴페터티브 스트레티지스Advanced Competitive Strategies는 기업 임원들과 컨설턴트, 교수와 학생들을 대상으로 마음가짐이 기업 전략과 관련된 문제를 정확하게 해결하는 데 어떤 영향을 미치는지 알아보기 위해 설문조사를 했다. 연구자들은 조사 대상자들이 간단한 재무 문제에 답한 자료를 분석해서 응답자들을 다음의 네 가지 '유형'으로 분류했다. 첫 번째 유형은 자신감은 높지만, 의사결정이 느린 사람들이다("이제 알겠어"라고 말하는 유형). 두 번째는 자신감도 높고 의사결정도 빠른 사람들이다("이미 알고 있어"라고 말하는 유형). 세 번째는 자신감은 없지만, 의사결정이 빠른 사람들이다("내 생각은 그래"라고 말하는 유형). 마지막 네 번째는 자신감도 없고 의사결정도 느린 사람들이다("모르겠어"라고 말하는 유형).

예를 들어보겠다. 불안정한 회사에 다니는 남성 관리자 30여 명에게 어떤 질문을 했는데, 그들은 문제를 보고 키득거렸다(이들은 수십 년의 직장 경험을 가지고 있었다). 답이 뻔했기 때문이다. 하지만 그들이 경쟁자를 상대하는 역할극에서 자신의 뻔한 답을 적용했을 때는 하나같이 모두 실패했다. 저런. 연구자들은 "이미 알고 있어"라고 말하며 재빨리 답을 내놓는 사람들과 신중하게 생각한 다음 "이제 알겠어"라고 자신 있게 말하는 사람들은 대체로 나이가 많은 남성이며 점수가 낮았다고 보고했다. 신중하게 생각하지만 자신감 없이 "모르겠어"라고 말하는 사람은 압도적으로 여성이 많은데, 이들이야말로 최선의 전략을 제안하는 경향이 있다고 한다.

이 연구 보고서가 실려 있는 2016년 7월호 〈하버드 비즈니스 리뷰〉에는 이런 언급도 있다. "관리자들이 관심이 없거나 무능하다는 의미가 아니다. 그들은 자신만만했다. 자기가 답을 안다고 생각할 때는 답을 찾는 일을 시간 낭비로 여겼다." 계속해서 보고서 작성자는 이런 견해를 밝혔다. "경쟁 전략을 세우는 의사결정자들이 명심해야 할 교훈은 '너무 빠르지 않게' 행동하는 것이다. 즉 여유를 가져야 하며, 지나친 확신은 금물이다… 이런 마음가짐을 갖추려는 의지가 좋은 의사결정자와 나쁜 의사결정자를 구분 짓는 기준이 된다."

항상 질문하라

이제 용기가 생기지 않는가? 은퇴자금을 투자할 때는 비판적인 시선으로 바라보아야 한다. 퇴직연금 계좌에서 투자되는 모든 상품을 목록으로 정리해달라고 요구하라. 만약 대답이 이해되지 않는다면, 질문을 추가로 해라. 직장의 퇴직연금 관리자나 당신의 재무설계사 (또는 돈을 맡아 관리하는 배우자)가 어떻게 생각하든 뭐가 중요하겠는가? 지금까지 여러 연구 결과에서 보았듯이, 배우려는 마음가짐이 기민하게 판단하고 문제를 혁신적으로 해결하며 새로운 기술을 습득하는 데에 핵심요소가 된다. 그러므로 한 번 더 말하지만, 자신이 충분히 알지 못한다고 생각한 나머지 은퇴계획을 세울 때 머니 코마에 빠지지 말라. 스스로 묻는 습관은 더 나은 의사결정으로 이어진다.

예를 들어, 이미 퇴직연금 계좌를 가지고 있다면 이제는 그 계좌가 어디에 투자되고 있는지 궁금해야 할 때이다. 내가 소유하고 있는 펀드는 무엇일까? 주식과 채권의 비중은 어떻게 되지? 수수료로 얼마를 내고 있나? 펀드 수수료에는 어떤 것들이 있으며 수수료가 저렴한 펀드는 뭐가 있을까? 원하는 답을 얻을 때까지 질문을 계속해라.

수수료를 낮추고 자산을 적절하게 배분하면 당신의 투자 수익은 수만 달러 혹은 수십만 달러까지 늘어날 수 있다. 만약 퇴직연금 계좌를 처음 개설하거나 아예 가지고 있지 않다면, 가장 좋은 방법은 디지털 투자 플랫폼으로 투자를 시작해보는 것이다. 이런 플랫폼들은 자동화된 서비스를 제공한다고 해서 로보어드바이저robo-advisor라고 부르며, 투자자는 50달러부터 500달러까지 소액으로 시작할 수 있다. 로보어드바이저는 알고리즘으로 운영되기 때문에 투자자는 자신의 돈이 어디에 투자되고 어떻게 운용되는지 자세히 파악할 수 있다.

주술적 사고에 빠지면 안 된다

하지만 동시에 자신이 생각하는 은퇴 계획이 미래에 그대로 실현되리라 과신하지 않도록 주의해야 한다(아직은 그럴 때가 아니다).

너무나 자주 우리는 심리학자들이 주술적 사고magical thinking라고 부르는 것에 의존한다. 행운의 부적을 가지고 있는가? 별점을 보는가? 꿈에 메시지가 담겨 있다고 생각하는가? 괜찮다. 당신만 그런 것은 아니다! 양자역학의 아버지라 불리는 닐스 보어Niels Bohr는 자신이 꿈에 본 영상에 근거해서 독창적인 원자 모형을 만들었다. 하지만 여기서 주목할 점은 보어가 잠에서 깨었을 때 자신이 본 영상을 실제로 실험해 본 덕분에 모형을 완성했다는 점이다. 이런 일은 흔치 않다. **논리적**으로 연결되지 않는데도 어떤 인과관계가 존재한다고 믿을 때 이를 주술적 사고라 한다. 홍콩상하이은행HSBC에서 수행한 연구 결과에 따르면, 대단히 영리한 사람도 주술적 사고에 **빠질** 수 있는데, 특히 유산을 믿는 경우가 그렇다고 한다. 유산을 물려받으리라 **생각**하는 사람들은 은퇴 이후에 행복하게 살 수 있는 재정적 기반을 마련했다고 확신한다. 실제로 많은 사람들(66%)이 나중에 받을 유산으로 자신이 원래 가지고 있던 퇴직연금의 모자란 부분을 채울 수 있으리라 예측했다. 또한 4분의 1 이상(27%)은 횡재가 생겨서 자신의 은퇴자금을 대부분 혹은 심지어 완벽히 해결해주리라 기대하고 있었다.

하지만 유산이라는 것은 언제나 불확실하다. 실제로 **대부분** 받지 못한다. 앞에서 언급한 연구에 따르면, 유산을 받으리라 믿고 있던 사람 중에서 실제로 받은 사례는 3분의 1 미만이었다. 이렇게 된 근본 이유는 사람들의 평균 수명이 길어지면서 은퇴 후 더 많은 돈이 필요해졌기 때문이다. 당신의 부모님은 당신에게 돈을 물려주겠다고 약속한 나이보다 훨씬 오래 사신다. 사실 75%의 사람들이 자식에게 유산을 물려주겠다고 **계획**하지만, 3분의 1에도 못 미치는 사람들만 확실하게 그 유산을 받을 수 있다고 HSBC 조사 결과는 말하고 있다. 설사 당신이 유산을 받더라도 그 돈을 신중하게 다루어야 한다. 로또 당첨처럼 일단 상당한 유산을 받게 되면 돈을 어떻게 관리할지 계획을 세워야 한다. 그렇지 않으면 금융교육 전문가인 바버라 스태니처럼 남편이 도박으로 자신의 유산을 거의 날려버린 탓에 바보의 금처럼 손가락 사이로 돈이 빠져나가는 모습을 보게 될 것이다.

유산을 받을 가능성이 없더라도 은퇴자금과 관련해서 주술적 사고에 빠지지 않도록 마음을 잘 관리해야 한다. 어쩌면 당신은 은퇴 후에 좀 더 여유롭게 생활할 수 있는 도시나 나라로 이주하려는 계획이 있을지도 모르겠다. 예를 들어, 코스타리카나 컬럼비아에서는 생활비가 적게 들지만 생활수준은 높다. 1년에 만 달러로 생활할 수 있고 의료서비스도 훌륭하며 날씨는 말할 것도 없이 좋다. 하지만 예상하지 못한 질병에 걸린다면 이런 계획들이 실현되기 어렵다. 혹은 결혼한 자녀와 함께 살아야겠다고 생각했는데 사돈도 같은 생각을 하고 있을지 모른다. 미래는 너무나 불투명해서 예측하기 어려우니 한 가지 해법에 지나치게 의존하지 말아야 한다.

퇴직연금은 어떻게 받나

우리 대부분은 지금 벌고 있는 소득 일부를 투자하는 방식으로 은퇴자금을 마련한다(설마 70세, 75세, 80세까지 일하고 싶지는 않을 것이다). 매년 한도액까지 적립하고 나서 은퇴 연령(60세 전후)에 이르면, **자신의 몫**을 수령하기 시작한다. 이게 운영되는 방식이다. 그렇다면 당신은 얼마를 저축해야 할까? 누군가는 연봉의 열 배 정도를 은퇴자금으로 마련해야 한다고 말한다. 즉 현재 당신의 소득이 7만 5,000달러라면, 최소 75만 달러를 적립해야 한다는 이야기이다.

하지만 내 생각에 그 금액은 적다. 물가상승 때문에 돈의 가치는 시간에 따라 떨어진다는 사실을 기억해야 한다. 즉 당신이 50만 달러를 저축했더라도 30년이 지나면 그 가치가 20만 5,000달러 밖에 되지 않을 것이다. 원래 가치의 50% 이상 떨어질 것이다. 그래서 투자가 대단히 중요하다. 저축한 돈을 투자한다면 그 가치는 시간에 따라 증가한다. 운이 좋아 수익률이 물가상승률을 초과하면 더 많은 돈을 벌 수 있다. 시장의 변동 폭에 따라 달라지겠지만, 투자한 50만 달러가 30년 후에는 3배인 150만 달러까지 증가할 수도 있다. 따라서 당신은 아마도 자신의 장기저축 수익률이 물가상승률을 초과하는지를 정말로 확인하고 싶을 것이다. 매년 물가상승률은 평균 3%이므로 당신의 장기저축 수익률은 적어도 3%는 되어야 한다. 이상적으로는 3%를 초과해야 한다.

당신의 숫자는 무엇인가

지금까지 말한 내용을 정리하면 어떻게 될까? 은퇴 목표를 설정하되, 그 목표는 '숫자'(특히 은퇴자금으로 필요한 금액)로 표현해야 한다. 경고하자면, 만약 당신이 지금까지 한 번도 은퇴 목표액을 관리하지 않았다면 문제가 생각보다 클지 모른다. 난생처음으로 그 숫자를 들여다볼 경우, 솔직히 무서울 수도 있고 심지어 어처구니없다는 생각도 들 것이다. 일단 어디에서 시작할지 알아야 한다.

다행히 온라인에서 무료로 이용할 수 있는 은퇴자금 계산기를 찾을 수 있을 것이다. 하지만 대부분의 은퇴자금 계산기에서 물어보는 기본 질문은 같다.

이제 당신이 큰 그림을 그릴 수 있게 해주는 숫자를 찾아보자.

은퇴할 무렵 당신의 생활비가 얼마였으면 좋겠는가? 연 3만 달러인가 아니면 7만 5,000달러인가? (계산기가 자동으로 미래 가치로 환산할 것이다.)

은퇴할 때까지 몇 년이 남았는가? 만약 지금 당신 나이가 40세이고 70세에 은퇴하고 싶다면 답은 30년이다.

은퇴 후 얼마나 더 오래 살 것 같은가? 당연히 답을 알 수 없겠지만 계획을 세우는 것이므로 대략 25년 혹은 30년이라고 해두자.

계산기에 기본적으로 저장된 물가상승률 수치는 0이다. 그러나 3%로 조정하기를 권장한다.

퇴직연금 계좌의 연간 수익률은 얼마인가? 계산기에 자동으로 저장된 수치는 7.5%이다. 보수적으로 계산하기 위해 5%로 조정하라.

자신의 상황에 맞게 계산해서 나온 수치를 여기에 기재하라.

_____

정기적으로 돈을 저축하는 평범한 사람들

방금 계산한 수치는 목표라는 사실을 기억하자. 그러니까 길을 안내하는 일종의 북극성일 뿐이다. 당신의 가치를 평가하는 척도도 아니고 당신이 얼마나 책임감 있는가를 증명하는 표시도 아니다. 스스로 누구나 되고 싶어 하는 백만장자라고 생각해 본 적이 있는가? 그런 큰 숫자는 생각하지 마라. 이 숫자는 당신의 최종 목표이므로 한동안은 달성하기 어렵다. 이를테면 내 목표액은 2백만 달러이다. 나는 현재 서른아홉 살이고 내 회사들의 시장가치를 계산하지 않는다면 아직 가야 할 길의 3분의 1에도 이르지 못했다. 하지만 회사들은 현금화하기 어려우므로, 이것을 계산에 넣지는 않을 것이다. '키드 이카루스'처럼 나는 상황이 나빠져도 이를 사형선고가 아닌 게임처럼 생각한다. 일단 목표를 세우면, 특히 그것을 종이에 적고 나면 당신의 행동과 선택이 그것에 맞게 조정될 것이다.

나이가 많더라도 인생 후반에 여전히 극적인 변화는 일어날 수 있다. 우리 엄마는 마흔두 살이 될 때까지 은퇴자금을 마련하는 일을 시작도 하지 않았지만, 72세에 완전히 은퇴하겠다는 목표를 달성했다. 어떻게 그런 일이 가능했을까? 엄마는 직장에 다니자마자 퇴직연금 계좌에 한도액까지 적립했고 직원에게 제공되는 모든 복지 프로그램을 활용했다. 또한 혼자 힘으로 자신의 포트폴리오를 어떻게 구성할지 배웠다. 70대가 된 요즘에도 우리 엄마는 수수료만 받는 재무상담사에게 자문하고, 투자는 할인 혜택을 제공하는 뱅가드Vanguard Group(펀드 시장에 인덱스 펀드로 출사표를 던진 세계 최대 자산 운용사—옮긴이)에서 직접 하신다.

이야기를 계속해보겠다. 1980년대에 당시 마흔두 살이었던 우리 엄마가 집 한 채 외에는 아무 재산도 없는 이혼녀로서 목표를 달성했다면, 당신도 마찬가지이다. 100달러씩 따로 모아 놓는 것이 중요하다. 50대와 60대는 연봉이 가장 높은 나이이다. 당신의 커리어는 정점에 이르러 있다. 자녀들은 다 자랐거나 이미 독립한 후이다. 따라서 저축할 돈이 더 많아진다. 더구나 국세청에서는 50세가 넘은 사람들에게 퇴직연금의 적립 한도액을 늘려준다. 일단 시작해보면, 적은 돈을 정기적으로 적립할 경우 매월 현금 흐름에 별로 영향을 미치지 않는다는 사실을 알게 될 것이다. 덕분에 자신감도 올라가 눈덩이 효과snowball effect를 일으킨다.

알고 보면 백만장자란 정기적으로 돈을 저축하는 평범한 사람들이다. 통계를 보면 대체로 그들은 사파이어 목걸이나 고급 주택에 돈을 낭비하지 않는다. 그들은 절약하며 살고 지출보다는 저축을 우선시한다. 2014년에 은퇴자금 전문 컨설팅 업체인 스펙트렘 그룹Spectrem Group에서 조사한 내용에 따르면, 백만장자들은 자신의 부의 원천을 다음 다섯 가지라고 생각한다.

(1) 열심히 일하기
(2) 교육
(3) 영리한 투자
(4) 수입에 비해 검소하게 생활하기
(5) 언제 어떻게 위험을 감수할지 파악하기

당신은 4번과 5번을 포함해서 위 다섯 가지를 모두 할 수 있고, 또 해야 한다. 당신도 백만장자가 되는 것이 목표니까. 일단 목적이 분명해졌다면, 필요하지만 아직 가지고 있지 않았던 계좌를 만들고 매월 적금이 빠져나가도록 자동이체를 설정하라. 적정 수준의 은퇴자금이 마련될 수 있도록 가능한 한 많은 금액을 적립해서 매년 그 적립금이 늘어날 수 있도록 해라. 그다음 단계는 퇴직연금 계좌에 적립된 돈을 어떤 상품에 투자할지 선택해야 한다. 그럼 지금부터는 투자하는 방법을 배워보겠다. 다음 장으로 넘어가자.

06

주식 시장으로 가라

몇 가지 기본 지침에 따라 투자하는 방법을 배울 필요가 있다.

스물셋의 풋내기 기업가로서, 출세해서 돈을 벌고 싶었던 나는 이 트레이드를 통해 특정 주식에 2,000달러를 투자했다. 나는 어떤 주식을 사야 할지 몰랐지만, 당시 남자 친구가 포드자동차에서 일하고 있었기에 그냥 포드 주식을 선택했다. 그 직후에 내 주식의 가치가 떨어졌다. 아마 주식을 산 지 1주일쯤 지났을 때였다. 나는 투자금의 30%를 날렸다. 이런 일이 일어나다니. 그런데 더욱 나빴던 것은 (사실 정말로 끔찍했는데) 나의 다음 행동이었다. 주식을 모두 팔아버렸다. 진짜 문제는 내가 날린 700달러가 아니었다. 투자를 제대로 하려면 장기적인 안목이 필요하다는 사실을 몰랐다는 점이다. 그러니까 계좌를 만들어 놓고 아무것도 손대지 말아야 했다.

나는 자책했다. 내가 주식을 잘못 선택해서 손실이 발생했다고 생각했다. 어쨌든 사실이기는 했다. 주식 투자를 하지 말았어야 했지만, 당시 나는 다른 투자 방법을 알지 못했다. 나는 완전히 손을 떼기로 했다. 모든 주식을 팔아버렸다. 백기를 든 것이다. 아, 나는 아예 내 운명을 봉인해버렸다. 대개 시간이 지나면 시장 상황이 좋아지기 마련이므로 시장이 반등하기를 기다렸어야 했다. 그랬으면 700달러를 되찾았을 것이고 어쩌면 더 많은 돈을 벌었을지도 모른다. 그런 후에는 내가 추구하는 스릴, 즉 돈이 돈을 버는 황홀한 경험을 했을 것이다.

빠져나오기 어려운 수렁

'자산 집단asset class' '분산' '베이시스 포인트basis point'(100분의 1%를 의미하며, 주로 금리나 수익률을 나타낼 때 사용한다.―옮긴이) 등 월스트리트에서 쓰는 난해한 용어들을 처음 접하고서 머니 코마에 빠져본 적이 있는 사람은 손을 들어보자. 많은 사람이 손을 들 것이다. 나 역시 그랬다. 그 단어들의 의미를 전혀 모른다는 사실이 부끄러웠다. 간혹 배워보고 싶다는 열망에 투자 서비스를 제공하는 웹사이트를 살펴보기도 했지만, 이내 주식시세 표시기, 알 수 없는 소수점들로 표시되는 각종 그래프와 도표, 뭐가 뭔지 알 수 없는 플러스 혹은 마이너스 백분율 때문에 상처받기 일쑤였다. 왜 그런 수렁에서 벗어나기 위해 시간을 내어 노력하지 않았을까? 하지만 그랬다 하더라도 빠져나오기 어려웠을 것이다.

푸르덴셜 보험사가 (2014년부터 2015년까지) 조사한 내용을 보면, 투자 방법을 잘 모르겠다고 생각하는 여성의 비율이 남성의 두 배에 이른다고 한다. 여성들은 자신의 전반적인 재무 상태를 살펴볼 때(자신의 퇴직연금 계좌가 어떤 펀드로 구성되었고, 어떻게 투자되고 있는지 자세히 들여다볼 때), 자기가 결국 상황을 엉망으로 만들고 말 것이라고 생각한다. 그러나 다수의 연구 보고서에서 공통으로 언급하는 것처럼, 남자들은 종종 상황을 지배하고 싶어 하므로 여성들처럼 혼란한 상황에서도 '이미 알고 있어' 식으로 충동적인 투자를 하지만, 여성들은 가족은 당연하고 자신 역시 난처한 상황에 몰리고 싶어 하지 않는다고 한다.

많은 여성이 이런 식으로 느낀다. 그래서 너무도 빨리 포기한다. 현금을 꽉 쥐고 단기 금융상품이나 저축계좌에 넣어놓고 필요할 때 꺼내 쓴다. 퇴직연금 계좌가 없는 여성들이 주로 이렇게 행동하며 자산운용사가 무슨 일을 하는지 알지 못한다. 퇴직연금을 한도액까지 적립하는 데 별 어려움이 없을 정도로 자금이 넉넉한 여성들도 마찬가지이다.

저축계좌에 잔액은 충분해야 한다. 하지만 강한 날개(현금화할 수 있는 비상금)가 이미 있다면, 남은 현금으로 다른 일을 **해야 한다**. 보통예금은 1%도 안 되는 형편없이 낮은 금리를 적용받지만, 투자계좌는 시장이 좋을 경우 10%에서 20%까지 엄청난 수익이 발생한다. 투자는 **커다란** 기회이다. 당신도 놓치고 싶지 않을 것이다. 돈을 투자하고 몇 가지 기본 원칙만 따르면 돈을 벌 수 있다. 당신도 할 수 있다.

핵심은 겁내지 않는 것

앞에서 언급했던 여러 자료를 보면 희망적이다. 이미 보았듯이, 여성들은 자신이 투자를 잘할 수 있다고 믿지는 않지만, 일단 부족한 자신감만 극복하면 재무 관리를 정말로 잘한다. 협력적으로 사고하고 전문가의 조언을 마다하지 않으면서 보수적으로 행동하려는 성향 덕분에, 여성들은 시장 동향을 잘 파악한다. 그래서 시장이 출렁여도 덜 민감하게 반응하고, 전전긍긍하다 투자금을 회수하는 대신 그대로 유지하는 경우가 많다. 장기적으로 수익을 올리려면 이런 자세가 필요하다.

또한 자기 자신과 가족, 공동체의 장기 목표를 실현한다는 생각이 여성들에게 동기부여가 되기도 한다. 언어학자인 데버러 태넌 Deborah Tannen이 관찰한 바에 따르면, 여성들은 세상이 관계망으로 얽혀 있다고 여기는 경향이 있어서 경솔하게 행동하고 싶은 유혹을 누그러뜨린다고 한다. 무모한 행동은 투자 수익률을 높이는 데 방해가 된다.

서서히 그리고 꾸준히 시장에 참여해야 한다. 70대가 되어서 병원비나 댈 수 있게 돈을 모으라는 것이 아니다. 당분간은 자기 몸을 건사할 수 있을 만큼 충분히 돈을 모았다가 나중에 재미있는 일들을 찾아 즐기라는 것이다. 여성들이여, 여러분이 분명하게 들을 수 있도록 큰 목소리로 이렇게 말하고 싶다. 투자의 핵심은 **겁내지 않는** 것이다.

배우려면 뻔뻔해 져라

지금부터 프로테우스 인터내셔널Proteus International의 창립 파트너이자 NBC 유니버설, 페이스북, 하얏트 호텔, 제너럴일렉트릭, 훌루, 매디슨 스퀘어 가든 등과 같은 기업의 CEO와 고위 간부들을 자문하는 에리카 앤더슨Erika Andersen의 연구 결과를 살펴보겠다. 30년 이상 경영 자문을 했던 경험을 토대로 앤더슨과 그녀의 동료들이 찾아낸 최고의 기업 전략가이자 리더는 어떤 사람일까? 그들은 "기꺼이 실험에 참여하고 끊임없이 초보자가 되려고 했던" 사람들이다. 말하자면 겸손하고 신중하며, 특히 포부가 있고 자의식과 호기심이 강하지만 약점도 있는 사람들을 의미한다. 앤더슨은 연구 보고서에 다음과 같이 쓰고 있다. "그들은 진심으로 새로운 기술을 습득하고 싶어 합니다. 자신이 어떤 사람인지 대단히 명확하게 알고 있으며, 끊임없이 사고하고, 좋은 질문들을 던지지요. 그리고 자신의 실수를 참아 내며 더 높은 학습 단계로 올라갑니다."

정말 멋진 모습이다. 그럼 당신은 자신을 어떻게 뻔뻔하고 자의식이 강한 학생(투자 방법을 기꺼이 배우려 하고, 그 결과 정말로 투자를 잘하게 된 학생)으로 바꿀 수 있을까? 우리가 앞에서 부정적인 머니 스토리를 수정할 때 확인했듯이, 앤더슨도 기초적인 내면의 내러티브를 수정하는 기술이 필요하다고 조언한다. 원래 알고 있던 자신의 정체성을 '소비형 인간'에서 '저축형 인간'으로 바꾸고자 제다이 마인드 트릭을 사용해서 '세뇌'했던 방법과 다르지 않다. 그러니까 이런 식이다. 새로운 것을 배우고 싶지 않을 때마다('이건 너무 복잡해. 다른 사람이 더 잘 해. 난 할 필요가 없어'라는 생각이 들 때마다) 머릿속에 들리는 내면의 목소리를 제거해라. 그리고 자신의 내러티브를 바꿔라.

앤더슨은 자신의 책 《처음에는 미숙해도 괜찮다: 빨리 학습해서 미래를 준비하라 Be Bad First: Get Good at Things FAST to Stay Ready for the Future》를 쓸 때 수행했던 연구를 2016년 〈하버드 비즈니스 리뷰〉에 소개하면서, 패배적인 내러티브를 긍정적으로 바꾸는 데 도움이 되는 말들을 간단한 표로 만들어 아래와 같이 제시했다.

내면의 내러티브 바꾸기

이렇게 말하지 말 것	이렇게 말할 것
이것을 배울 필요가 없어.	이것을 배우면 내 미래는 어떻게 될까?
난 이미 이것을 잘하고 있어.	내가 정말로 이것을 잘할까? 동료들과 비교해 보면 나는 어느 정도일까?
이것은 지루해.	남들이 이것을 재미있다고 생각하는 이유가 궁금해.
난 이것을 지독히도 못 해.	나는 초보자처럼 실수하고 있지만 점점 나아질 거야.

마지막 문장에 밑줄을 그어보자. 새로운 기술을 배울 때 "모르겠어"라고 인정하고 초보자가 하는 실수도 서슴지 않는 태도는 여성 투자자에게 중요한 자산이 된다. 실제로 1980년대 후반, 스탠퍼드 대학교 연구자들은 학습 과정 초기에 실수를 마다하지 사람들이 결국 "흥미를 돋우고 끈기를 길러서 더 나은 결과를 얻는다"는

사실을 발견했다. 이 점을 잊지 말아야 한다.

"싼 가격에 사서, 비싼 가격에 팔라"

잠시 하던 일을 멈추고 인터넷을 꺼라. 주변의 소음을 제거하라. 금융 매체가 당신을 당장 부자로 만들어 주지는 않는다. 이들은 당신의 주의를 사로잡고 슈왑Schwab과 에드워드 존스Edward Jones에 광고를 팔려고 설계되었다. 나도 거기에 속았다. 주식 투자가 장기적인 뿌리를 만드는데 가장 간단하고 위험이 적은 방법일 수 있다. 영리하고 비용이 적게 드는 투자 방법은 지루하고, 저렴하고, 상당히 편하다. 이것을 수동적 투자라고 부른다. 하지만 앞으로 보게 되겠지만, 수동적 투자에도 적극적 관심은 필요하다.

거래의 기본은 다음과 같다. 일단 투자 방법으로는 적극적인 방식과 소극적인 방식 두 가지가 있다. 내가 이트레이드에서 돈을 잃었을 때는 적극적으로 투자한 것이다. 이는 투자전문가들이 하는 방식이다. 일반인도 시도하기는 하지만, 위험에 대해 잘 이해하고 있다면 괜찮다. **적극적 투자**란 주식을 하나하나 혼자서 선택하고, 온라인이든 중개인을 통해서든 직접 해당 주식에 돈을 투자하는 방식이다. **액티브 펀드**active funds는 펀드매니저들이 관리하는 주식과 기타 자산으로 구성되기 때문에 대체로 수수료가 비싸다. 적극적인 투자자들은 주로 야후 파이낸스Yahoo Finance와 마켓워치MarketWatch를 이용한다.

적극적인 투자자는 시장수익률을 앞서려고 한다. 그들은 주식시장의 동향을 파악하기 위해 끊임없이(매시간 혹은 매분) 스마트폰을 확인한다. 일거리도 많고 스트레스도 **심하다**. 하지만 도전과 공격적인 투자를 즐기는 사람도 있기 마련이다.

적극적 투자의 목표는 가치가 **상승할 것 같은** 기업의 주식을 사는 것이다.

예를 들어, 적극적인 투자자들은 '주식 상장'을 계획 중인 전도유망한 기업들을 항상 세심하게 살피다가 '기업공개'에 참여한다. 기업공개란 막대한 성장자본이 필요한 기업들이 최초로 일반 대중에게 자사의 주식을 공개 매도하는 것을 말한다. 기업공개가 유력한 기업의 주식은 매수 열풍을 일으키기도 한다(예를 들어 과거에 너도나도 페이스북 주식을 매수하려 했던 사례를 떠올려보자). 적극적인 투자자들의 희망은 '최저가'에 매수해서 주식 시장의 동향을 관찰하다 최고가가 되었을 때 파는 것이다. 즉 옛말처럼 "싸게 사서 비싸게 판다"는 생각이다. 하지만 그게 그렇게 쉬운 일일까?

매입한 뒤엔 기다려라

별로 그렇지 않다. 경쟁상대, 신기술, 국내외 정치 상황, 해외 시장, 자연재해 등 **수많은** 변수가 매 순간 주가에 영향을 미친다. 적어도 시장보다 앞서가려고(높은 수익을 내려고) 노력하는 사람들의 80%는 절대로 적극적 투자를 하지 않는다. 위험이 대단히 크기 때문이다. 따라서 당신은 적극적으로 투자하거나 직접 주식을 고르는 행동은 **결코** 하고 싶지 않겠지만, 그런 생각은 괜찮다. 적극적인 투자로 바꾸면, 그만큼 잃을 돈도 많아지기 때문이다.

반면에 **소극적 투자**란 '매입 보유'하는 방식이다. 시장은 부침이 있으므로 소극적 투자를 하려면 인내심이 필요하다. 즉 시간이 걸린다. 사실 미국 경제학자 폴 새뮤얼슨Paul Samuelson의 유명한 말처럼, "페인트가 마르기를 바라보는 것"만큼이나 재미있는 일이다. 이것이 바로 당신이 원하는 일이다. 재무상담사나 할인 증권사 혹은 로보어드바이저를 통해서 자신의 나이(은퇴할 때까지 얼마나 남았는지)와 위험 수용도, 투자 목표에 적합한 방식이 무엇인지 알아본다. 그런 다음 인덱스 펀드를 적절하게 혼합해서 주식을 구매한다.

패시브 펀드passive funds는 S&P500 지수(미국 500대 기업의 시가총액으로 산정하는 주가지수)와 같이 경제 전반의 가치를 반영하는 금융지표를 그대로 따라가는 펀드로 구성된다. 이를 '인덱스 펀드'라 부르며, 펀드를 구성하는 종목이 시장에서 차지하는 비중에 따라 가격이 오르고 내린다. 이게 무슨 말일까? 예를 들어 어떤 주식이 S&P500 지수에서 5%를 차지한다면, 인덱스 펀드에서도 5%를 대표할 것이라는 의미이다. 그러므로 주가지수가 올라가면, 당신의 주식도 가격이 올라 돈을 벌게 된다. 그러나 주가지수가 하락하면 돈을 잃는다.

인덱스 펀드는 주가지수를 따라가므로 전문가의 분석이 필요하지 않다. 따라서 비용이 저렴하다. 또한 평범한 사람도 투자로 돈을 벌 기회를 제공한다. 인덱스 펀드는 수수료와 세금이 적게 들고, 직접 세심하게 관리해야 하는 뮤추얼 펀드보다 관리가 쉽다. **뮤추얼 펀드**는 전문 애널리스트가 고르고 관리하는 주식과 채권으로 구성된 펀드에 일반인이 수동적으로 투자하는 상품이다. 하지

투자 용어 풀이

자산 개인의 금전적 소유물

주식 회사에 대하여 갖는 지분

채권 정부나 기업에 돈을 빌려주고 받는 차용증서

통용되는 용어 주식, 지분, 자기자본

자산 집단 주식, 채권, 실물자산(예: 부동산) 등 소유하고 있는 자산의 집합

자산 배분 자산 집단을 대상으로 투자금을 배분하는 것을 말하며, 자신의 나이와 소득, 위험 수용도에 따라 적절하게 배분한다.

위험 투자 수익이 (긍정적이든 부정적이든) 예측과 달라질 가능성

위험 수용도 갑자기 투자에 큰 손실이 발생했을 때, (결국은 손실을 회복하리라는 것을 알고 있더라도) 그 상황에 대해 느끼는 감정

펀드 주식, 채권, 현금등가물의 조합

펀드의 종류 뮤추얼 펀드(가장 보편적)
　　　　　　인덱스 펀드(덜 보편적)
　　　　　　상장지수펀드(특수한)

자산운용사 매수자와 매도자 사이에 투자 거래를 성사시키는 회사

포트폴리오 자기가 투자하고 있는 펀드의 집합

분산투자 자산을 종류별로 다양하게 보유함으로써 위험을 최소화하는 투자 방식

지수 경제의 어느 한 부분을 측정해서 전반적인 시장 동향을 알려주는 수치이다. 예를 들어, S&P500 지수는 미국 500대 기업의 주가지수를 따라간다. 나스닥(NASDAQ)은 3,000개의 대형 기술주와 바이오산업의 주가를 따른다.

시장예측활동 시장 상황을 예측해서 자신의 포트폴리오를 구성하는 종목을 사고파는 행위이다. 시장예측활동은 실패할 확률이 높으므로 하지 않는 것이 좋다.

만 뮤추얼 펀드는 사람이 관리하므로 인덱스 펀드에서는 발생하지 않는 수수료가 있다.

지난 80여 년간 주식 시장의 연평균 수익률은 10%였다. 하지만 개인 투자자가 거둔 수익률은 천차만별이다. 시장 상황이 어떻게 돌아갈지 아무도 확신하지 못한다. 예를 들어 2008년에는 주가가 반 토막 났고, 2011년에는 현상을 유지했다. 2012년에 수익률이 13% 정도까지 오른 덕분에 2013년에는 2008년의 손실을 회복했다(계속 시장에 남아 있었다면 말이다). 이것이 바로 사람들이 흔히 이야기하는 시장 변동성이라는 것이다. 이제 위험 수용도에 관해 이야기할 차례이다.

여성은 위험을 좋아하지 않는다?

여성이 남성보다 얼마나 '위험 회피적'인지를 언급하는 기사들이 해마다 나온다. 그러나 신경제사고연구소Institute for New Economic Thinking가 발표한 자료에 따르면, **실제로 통계에서 드러난 사실은 훨씬 미묘하다고 한다.** 연구소의 조사 문항은 여성이 남성보다 대담한 투자와 결정을 내리기를 꺼리는지 아닌지를 직접 묻고 있지는 않다. 그보다 여성은 위험을 다르게 생각한다. 나스닥 임원인 애드나 프리드먼의 말에 따르면, 여성은 남성보다 부주의한 결정을 더 적게 내린다고 한다. 그러므로 우리 여성은 새로운 모험에 뛰어들기 전에 위험을 평가하고 가능성을 따져보며 잠재 비용과 이익을 계산하는 성향을 자랑스럽게 여겨야 한다.

하지만 위험을 인식하는 방식은 사람에 따라 다르다. 이것은 감정적인 판단이다. 말하자면 당신 앞에 놓인 위험을 어떻게 인식하는지는 **실제 위험을 측정한 것**과는 다르다. 위험이란 **당신이** 마음속(신경계)에서 돈을 잃었지만 밤잠을 설치지 않을 수 있다고 생각하는 정도를 말한다. 즉 여기까지는 손실이 발생해도 괜찮다고 **생각하는 한계선**이다. 간단한 테스트를 해보자. 만약 당신이 카지노에 가서 테이블에 만 달러를 올려놓았는데, 그 돈을 모두 잃는다면 기분이 어떻겠는가? 당신이 10만 달러를 딸 확률이 10%라는 사실을 알고 있다면 어떨까? 이제 그 위험을 받아들이겠는가? 나는 여성들이 소극적 투자에 적극적으로 참여할 때 최선의 결과를 얻는다고 생각한다.

적극적 투자의 대가를 만나다

지금부터 적극적 투자로 큰돈을 벌어 입지가 확고한 초대형 부자와 만난 이야기를 들려주겠다. 어느 날 나는 친구를 통해 금융계 거물인 마틴 소스노프Martin Sosnoff의 신간을 전달받았다. 전형적인 월스트리트 금융업자가 내게 무엇을 기대했을까? 알고 보니, 소스노프는 〈포브스〉에 실린 데일리워스 관련 기사를 읽은 적이 있었는데, 내가 자기 책을 읽고 자기를 인터뷰할 생각이 있는지 궁금했던 모양이다.

소스노프는 성공한 금융업자이다. 유한책임회사LLC, Limited Liability Company(회사의 주주들이 채권자에 대하여 자기의 투자액의 한도 내에서 법적인 책임을 부담하는 회사를 말한다.—옮긴이)인 아탈란타 소스노프 캐피털Atalanta Sosnoff Capital의 CEO로서, 그는 50억 달러의 자산을 관리한다. 또한 도발적인 예술품을 수집하고 마장마술dressage을 한다(나는 마장마술이 무엇인지도 잘 몰랐다). 책 표지를 보면서 나는 소스노프가 전형적인 월스트리트 금융업자라고 추측했다. 그들은 나와 같은 투자자를 지나치게 안전하게 행동한다는 이유로 우습게 생각한다. 우리는 소극적 투자를 선호하기 때문에 큰돈을 벌 기회를 놓친다. 아니 그들이 그렇게 생각한다. 하지만 난 다르게 생각한다. 나는 소극적 투자가 좀 더 영리한 투자 방식이라고 확고하게 믿는다. 시장은 수십 년에 걸쳐 상승하고 내 돈도 마찬가지이다. 시장 상황은 성별이나 위험 회피 성향과 무관하게 움직인다.

요컨대 나는 소스노프와 만나는 일이 내키지 않았다. 높으신 월스트리트 거물이 잘난 체하며 하는 강의나 들으러 뉴욕까지 꾸역꾸역 가는 것을 내가 원했겠는가? 하지만 여러 동료와 멘토에게서 소스노프에 관해 들은 말이 있었다. 투자전문지 〈배런스Barron's〉는 그를 "유행을 좇는 사람이자 인습 타파주의자"라고 불렀다. 나는 그런 사람들을 좋아한다. 그래서 소스노프의 책을 펼쳤다. 소스노프는 자신의 책 《투자자를 위한 마스터 클래스Master Class for Investors》의 2장에서 돈이란 모든 미국인이 반드시 참여해야 하는 게임이라고 썼다. 어떤 사람들은 그 게임을 잘 이해하고 있어서 충분히 잘 살고 있지만, 대부분은 그렇지 못하다는 것이다. 나는 그의 책이 마음에 들었다. 책의 내용이 데일리워스에서 내가 경험한 일들과 상당히 비슷했다.

몇 주 후에 소스노프가 나를 자신의 맨해튼 사무실로 초대했다.

나는 그렇게 쉽게 주눅 드는 사람이 아니라서 초대를 받아들였지만 약간 겁이 났다. 아니, 실은 많이 무서웠다. 그는 돈 많은 사람들이 모인 도시에 사는 거물 중의 거물이었다. 그리고 처음엔 별로 기대하지 않았지만, 나중에는 내가 좋아하게 된 책을 쓴 사람이기도 했다. 나는 그가 나를 전문가로 진지하게 대해주기를 바랐다. 난데없이 내 차림이 너무나 마음에 들지 않았다. 나는 그의 사무실로 올라가는 승강기 안에서 거울을 보며 세 번이나 머리와 립글로스를 고쳤다. 하지만 말쑥한 차림에 인성도 훌륭했던 소스노프는 나를 편안하게 대해 주었다.

인터뷰에서 소스노프는 지식이 부족한 투자자들에게 시장의 작동 원리를 알려주고 싶었다고 말했다. 그는 이렇게 말했다.

"저는 적어도 만 달러를 투자했고, 금융 시장이 어떻게 돌아가는지, 9·11 테러와 같은 위기가 발생했을 때 시장이 어떻게 반응하는지, 시장이 제 기능을 하지 못하도록 막는 것은 무엇인지 등을 배우고 싶어 하는 모든 사람을 대상으로 이 책을 썼습니다."

나는 솔직하게 털어놓기로 마음먹었다. 그래서 이렇게 주장했다.

"마틴. 저는 대부분의 투자자, 그러니까 저와 같은 사람들과 당신이 대상으로 삼은 독자들이 시장 상황을 예측해서 투자를 결정하면 안 된다고 생각해요. 대부분은 이런 적극적인 투자로 높은 수익을 내지 못하거든요."

그런데 그가 내 말에 동의했다. "저도 꾸준히 규칙적으로 투자 계정에 돈을 적립하는 소극적 투자를 권장합니다. 세금 혜택도 받을 수 있고요."

나는 혼란스러웠다. 마틴 소스노프가 내 말에 동의한다고?

하지만 그는 내게 자신감을 경계하라고 했다. 그는 자신의 가장 중요한 인생 교훈을 투자에도 적용했다고 힘주어 말했다. 그가 말한 교훈이란 길잡이가 없다는 것이다. 가난한 가정에서 태어나 한국 전쟁 때 얼어 죽을 뻔했던 남자가 하는 말이니 이해할 만했다. 그는 이런 말도 했다. "하루에 10시간씩 일하는 전문가든 날마다 월스트리트에서 나오는 허튼소리에 별 관심이 없는 사람이든 상관없이, 모든 투자자는 벌어지는 상황과 관련해서 나름의 생각이 있어야 합니다. 재정 자문가나 소극적인 투자 전략 등 사람 혹은 사물을 믿기 때문에 손을 뗀다는 것은 변명일 뿐입니다."

마틴, 고마워요. 인터뷰를 마친 후에도, 나는 여전히 확고부동한 소극적 투자자였다. 하지만 그의 말을 경청했다. 그의 이야기는 계속 배우고 깨어 있으라는 말을 상기시켰다. 항상 그래야 한다. 소극적 투자는 자기 돈이 어떻게 투자되는지에 관심을 두지 않아도 된다는 변명이 아니다. S&P지수와 MSCI Morgan Stanley Capital International지수(미국 투자은행인 모건 스탠리가 대상과 산출기준을 다양하게 적용해서 발표하는 세계 주가지수 중 하나이다.—옮긴이)가 무엇인지 배워라. 주식형 상품과 채권형 상품의 기본 내용을 이해해라. 많이 읽고 질문할수록 모든 것이 더욱 분명해질 것이다. 당신도 할 수 있다. 나를 믿어라!

당신을 보호해 줄 분산 투자

자, 이제 본격적으로 소극적 투자 **방법**이 무엇인지 알아보겠다. 당신은 이미 직장에서 적립해 주거나 또는 개인이 가입할 수 있는 퇴직연금 계좌 등 이용할 수 있는 **계좌의 유형**을 알고 있다. 이제 다음 질문은 이런 계좌들에 무엇을 넣는가이다. 퇴직연금 계좌는 투자 상품을 담는 바구니라는 점을 기억해라. 이제 그 바구니를 채워야 한다. 그렇다면 무엇을 사야 할 것인가? 당신은 얼마나 많은 돈을 투자할 수 있는가? 당신의 투자가 효과가 있는지 어떻게 알 수 있는가? 좋은 질문을 계속하다 보면 관심이 저절로 유지된다.

위험과 수수료는 최소화하면서 장기 수익률을 최대로 높이는 가장 똑똑한 방법은 포트폴리오를 분산해서 투자하는 것이라고 나는 개인적으로 생각한다. 여기에는 전제가 필요하다. 모든 투자에는 위험이 따른다는 점이다. 물론 위험이란 돈을 잃을 수 있지만, 돈을 벌 수 있다는 의미도 있다. 돈을 버는 비결은 위험 정도가 다양한 투자 상품으로 퇴직연금 계좌를 채우는 것이다. 예를 들어, 채권 가격은 심전도 그래프처럼 변동 폭이 크지 않고, 양도성예금증서CD와 같은 현금성 금융상품과도 다르다. 그렇다. 주식은 위험할 수 있다. 하지만 주식은 **반드시 보유해야 한다**. 주식이 돈을 벌어주기 때문이다. 포트폴리오에 다양한 종류의 투자 상품('스프레드'라고 부른다)을 담으면, 시장 상황에 따른 변동성이 완화된다.

당신의 스프레드는 주가가 하락할 때 당신을 보호해주고, 주가가 상승할 때 수익을 낸다. 나와 같은(어쩌면 당신도) 소극적 투자자들은 나이와 위험 수용도, 투자 목적에 맞게 적절하게 분산해서 포트폴리오를 만들어야 한다. 일반적으로 나이가 들수록 그리고 은퇴가 가까워질수록 위험을 덜 감당하고 싶어진다. 나이와 위험 수용도, 투자목적에 따라 자산을 배분하는 것이 성공적인 투자의 핵심이다. 또한 이 말은 '설정만 해 놓고 잊어버리면' 안 된다는 것을 의미한다. 나이가 들어 투자 목적이 바뀌거나 위험 수용도가 달라졌다면, 기존 포트폴리오를 재조정하거나 로보어드바이저와 같은 기술을 활용해서 투자해야 한다. 여기에 나이와 목적, 위험 수용도를 고려해서 구성한 포트폴리오의 예를 제시하면 다음과 같다.

25세	채권 10%	주식 90%
35세	채권 10%	주식 90%
45세	채권 20%	주식 80%
55세	채권 40%	주식 60%

또한 자신이 선택한 펀드가 다음과 같은 특성이 있는지 반드시 확인해야 한다.

- **탄탄한 실적**: 적어도 최근 5년간의 실적이 동일 범주에서 상위 50% 안에 속하며, 적어도 3년에서 5년 경력의 매니저가 관리해야 한다.
- **모닝스타 등급이 4개 또는 5개**: 세계 최대 펀드 분석회사인 모닝스타Morningstar는 위험 수준과 비용이 합리적이면서 인상적인 실적을 기록한 펀드에 높은 별점을 매긴다. '메달리스트Medalist' 펀드(애널리스트 평가에서 골드, 실버, 브론즈 등급을 받은 펀드)는 동일 범주에 속한 다른 펀드보다 실적이 높고, 최소 5년 동안의 시

장 상황이 반영된 기준수익률보다 더 높은 이익을 거둘 가능성이 있다. 모닝스타 웹사이트 morningstar.co.kr를 참조하라.
- **노로드**No-Load는 펀드 판매 수수료가 없는 경우를 말한다.

실제로 저축할 수 있는 돈은 얼마인가

자, 현실을 직시하자. 당신이 매달 **반드시** 저축하고 투자해야 하는 금액이 지금 당장 **실제로** 저축하고 투자할 수 있는 금액보다 많을 수 있다. 신용카드 빚이 많은가? 비상금 통장(한 달 생활비에 해당하는 금액을 따로 저축해 둔 통장)이 있는가? 만약 당신이 프리랜서나 사업가라면 정기적으로 세금 낼 돈도 마련해 두었는가? 무엇을 어떻게 할지 처음 생각할 때는 여러 가지를 신경 써야 하므로, 여기에 내가 경험을 통해 얻은 세 가지 중요한 원칙을 가르쳐주겠다.

(1) 적어도 한 달 생활비를 비상금 통장에 넣어두어 현금을 확보해라. 이상적인 것은 세 달 치 생활비를 모아두는 것이다.
(2) 이자가 비싼 신용카드 빚을 먼저 청산하라. 그렇지 않으면 최소한 빚 규모라도 줄여라. 그리고 (비상금을 활용해서) 카드 빚을 더 지지 않도록 하라.
(3) 회사에서 퇴직연금 제도를 시행하고 있다면, 반드시 한도액까지 적립한다.

만약 위 세 가지 중 아무것도 하고 있지 않다면, 우선 계좌부터 만들어야 한다. 아침에 커피를 마시려면 빈 커피 잔을 미리 준비해야 하는 것과 같다. 하지만 먼저 빚에 집중해라. 만약 목표 수익률이 5%인데 신용카드 수수료로 15%를 내고 있다면 순자산에 도움이 되지 않는다. 계산을 해보라. 만 달러를 투자해서 5% 수익(500달러)을 냈다 해도 빚 만 달러 때문에 15% 이자(1,500달러)를 내고 있다면, 빚 때문에 지불하는 비용이 투자로 얻는 이익의 3배가 된다. 이렇게 하면 안 된다. 당신은 빚을 서둘러 갚거나 퇴직연금 계좌 또는 그 이외의 다른 계좌를 만드는 일을 굳이 하고 싶지 않을지 모른다. 하지만 그런 태도는 자신에게 도움 되지 않는다. 그러므로 비상금을 모아두어야 한다. 그리고 이 비상금이 줄어들면 (원래 그런 목적으로 만들어진 것이지만) 다시 채워 넣어야 한다.

첫째가 비상금, 둘째는 빚, 셋째가 연금, 넷째는 투자이다.

어리석어서 이용하기 좋은 사람들

이제 당신은 이렇게 생각할지 모른다. '좋아요, 난 이제 돈을 투자하는 것에 익숙해졌어요. 투자를 왜 해야 하고 어떻게 하는지 알게 되었죠. 하지만 난 너무 바빠요(혹은 위축돼요, 또는 위험이 정말 싫어요, 아니면 전혀 모르겠어요). 그래서 일을 제대로 하기 위해 재무상담사를 고용하려 해요.' 하지만 여기서 잠깐 멈춰 보자. 투자를 두려워하는 여성들은 그렇지 않은 사람보다 훨씬 낫다. 당연하지 않은가? 어느 정도는 재무상담사가 있는 것이 도움이 된다. 하지만 상담사를 고용할 때 유의할 점은 상담사가 **당신** 돈을 어떻게 관리하는지 이해하는 것이다. 그렇게 하지 못하면 **머니 코마**에 빠진다!

비영리 회사의 중역 하나가 내게 이렇게 말했다. "우리 회사에는 자산 관리사가 따로 있어요. 저는 자산 관리를 어떻게 하는지 전혀 모르거든요. 자산 관리사의 이름은 앤이에요. 그녀는 실력이 뛰어난 기금 모금자이죠. 자산이 많은 투자자를 설득해서 수백만 달러를 모으고 대형 프로그램도 추진해요." 당신은 앤과 같은 사람들이 자기 돈도 자신 있게 투자하리라 생각할 것이다. 하지만 당신이 틀렸을지도 모른다. 앤은 이렇게 말했다. "저는 사회사업에 열정이 있어요. 하지만 매달 제 투자보고서가 오면 저는 그것을 던져버려요."

투자보고서를 던져버린다니, 이해하기 어렵지 않은가? 앤은 재무상담사의 말을 이해하지 못하거나 그들의 조언이 맞는지 확인하지 않는다. 그녀는 남의 재산을 관리하느라 바쁘면서도 정작 자기 돈을 관리하는 자산운용사와는 대화하지 않는다. 하지만 이런 태도는 주변에서 쉽게 볼 수 있다.

많은 여성이 재무 관리에 손을 떼고, 이전의 머니 스토리로 돌아가거나 머니 코마에 빠진다. 여기에는 추한 비밀이 있다. 여성을 고객으로 유치하고 싶은 투자서비스 기관들은(당연히 그들은 우리 여성의 돈을 원한다!) 여성들이 대체로 투자 방법을 모르며, 알고 싶어 하지 않는다는 사실도 잘 안다. 파렴치한 상담사들은 막대한 수수료만 챙기고 고객의 포트폴리오를 관리하지 않는다. 왜냐하면 여성들이 자신에게 **질문**하지 않을 것이고 좀 더 적극적이고 올바른 방향으로 투자하라고 요구하지 않으리라는 것을 잘 알기 때문이다. 이런 상담사들은 여성 고객을 어리석어서 이용하기 좋은 사람으로 만들어버린다. 이렇게 되지 말아야 한다.

역사적으로 여성들이 투자 서비스와 정보를 제대로 받지 못했다는 사실도 도움이 되지 않는다. 여성 투자자에 대한 심드렁한 태도가 오늘날 변하고는 있지만, 오랜 습관은 바꾸기 어렵다. 그래서 이렇게 해보자. 만약 재정 문제를 다루는 데 자신이 없다면 재무상담사와 상의하는 것도 괜찮다. 좋은 상담사라면 당신이 예산을 세우고 장기적인 재무계획을 수립하도록 도와줄 것이다. 당신에게 필요한 보험, 유언장 작성법, 신탁금을 만드는 방법 등 다른 재정 문제에 관해서도 조언해 줄 수 있다. 물론 상담사는 당신이 소유한 전체 자산의 1% 내외를 수수료로 요구할 테지만, 장기적으로 볼 때 그의 도움은 필요하다. 이제 당신은 자산을 관리하는데 재무상담사가 어떻게 도움이 되는지 알게 되었다.

자신의 재무 상태를 낱낱이 드러내라

하지만 위험 요소가 있다! 재무상담사에게 자문할 때 그들을 맹신하지는 마라. 당신의 재무상담사는 **당신을 위해 일한다**. 어디에 투자했는지, 시장이 어떻게 돌아가는지, 재무상담사가 공인을 받은 전문가인지, 고객이 모르는 수수료 때문이 아니라 정말로 **당신을 위해 일하고 있는지** 등을 당신이 파악하고 있어야 한다.

세상에는 수많은 재정 전문가가 있으며, 이들은 보유하고 있는 자격증, 전문 분야와 경험, 수수료 체계, 최소 투자금, 자금관리 방식, 성격 등이 각양각색이다. 좋은 재무상담사를 찾으려면 반드시 추천을 받아 후보자들을 비교해봐야 한다. 적어도 세 명의 후보자를 인터뷰하고, 자신의 투자 목표를 명확히 알고 있어야 한다. 결국은 당신에게 신뢰와 호감을 주는 사람을 선택해야 한다. 재무상담사와 일하는 것은 의사에게 가는 것과 비슷하다. 당신은 자신의 재무 상태를 낱낱이 드러내야 하고 때때로 감정도 숨기지 말아야 한다(이에 대한 준비가 필요하다). 이 일은 어렵고 비용도 들겠지만, 자신에게 맞는 객관적 조언을 얻고 마음의 평화까지 기대할 수 있다면 그만한 가치가 있다.

그러므로 눈을 크게 뜨고 시장에 참여하라. 자신의 신탁 자산을 운용하고 관리해 줄 사람을 찾아보라. 수탁자는 법적으로 당신에게 가장 이익이 되는 투자 상품을 선택할 의무가 있다.

재무상담사를 인터뷰할 때 고려해야 할 질문과 요령을 몇 가지 소개하면 다음과 같다.

(1) 보수는 얼마인가?

보수만 받는 수탁자는 따로 수수료를 챙기지 않는다. 그들은 일반적으로 정해진 보수, 즉 관리하는 포트폴리오의 1% 정도를 보수로 받는다. 예를 들어 당신의 투자금이 10만 달러라면 수탁자에게 1%인 1,000달러를 지급한다.

(2) 특정 금융상품을 추천할 때 인센티브를 받는가?

수수료를 따로 받는 재무상담사들은 판매액에 따라 보너스를 받는다. 이런 경우 상담사가 추천한 상품이 당신에게 가장 유리한 상품이라 하더라도 그의 조언은 객관적이지 못하다.

(3) 다른 금융서비스도 제공하는가?

당신은 자산 배분 말고 다른 조언도 얻고 싶을지 모른다. 예산, 신용거래, 보험, 유언장, 심지어 신탁관리 등의 영역에서 도움이 필요할 때가 있다.

(4) 어떤 방법으로 재무 상담을 해 주는가?

당신이 필요할 때마다 상담사에게 전화를 걸어도 되는지, 그들이 나중에 회신을 해주는지 반드시 확인해라.

(5) 나와 같은 고객이 몇 명이나 되는가?

당신은 상담사가 자신의 투자 수준을 이해해서 선택 가능한 옵션을 솔직하고 쉽게 설명하며, 자신의 재정 상황을 정기적으로 점검해서 알려주기를 바란다.

로보어드바이저를 활용하라

여기 문제가 하나 있다. 많은 재무상담사가 자산이 50만 달러 미만인 사람은 고객으로 받지 않는다는 점이다. 한번 생각해보라. 만약 기본 보수가 1%이고 당신 자산이 10만 달러라면, 1,000달러라는 보수는 상담사가 들이는 시간에 비해 충분하지 않은 금액이다. 만약 당신이 보수만 받는 재무상담사에게 3,000달러 이상을 지급하고 싶지 않다면 다른 방법이 있다. 로보어드바이저를 이용하는 것이다.

베터먼트Betterment와 웰스프런트WealthFront 같은 로보어드바이저는 알고리즘에 근거하여 상담을 제공하는 자산관리시스템이다. 대부분의 로보어드바이저는 당신의 포트폴리오를 자동으로 구성하고 재조정한다. 일반적으로 로보어드바이저가 받는 보수는 재무상담사가 받는 보수의 25%에서 50% 수준이다. 최근 뱅가드와 피델리티, 슈왑에서도 로보어드바이저 서비스를 제공한다.

이와 관련해서 더 많이 배우고 싶은 사람에게 재무 설계사 매니샤 테커는 뱅가드 창립자 존 보글이 쓴 《모든 주식을 소유하라》를 읽어보라고 권고한다. 또는 벤저민 그레이엄이 쓴 《현명한 투자자》를 읽어도 괜찮다. 그리고 물론 마틴 소스노프의 책 《투자자를 위한 마스터 클래스》도 있다.

적극적이면서 소극적인 투자자가 돼라

결국 (혹은 감히 말하자면, 인생에서) 가장 중요한 요소는 투자금액과 투자주기이다. 하지만 당신은 적극적이면서 소극적인 투자자가 되어야 한다. 먼저 투자하고 있는 인덱스 펀드만 믿으면 안 되고, 그 펀드를 구성하는 기업들이 어떤지 알아야 한다. 잠시 1분만 시간을 내어 모닝스타 닷컴에 들어가서 '뱅가드디벨롭드마켓 ETFVanguard Developed Markets ETF'를 검색하기 위해 검색창에 'VEA'라고 쳐보자. 이것을 구성하는 것은 토요타, 네슬레, 바이엘과 같은 개별 지주사라는 점을 알 수 있다. 별로 어렵지 않다, 그렇지 않은가? 당신이 투자하고 있는 펀드가 무엇인지 파악하려면 이렇게 하면 된다. 자신이 어떻게 투자하고 있는지 알면, 정보력과 통제력을 갖춘 미래지향적 투자자가 될 수 있다.

다음으로 사회적 책임 투자의 장단점을 파악하라. "어떻게 하면 책임 있는 투자를 할 수 있을까요?"라는 질문은 데일리워스 웹사이트에 올라오는 단골 질문 중 하나이다. 이는 훌륭한 질문이며, 나 역시 많이 생각해 본 문제이다. 당신의 뮤추얼 펀드, 인덱스 펀드, ETF를 구성하는 기업들에 몬산토나 필립 모리스와 같은 회사가 들어 있다면 기분이 좋지 않을 것이다. 보통 사회적 책임 투자는 순수하게 시장 지향적인 투자에 비해 수익률이 낮다. 그러므로 높은 투자이익을 거두기 위해 지구와 인간에게 해로운 영향을 미치는 기업들에 투자하게 될지도 모른다.

당신처럼 나도 지속가능성과 인권에 대해 많이 걱정한다. 하지만 우리는 우리 자신도 제대로 돌보기 위해 균형을 유지해야 한다. 한 가지 전략은 자신의 포트폴리오에 사회적으로 검증된 ETF(미국의 사회책임경영 전문 투자 컨설팅회사인 KLD가 만든 지수와 연동한 펀드―옮긴이)와 덜 이상적이지만 수익률이 높은 펀드를 모두 포함하는 방법이다.

셋째, 시장 상황이 나쁠 때는 참고 견뎌야 한다는 것을 기억하라. 해가 뜨고 지듯이, 주식 시장도 부침이 있다. 손실이 발생할 때도 있고 이익이 발생할 때도 있다. 돈을 벌려면 위험을 받아들여야 한다. 관건은 얼마나 큰 위험을 감내할 수 있는가이다. 불가피하게 당신의 포트폴리오는 돈을 잃기도 하고 벌기도 하며, 때로는 글로벌 주식 시장의 상황에 따라 극적인 변화를 겪기도 한다. 이런 시장 변동성에 익숙하지 않다면 초조해질지 모른다. 하지만 곧 적응해서 새로운 상황에 익숙해질 것이다. 그러니 참고 견뎌야 한다.

마지막으로 매수 버튼을 누르기 전에 깨어 있고 침착해야 한다. 투자는 고정불변의 과학이 아니다. 트렌드가 있다. 기업공개부터 연금 상품과 첨단주에 이르기까지 새롭게 인기를 끄는 투자 상품들이 매시간 뉴스를 지배한다. 이런 정보들이 성급한 결정을 부추긴다. 그러므로 과장 광고에 현혹되지 말고 신중하게 행동해야 한다. 언론이 다룬 상품은 수요가 많아져서 가격이 올라간다. 그런 잡음에 귀 기울이지 마라. 부동산과 같은 다른 투자 상품도 마찬가지이다. 그럼, 다음은 부동산에 관한 이야기이다.

07

부동산 투자의 가치를 평가하라

주택 구입이 올바른 투자일까?

20대 중반에 집을 구입했을 때, 나는 성인이라면 모두 집을 사야 한다고 생각했다. 당신도 그렇게 생각했을 것이다. 토네이도 다발 지역인 토네이도 앨리Tornado Alley나 저지 쇼어Jersey Shore에 사는 것이 아니라면 주택은 무너지지 않는다. 가격도 오른다. 일반적으로 부동산은 탄탄한 투자 상품이었다. 적어도 나는 그렇게 생각했다. 집을 살 당시에 우리 아들은 아기였고, 남편과 나는 맨해튼에 살고 있었다. 우리는 브루클린에서 가격이 적당한 집을 찾아봤다. 그런 집이란 맨해튼에서 멀리 떨어져 있고 야외 공간이 전혀 없는 방 두 개짜리 아파트였다. 필라델피아였다면 30만 달러나 지출하지 않아도 정말로 좋은 동네에서 손님방이 딸린 큰 집을 살 수 있었다. 아마 그 집의 외벽은 스투코stucco가 아닌 천연석이고, 내가 좋아하는 절제된 우아함을 갖추었을 것이다. 나는 뉴욕에 사는 것을 포기하고 필라델피아에서 살면 어떨까 하고 생각했다. 필라델피아에서는 비용이 훨씬 적게 들었을 테니까.

나는 일이 잘못될 거라고는 생각하지 않았다. 우리 부부는 뉴욕 밖으로 이사하는 것으로 적당히 합의했는데, 그때 나는 진심으로 집이 훌륭한 투자라고 믿었다. 다른 사람들처럼 나 역시 최면 같은 것에 걸려 있었다. 내 선택에 대한 확신이 있다고 생각했지만, 실은 아무것도 모르고 있었다. 나는 동화 같은 머니 스토리, 즉 내가 이상적 삶이라고 생각하는 그런 생활에 빠져 있었지만, 내 이상은 라이프스타일(겉모습)이지 가치와는 무관했다. 알고 보면 우리가 하는 많은 일이 자기 이야기(자신이 어떤 사람인지 어떻게 자신을 드러낼지, 어떻게 안전을 확보하고 책임을 수행할지, 돈은 어떻게 다루는지 등)의 연장이다(2장에서 다룬 머니 스토리와 4장에서 다룬 머니 타입을 참조하라). 우리는 종종 집을 살 때 경제적 현실보다 감정에 더 많은 영향을 받는다.

내 사례를 생각해보자. 나는 큰 집을 샀고 터무니없이 야심에 찬 사업들을 몇 가지 시작했다. 나는 야망 때문에 대단히 심각한 어려움에 빠지기도 했다. 당신은 내가 저지른 실수를 통해 배워야 한다.

지금 나는 작은 집을 구입하는 사람들이 부럽다. 나를 만나기 전에 내 남자 친구는 중하위 계층 가정이 모여 사는 험한 동네에 25만 달러짜리 집을 샀었다. 남자 친구의 집은 그 동네에서 비교적 싼 편에 속했기에 경기가 회복되자 집값이 올랐다. 그의 선택은

(견고한 뿌리를 마련했으므로) 대단히 현명했다. 반면 내가 전남편과 함께 샀던 저택은 그 동네에서 가장 비싼 집이었기 때문에 나중에 집값이 내려갔다. 자신의 선택에 자신감이 생기기 전까지는 작게 시작하고 수입에 비해 검소하게 생활해라.

너의 집에 온 걸 환영해

1980년대 후반, 어린아이였던 나는 영화 〈머니 핏 The Money Pit〉을 즐겨 보았다. 영화에서 월터(톰 행크스 분)와 애나(쉘리 롱 분)는 헐값에 쓰러져가는 집을 구입한다. 그들은 그 집의 '독특함'에 매료되어 멋지게 수리를 하면 되겠지 하고 생각한다. 그러나 그 집을 사자마자 끔찍한 일들이 벌어지기 시작한다. 계단이 무너지고 파이프가 터진다. 현관문이 부서지고 전선에 불이 나는가 하면 벽에는 야생 동물의 둥지가 있었다. 그 집을 수리하겠다고 나서는 건축업자들은 사기꾼 예술가들뿐이었다. 그 영화는 코미디였지만, 이런 지옥 같은 삶을 사는 집주인들이 아주 많다. 어렸을 때 이 영화를 적어도 스무 번은 봤는데도, 어른이 되었을 때 나는 그 영화가 주는 교훈을 명확하게 이해하지 **못했다**. 내가 말하는 교훈이란 부동산, 특히 '집'에 대해 낭만적인 생각을 품지 말라는 것이다.

출신이 정체성을 형성한다. 우리가 매일 밤 돌아가는 장소는 우리의 불안을 잠재운다. 그러므로 사는 곳이 우리의 본질을 드러낸다는 말은 이치에 맞다. 그리고 우리가 집(주택이든 아파트든 오두막집이든 레저용 차량이든 저택이든)을 **살 때**, 감정적 요소가 대단히 많이 개입한다. 독신은 첫 아파트를 사는 것으로 독립성이 확보된다. 기혼자에게는 주택 구매가 평화와 안전을 약속하는 것처럼 보인다. 그러니까 집을 사는 행위에는 수많은 기대가 들어있다. 전에 한 번도 부동산을 가져 본 적이 없는 사람들이 특히 이런 이상주의에 많이 빠진다. 그때가 환상이 가장 강력해지는 순간이다. 우리 부부도 집을 살 때 미래의 우리 모습을 머릿속에 그려보았다. 마음대로 꾸밀 수 있는 잔디가 있다면 기분이 어떨까? 하얀 울타리와 채소 정원 그리고 어린이용 모래 상자가 마당에 있다면? 그곳에서 예쁜 식기를 펼쳐 놓고 저녁 모임을 연다면 얼마나 좋을까? 이런 것들이 세상에 주는 의미가 있다. 집이 있다는 것은 어른이 되어 자리를 잡았고, 헌신적이고 가치 있는 사회 구성원이 되었으며, 안정되고 세련되며 풍요로운 삶을 살고 있다는 표시이다. 우리에게 소속이 생긴 것이다.

내 친구이자 기자인 수전 그레고리 토머스에 따르면, X세대가 특히 그런 모습을 보인다고 한다. 수전은 다음과 같은 글을 지난 2009년(주택 시장이 매우 위태로웠을 때)에 썼는데, 요즘 상황에도 잘 들어맞는다.

> 올랜도와 애너하임에서 열리는 마케팅 세미나에 참가했을 때, 나는 우리에게 얹혀 있던 먼지가 1970년대와 1980년대 우리 부모 세대의 집단 이혼이 오늘날 부모가 된 우리의 행동에 영향을 미친 흔적이라는 사실을 깨달았다. 우리는 여전히 자기 자신을 아웃사이더로, 그리고 베이비붐 세대의 겉치레를 조롱하는 냉소주의자로 여긴다. 하지만 이는 우리 내면에 감상적인 면이 있다

는 사실을 은폐하려는 행동이다. 우리는 자녀들에게 집착한다. 오늘날 어린 자녀를 둔 X세대는 미국 역사상 가장 많이 가족에게 헌신하는 사람이라고 한다. 우리 세대는 어린 시절에 경험했던, 형편없던 삶을 자녀가 살지 않도록 무슨 일이든 할 것이다.

심리학의 관점에서 보면, 그런 태도는 어느 정도 이해할 만하다. 어린 시절에 혼자서 집을 지키곤 했던 X세대는 끊임없이 권위를 불신한다. 이를 입증하는 증거는 아주 많다. 예를 들어 우리는 상사에게 아첨하는 것을 끔찍하게 싫어하고, 자발적으로 일할 때 기분이 좋아지므로 자기가 좋아하는 일을 하려고 한다. 하지만 주택 시장의 거품이 부풀어 오르기 시작하자 역학 변화가 일어났다. 은행에 가서 대출 승인을 요청하는 부모가 된 것이다.

은행이 우리에게 집을 주었다! 늘 은밀하게 바라왔던 사과와 위로를 드디어 얻게 되었기에, 우리는 어린아이마냥 들떴다. 은행이 우리에게 이렇게 말한다. "네가 어릴 때는 진짜 가정을 가지지 못했지만, 열심히 일해서 혼자 힘으로 해냈으니 우리가 너와 네 아이들에게 집을 줄게... 너의 집에 온 걸 환영해. 네가 성취한 거라고."

수전도 지적했지만(그리고 모두가 다 아는 사실이지만), 만약 꼭 해야 하는 조사를 하지 않고 또는 필요한 재정 지원을 마련하지 않은 채 낭만적인 생각만으로 부동산을 구입한다면, 당신은 값비싼 대가를 치를 것이다.

감정에 치우친 결정은 안 된다

우리 여성은 주택 소유가 재정 안정성과 순자산을 확보하는 방법이라고 확신했다. 옛말에도 집세를 내면 매달 돈을 버리는 것이라고 했다. 사는 행위는 나중에 가치가 오를 유형 자산에 투자하는 것을 의미한다. 당신은 자기 돈이 집주인의 주머니 속으로 들어가지 않고 자신이 소유하고 있는 다른 자산으로 이동할 것으로 생각한다. 하지만 우리가 이 책에서 언급했던 다른 주제들처럼, 이런 생각이 어디에서 비롯됐는지 묻지 않을 수 없다. 주택을 소유하는 행위가 항상 합리적인 것일까? 지금 당장 **당신**에게 적합한 결정일까?

데일리워스의 광고책임자 마르티나 푸가조토는 2012년에 첫 아파트를 샀다. 남자 친구와 달리 그녀는 집을 살 준비가 되어 있었다. 그래서 아버지에게서 조언과 지원을 받아 마르티나는 가격이 빠르게 오르고 있었던 브루클린 지역에 집을 샀다. 그녀의 나이는 서른 즈음이었다. 이는 감정에 치우친 결정이었다. 집을 구입하기 전 9년간 다섯 차례나 셋집을 옮겨야 했던 마르티나는 이렇게 말했다. "셋집에 살 때는 조만간 이사할 계획이라서 커튼을 거는 것조차 망설였어요. 그리고 셋집에서는 **나만의** 공간이라는 느낌이 전혀 들지 않았어요."

그녀는 자신만의 공간을 찾았고, 동시에 몇 가지 놀라운 일이 일어났다. 집을 구입한지 4개월 후에 온수기가 터졌다. 처음에 마르티나는 누구에게 그것을 고쳐달라고 할지 몰랐다. 그러다 현실이 파악되기 시작했다. 그것을 고치는 것은 **자신**의 몫이었다. 그녀가 직접 고치거나 아니면 누군가를 고용하더라도 연락은 직접 해야 했다. 이것이 바로 주택 소유자의 세계이다.

"저는 이런 부분에 대해 순진했어요. 제가 신속하게 처리해야 하는 일이 그렇게 많을 거라고는 생각하지 못했죠. 마음속에서는 화장실이나 주방을 고치는 것처럼 집을 꾸미는 일만 생각했었어요." 많은 사람처럼 마르티나도 새로 구입한 집의 겉모습에 현혹되었다. 집은 환하고 현대적이었다. 하지만 아름다운 겉모습의 내부는 저렴한 부품과 자재로 이루어져 있었다. "그 집은 판매용으로 예쁘게 꾸민 것이어서 곧 망가지기 시작하더군요. 7년이 겨우 지났을 무렵, 주방 싱크대 아래에 있던 파이프가 녹슬기 시작했어요."

솔직히 부동산은 돈이 많이 든다. 간혹 성공하는 경우도 있다. 그래서 투자 상품이 되기도 하고 또는 새로운 수입을 창출해내는 일종의 뿌리가 되기도 한다. 마르티나와 같은 아파트에 살던 그녀의 이웃은 30만 달러에 집을 사서 몇 년 후에 백만 달러를 받고 팔았다(뉴욕 부동산은 거의 항상 가격이 오른다). 그 이웃은 투자에 성공한 것이다. 집을 관리하고 수리하는 데 골치가 아프기는 하지만, 마르티나의 아파트도 시장 상황이 계속 좋다면 언젠가는 귀한 자산이 될 것이다.

돈을 벌 수도 있는 사람들?

하지만 손실도 피할 수 없는 현실이다. 2008년과 2009년에 부동산 시장이 붕괴했을 때, 많은 사람이 집을 구입할 때 내는 계약금을 거의 한 푼도 내지 않았던 탓에 터무니없는 주택담보 대출 조건에 갇혀 옴짝달싹 못했다. 부동산중개인협회에서 발표한 내용을 보면, 2005년과 2006년에 첫 집을 구입한 사람들의 40%(이는 엄청난 수치이다)가 계약금을 한 푼도 내지 않았고, 고작 2%만 낸 사람들도 많았다. 이 사람들은 집값이 담보 가치 밑으로 하락하는 모습을 지켜보면서, 자신이 대출에 묶여 있음을 깨달았다. 다시 말해서 그들은 집을 사는 데 거의 아무것도 투자하지 않았지만, 잔뜩 증가한 상환금을 갚아야 할 책임은 있었다. 빚이 갑자기 너무 많아지자 상환금을 전혀 갚지 못하는 사람들이 생겼다. 이런 비정상적인 상황을 만든 장본인은 당연히 부동산 거품이었지만, 만약 주택구입자들이 조금이라도 지식이 있었다면 집을 매입하는 순간에 자신이 골칫거리에 서명하고 있다는 것을 알았을 것이다. 그들은 재난을 피할 수 있었다. 하지만 많은 사람이 그러지 못했다.

한 번 더 말하지만, 다음과 같은 수전의 해석은 지금도 여전히 타당하다.

X세대는 이전 세대보다 주택을 투자로 생각하는 경향이 강한데, (당신도 추측했겠지만) 그 이유는 대체로 1990년대 경기침체와 뒤이어 등장한 2000년대 초반의 주식 시장 붕괴에서 기인한다. 닷컴 버블 시대가 남긴 잔해더미를 겨우 헤쳐 나온 사람들에게 계약금 비율이 낮거나 전혀 없는 주택과 변동금리형 주택담보 대출ARM, Adjustable Rate Mortgage(대출 실행 후 3~5년 정도는 고정금리를, 이후는 변동금리를 적용하는 대출상품—옮긴이)은 거부하기 어려운 상품이었다. 실제로 전국부동산중개인협회가 조사

한 내용에 따르면, 2005년과 2006년에 첫 집을 구입한 사람들의 40%는 계약금 납부 조건이 없는 주택담보 대출을 받았다. 당시 사람들이 지출했던 계약금의 중간값은 2%에 불과했다.

이런 현상은 다음과 같은 심리가 집단으로 작용했기 때문으로 보인다. 주식은 망했으니 부동산 투자에 성공해서 대출을 갚겠다는 것이다. 이는 불사조 같은 X세대에게는 쉬운 결정 같아 보였다. 세대 차이에 관한 연구로 널리 인용되는 2004년 보고서도 언급했지만, 어쨌든 X세대는 "미국 역사상 가장 부모의 보살핌을 받지 못한 세대로 대단히 중요한 시대를 거쳤다." X세대의 50%는 부모가 결별했고, 40%는 맞벌이 가정에서 자랐다. 그래서 항상 X세대는 혼자 힘으로 서야 했고, 세상에 제대로 한 방 날렸다.

('하버드 보고서'에서 확인했듯이) "X세대는 상류층이 되는 데 관심이 많았고 기회도 있었다." 은행들은 이런 생각을 바로잡아줄 마음이 전혀 없었다. 개인적인 일화를 소개하겠다. 2002년에 5년 변동금리형 주택담보 대출에 서명하고 났을 때, 와무 WaMu(미국 최대 저축은행인 Washington Mutual의 약자로, 2008년 세계 금융위기의 여파로 지금은 사라졌다.―옮긴이)의 대출담당자가 나와 남편에게 지금은 현금이 부족하더라도 앞으로는 돈을 **벌 수도 있는** 사람이라고 말했던 것을 기억한다. 그의 말에 따르면, 우리 부부는 은행이 '투자'하고 싶은 부류에 속하는 사람들이었다.

이런 그릇된 자신감은 파우스트처럼 영혼을 파는 거래로 이어졌다. 내 친구 수전과 나에게, 그리고 미국 전역에서 그와 같은 일이 발생했다. 당신에게는 일어나지 않도록 하라.

집수리에 대비하라

이렇게 생각해보자. 당신은 아주 오랫동안 대출 기관의 소유인 무언가에 수십만 달러를 묻어두었다. 그것은 (은행이 아닌) **당신**이 (계약금을 넉넉하게 내거나 대출금을 많이 갚아서) 지분을 많이 소유할 때까지 뿌리가 아니다. 당신이 소유한 주택의 가치는 서서히 오르는데, 종종 퇴직연금 계좌의 수익률보다 더디다. 그리고 주식과 달리 부동산은 관리비가 많이 든다. 나무가 지붕으로 쓰러지기도 하고, 보일러가 터지거나, 창문에 금이 가거나, 누수가 되기도 한다. 그러므로 집수리에 대비해서 자금을 미리 마련해야 한다. 당신의 대비책은 얼마나 안전한가?

많은 사람(낡은 집을 고쳐서 파는 사람들이나 엄청난 부자를 제외하고)에게 집이란 '매입 보유'가 가능한 투자 상품이다. 집값은 시장 상황에 영향을 받는다. 또한 집은 손이 많이 간다. 이 두 가지 이유로 수년 동안 부동산에 현금이 묶이고, 그 결과 장기 계획을 세우지 못하게 된다. 부동산에 대해 낭만적인 생각을 품었다가 최근에 생각을 바꾼 마르티나는 이렇게 말한다. "저는 집수리에 필요한 모든 일을 긴급한 순서대로 스프레드시트에 목록으로 작성해 놓았어요. 매달 위에서부터 아래로 목록을 지워가고 있답니다. 지난 크리스마스 때는 아빠가 선물로 '욕실 수리자금'에 돈을 넣어주시기도 했어요!" 마르티나는 정말로 따뜻하게 크리스마스를 보냈으리라.

뭐든 일단 사라?

지금부터는 무엇이 부동산을 훌륭한 뿌리로 만드는지(그리고 다른 선택은 언제 하는 것이 좋은지)를 면밀하게 살펴보자. 성공한 여성 기업가를 대상으로 하는 고급 잡지 〈디바인 리빙Divine Living〉의 창립자이자 성공한 지도자인 지나 드비Gina DeVee는 다른 많은 여성처럼 자신도 직장 생활을 처음 시작했을 때는 집을 살 여력이 없었다고 한다. 그녀가 돈을 많이 벌기 시작하자 부동산을 사라는 압박이 심해졌다. **뭐든 일단 사**라는 메시지가 담긴 다음과 같은 말들이 주변에서 들렸다. 일단 저지르고 나서 돈을 그만 쓰면 된다. 당신이 쓰레기장 같은 곳에 사는지, 아무도 못 들어 본 동네에 사는지 누구도 신경 쓰지 않는다. 그러니 부동산에 투자하라.

하지만 사업가였던 그녀는 다른 방식으로 이 문제에 접근했다. 지나는 이렇게 말했다. "행동으로 옮기기 전에 주택 구입에 수반되는 비용을 좀 더 자세하게 들여다봤어요. 계약금으로 얼마나 필요한지, 세금으로 얼마나 내야 하는지, 가구 구입비는 말할 것도 없고 관리비와 개조 비용까지 계산하고 났더니 사람들이 말하던 법칙이 갑자기 타당성을 잃더군요. 제가 정말로 살고 싶은 집은 구입하지 못하리라는 것을 깨달았어요. 그런 집은 제게 너무나 비싼 데다, 사업을 하면서 집에 돈을 쓰고 싶은지 의문이 생기더라고요."

이런 접근법은 지나에게 도움이 되었다. 그녀는 집을 구입하는 대신 자신의 라이프스타일의 품격을 높였고, 덕분에 고급 취향을 가진 고객만 이용할 수 있는 전용 파티를 자신의 고급 임대주택에서 열 수 있었다. 장기간 여행을 떠날 때는 임대료를 내지 않았기에, 2008년에 부동산 시장이 붕괴했을 때에도 손실 없이 무사히 견뎌냈다. 조사를 철저히 하고 자신의 직감을 믿으며 감정에 치우치지 않은 결정을 내린 덕분에, 지나는 **자신**의 삶에서 정말로 필요한 일을 할 수 있었다. 이 점이 중요하다.

2016년에 하버드 대학교 주택합동연구센터가 발표한 보고서를 보면, 거의 40%의 미국인이 임대주택에 살고 있는데 이 비율은 1960년대 중반 이후 사상 최고치였다. 현재 당신의 재정 상황에 유리한 것은 집을 임차하는 것인가 아니면 소유하는 것인가? 온라인(구글 검색을 통해)에서 계산기를 이용해서 임차와 구입 중 어느 것이 유리한지 따져보면 알 수 있다. 금융 정보를 제공하는 여러 사이트에도 계산기가 있다. 현실적인 결정을 하려면 숫자를 보는 것만큼 좋은 방법도 없다. 만약 당신이 임차를 결정한다면 주택 담보 대출이나 유지보수비로 사용할 돈을 퇴직연금 계좌에 적립할 수 있다. 주택담보 대출은 강제성을 띠는 저축과 비슷하다. 그러므로 만약 집을 임차하고 있다면, 상환금으로 지출할 돈을 투자금으로 돌리면 어떨까? 이는 매우 훌륭한 투자이다.

누가 거래를 마다하겠는가

주택 구입으로 정서적·금전적 이익을 얻을 수 있는 상황을 생각해보자. 집은 평생 자신이 어떤 사람이고 어떤 위치에 있는지를 보여준다. 수입은 얼마인가? 앞으로 그 수입이 늘어날 것인가? 언제 늘어날 것인가? 현재 빚은 얼마인가? 신용도는 어떤가? 지금까지 저축한 금액은 얼마인가? 이런 정보들이 거주하는 집에 담긴다. 부동산 투자에는 엄격하게 정해진 규칙이 없으므로, 지침이 되는 원리와 잠들지 않게 도와주는 회복력만 학습하면 된다. 전에 한 번도 집을 가져본 적이 없다면 작게 시작하는 것이 좋다. 작은 집을 사라. 내가 그랬던 것처럼 집을 줄여 가기란 훨씬 어렵다. 실제로 나는 큰 집을 사서 충분히 고생하고 난 후에, 지금은 셋집에 살고 있다. 정말이다. 세를 얻어 사는 것이 현재 내게는 좀 더 합리적인 방법이다.

또한 자신이 감당할 수 있는 대출 규모와 이용 가능한 대출 상품을 제대로 알아야 한다. 은행은 당신이 계산한 금액보다 훨씬 더 많은 대출금을 승인할 것이다. 은행(혹은 다른 대출 기관)은 당신의 계산이 잘못됐다고 말할 뿐이다. 누가 거래를 마다하겠는가? 당신은 집에 쓰는 돈을 줄일 수 있는데 왜 그렇게 하지 않는가? 재무상담사인 카르멘 리타 웡의 말처럼, 당신은 그 거래의 당사자이다. 당신은 자신에게 적용되는 주택담보 대출 금리를 낮추는 데 얼마나 영향을 미칠 수 있는가? 금리를 거의 낮출 수 없다면(말하자면 주택 매매가의 3~5% 정도), 그 의미는 **당신이** 고위험 채무자이므로 높은 금리를 적용받는다는 것이다. 그리고 (실질적으로 그 집은 당신 소유가 아니므로) 당분간 당신은 그 집을 담보로 다른 대출을 받지 못할 것이다. 은행이나 정부가 당신 집의 대부분을 소유하고 있다. 장기간 이자를 낸다는 것은 매달 대출금을 상환해서 집을 완전히 소유하기까지 꽤 오랜 시간이 걸린다는 의미이다. 그동안에는 집이 뿌리가 되지 못한다!

적정 수준인 집값의 20%를 계약금으로 지불한다고 해도 벅차기는 마찬가지이다. 집을 줄여야 할까? 설마 아파트로 가야 할까? 만약 주택을 소유하고 싶다면, 집주인으로서 처리해야 할 일들이 상당히 많으므로 자신이 보유한 현금의 움직임을 미리 파악해 두는 것이 좋다. 또한 집을 살 때 계약금을 많이 내면, 나중에 팔았을 때 더 많은 현금을 가져갈 수 있다. 리타 웡은 이렇게 말한다. "손해를 봤거나 투자할 돈이 한 푼도 없을 때, 집을 파는 것보다 손실이 나고 있는 주식을 파는 것이 훨씬 쉽습니다."

대출금 상환하기

유혹에 저항하라. 당신이 계산한 숫자를 고수해라. 어쨌든 주택담보 대출이란 집을 살 때 지게 되는 빚이다. 집은 대출을 받기 위한 담보이다. 대출을 받을 때 15년짜리를 받을 것인가, 30년짜리를 받을 것인가? 30년 만기로 대출을 받으면 매달 상환하는 금액은 적어지지만 금리는 더 높으므로, 많은 이자를 더 오랫동안 내야 하고 지분을 확보하는 시간도 길어진다.

예를 들어, 금리 5%로 10만 달러를 대출받아 30년 동안 갚는다면, 당신은 매달 477달러를 360회로 나눠 내면서 총 17만 1,870달러를 상환하게 된다. 즉 10만 달러를 대출받아 이자로만 7만 1,870달러를 지출하는 셈이다. 또한 대출을 받은 초기에는 원금(주택의 지분)이 아니라 거의 이자만 상환하게 된다는 점을 기억해라. 그러니까 당신은 **계약금**만 내고 구입한 **주택의 지분**을 확보하기 위해 **대출금**을 **상환**하고 있다. 그렇다면 첫 10년 동안 집에 대해서 무엇을 기대하는 것일까? 그것은 바로 부동산 가격의 상승이다. 15년 만기 주택담보 대출을 받는다면 이자를 덜 내고 (당신의 순자산에 직접 영향을 주는) 지분 확보에 시간이 적게 걸리므로 당신에게 유리하다고 할 수 있다. 이것이 바로 우리가 원하는 것이다.

어쨌든 집을 살 때는 집값이 오른다는 확신이 있거나 적어도 10년간 그 집에 거주할 계획이 있어야 한다. 그렇지 않으면 주택 구입이 순자산에 별 도움이 되지 않고, 단순히 **라이프스타일**을 위한 선택이 된다. 그리고 주택담보 대출을 받을 때는 똑똑하게 행동해야 한다. 놀랍게도 많은 사람이 대출을 받을 때 상품을 다양하게 알아보지 않는다. 소비자금융보호국에 따르면, 주택 구입자의 거의 50%가 자신에게 유리한 상품을 알아보지 않는다고 한다. 왜 그럴까?

사람들은 대출을 받는 과정에 겁을 먹는다. 하지만 머니 스토리에 굴복하거나 머니 코마에 빠지지 말아야 한다. 금융 용어를 이해하고 나면 복잡하지 않다. 대출이 어떻게 진행되고 자신에게 가장 유리한 대출 상품이 무엇인지 배워라. 당신의 돈이니 **당신의 가치관과 방식**에 따르면 된다. 게임 밖으로 나가지 말고, 자신에게 가장 유리한 금리 상품을 이용하라. 자신이 무엇을 감당할 수 있는지 생각해 보면, 즉각적 만족보다 장기적 재무 건전성에 무게를 두고 알맞은 해답을 찾게 될 것이다.

집은 돈이 많이 든다

집을 사면 지출이 계속 증가한다. 처음 몇 년은 대출금만 상환하면 된다. 그다음에는 법률비용, 주택점검비용, 안전테스트 비용(석면, 납, 라돈 등), 이사비용, 가구 구입비용, 각종 수리비용 등 집과 관련된 온갖 비용이 발생한다. 만약 몇 년 후에 집을 팔아야 할 경우, 정말로 집값이 크게 상승한 지역이 아니라면 손해를 보거나 겨우 손해를 면할 수준이 될 것이다.

근무지가 변경되거나 이혼을 하거나 사정이 생겨 가족이 뿔뿔이 흩어지는 일은 생기기 마련이다. 또한 집값은 경제 상황에 따라 오르락내리락한다. 즉 지금 집을 사서 바로 팔게 되면 손해를 보고 팔아야 할 수도 있다는 의미이다. 으악, 이건 너무 값비싼 경험이다. 가능하다면 최소 5년 동안은 구입한 집에 거주하는 것이 좋다. 10년을 거주할 수 있다면 더욱 좋고, 그 이상 거주한다면 훨씬 좋다. 만약 이사 계획이 없고 수입이 꾸준히 오르거나 적어도 안정적이라면 집을 사는 것도 괜찮다.

게다가 집은 돈이 많이 든다. 일단 집을 사고 나면 고정 지출이 증가하기 시작한다. 공과금이 셋집에 살 때보다 3배나 늘어나기도 한다. 재산세를 내고 쓰레기 처리비도 부담해야 한다. 마당 관리는 어떤가? 관목의 가지를 치고 꽃밭의 잡초를 뽑는 일은 누가 할 것인가? 당신이 이 비용들을 감당하면서 여전히 생활을 유지할 수 있는 가장 좋은 방법은 **돈을 충분히 많이 버는 것**이다. 텍사스 주 휴스턴 출신의 공인 재무 설계사 리처드 로쏘는 이렇게 말한다. "주택담보 대출 상환금이 절대로 연간 가계 총소득을 초과해서는 안 됩니다. 이 원칙을 명심하면, 집을 구입할 때 감정적 요소를 제거해서 집을 그저 벽과 지붕으로 이루어진 골칫거리로 인식하게 도와줄 겁니다."

당신의 월급은 얼마인가? 현금이 충분하지 않으면 당신은 '하우스 푸어'가 되어 집이라는 덫에 갇힌다. 이것은 끔찍한 일이다. 집을 구입하기 전에 매달 세전 소득의 30%(더는 안 된다) 정도를 집과 관련된 부대비용으로 지출할 여력이 있는지 확인해라. 부대비용에는 주택담보 대출 상환금과 재산세, 관리비와 집수리비가 포함된다. 그리고 고려할 점이 또 하나 있다. 주택구입비의 50%를 현금으로 마련할 때까지 집을 사지 마라. 그러니까 30만 달러짜리 집을 사려면, 15만 달러를 저축해야 한다. 내가 제정신이 아니라고 생각하는가? 한 집에 5년 이상 거주하고 있는 사람에게 지금까지 집 때문에 지출한 돈을 모두 더해보라고 해라. 당신이 알고 있는 집값의 50%에 가까울 것이다. 아무리 꼼꼼한 홈인스펙터 home inspector(주택 매매 전 하자 여부를 사전 점검하는 사람—옮긴이)라도 모든 하자를 찾아서 알려주지는 못하므로 나름의 대비책을 마련해야 한다. 당신은 집 말고 다른 것에 저축하거나 투자하지 못할 것이다. 왜 그렇게 힘들게 살아야 하는가? 파산하지 않을 수 있는 상황을 찾아보라.

당신의 소득은 계속 오르거나 적어도 물가상승률(3%) 정도는 따라잡을 수 있어야 한다. 물가는 시간에 따라 오르고, 부동산의 가치도 예상외로 갑자기 증가한다. 예를 들어 시카고는 2016년과 2019년 사이에 재산세가 13%나 오를 것으로 예상된다.

뿌리로 전환하기

막대한 비용을 치르고 주택을 구입한 다음 재정적으로 회복(몇 년이 걸릴 수 있다)하고 나면, 주택 소유자로서 혜택을 누리기 시작할 것이다. 부담하는 상환금이 적어질수록 지분은 많아진다. 구입한 주택이 자산이 되면, 나중에 그것을 담보로 대출을 받을 수 있다. 당신의 순자산은 상승한다. 유사시에는 주택을 팔 수 있다. 팔지 않고 대출금을 전부 상환할 때까지 보유하게 되면, 주택의 지분을 온전히 소유하는 것이므로 남은 일생을 마음 편하게 살 수 있고 돈에서 자유로워진다. 당신의 값비싼 물건이 뿌리로 전환되는 순간이다. 축하할 일이다.

지금까지는 주택을 소유한다고 해서 반드시 안전이 보장되는 것은 아니라고 경고했지만, 이제는 믿을 수 없는 성공담을 들려줄까 한다. 이 이야기는 부동산으로도 성공할 수 있다는 사실을 보여준다. 부동산은 그 가치가 대체로 퇴직연금(또는 시장 상황을 이용한 다른 투자 상품)보다 더디게 증가하지만, 다른 투자로 얻지 못하는 소득을 창출할 수 있다. 만세! 이는 정말 중요하다.

2012년 10월, 켈시 딕슨 부부는 고향인 펜실베이니아 주 요크에서 2층짜리 주거용 건물을 첫 집으로 구입했다. 갓 대학을 졸업한 켈시 부부는 전공과 관련된 직장에 취직했고, 부부의 저축액은 3만 5,000달러였다. 인상적이지 않은가?

사실 켈시는 고등학생 때 이미 순자산을 플러스로 만들겠다는 계획을 세웠었다(눈이 휘둥그레질 일이다!). 그녀는 자신 있게 이렇게 말한다. "저는 저축과 돈, 투자가 계속 제 기능을 해야지 자리에 그냥 머물러 있으면 안 된다고 생각해요." 켈시의 가족과 그녀의 남편은 이런 생각을 지지했다. 켈시 역시 운이 좋았는데, 그녀의 고향은 켈시 부부가 집을 살 수 있을 정도로 비싸지 않은 지역이었기 때문이다.

켈시 부부는 건물의 반을 살림집으로 사용했고, 나머지 반은 세를 놓았다. 집수리비로 만 달러가 발생했다. 벽난로를 교체하고 식기세척기와 시스템 에어컨을 설치해야 했기 때문이다. 그들은 꼭대기 층을 개조해서 욕실이 딸린 침실을 하나 만들었다. 하지만 주택을 개조한 덕분에 임대료는 25%나 올랐다. 켈시는 주택담보 대출 상환금으로 매월 1,000달러 정도 내고 있었는데, 임차인에게 받은 월세로 650달러를 충당했다. 영리한 일이다.

1년 후에 켈시 부부는 저축한 금액으로 투자용 부동산을 하나 더 구입했다. 굉장하다. 켈시는 이렇게 말한다. "제 남편 웨스는 손재주가 좋고 지는 사람을 잘 상대해요. 투자용 부동산을 구입해서 집주인 노릇을 하는 것이 제게 잘 어울렸어요. 저희 부부는 저희보다 나이가 두 배나 많은 사람에게도 세를 놓았어요." 켈시의 시동생과 시아버지가 전기공사와 건설업에 종사하는 것도 도움이 되었는데, 두 사람은 첼시의 두 번째 부동산을 수리하는 것을 맡아주었다.

투자용으로 구입한 집은 지붕과 차량 진입로, 전기시설을 새로 해야 했기에 켈시 부부는 그동안 저축한 금액과 대출을 받아 비용을 충당했다. 그런 후에 세입자를 들였다. "저희 부부는 금방 회복했어요. 월세로 각각 600달러와 650달러를 받았어요. 대출 상환금은 매달 463달러밖에 되지 않았어요." 정말 멋진 일이다.

2014년 중반 무렵, 켈시 부부는 스물네 살이라는 어린 나이에 이미 부동산 소유자가 되어 있었다. 하지만 어렸던 그들은 가만히 있지 못했다. 웨스는 사무직이 아닌 다른 일을 해보고 싶었고, 아이는 아직 가질 생각이 없었다. 스물다섯이 되었을 때 켈시는 이렇게 말했다. "저희는 세상을 구경하고 새로운 일을 해보고 싶었어요. 그래서 훌륭한 직장을 그만두고 차에 짐을 싣고는 시애틀에 정착했어요. 모험심에서요."

웨스의 동생이 요크에 남아서 켈시 부부의 부동산을 관리해주었다. 켈시는 밀레니얼 세대를 대상으로 하는 마케팅 회사를 차렸고, 웨스는 목수 일을 배우기 시작했다. 켈시는 이렇게 말한다. "임대 수입이 연간 1만 2,000달러였는데, 이 돈은 거의 시애틀 집의 세를 내는 데 썼어요. 앞으로 10년 정도면 두 번째 집의 주택담보 대출을 다 갚을 수 있어요. 그러니까 저희 부부가 서른다섯이 되면 집 두 채에서 벌어들이는 임대 소득을 전부 가져갈 수 있다는 말이에요. 물론 갑작스럽게 발생하는 비용은 제외해야겠죠."

켈시는 스스로 운이 좋다고 생각하고 있으며, 그렇게 든든하게 출발한 것에 감사하고 있다. "일찍부터 뿌리를 만든 덕분에 목표를 달성하고 꿈도 이룰 수 있게 되었어요. 이것은 시작에 불과해요!" 켈시 부부의 꿈은 칠레에서 자원봉사 활동을 하며 스페인어를 배우고, 아시아로 배낭여행을 떠나며, 유럽에서 일한 다음 다시 펜실베이니아로 돌아와서 아이를 낳는 것이다. 켈시는 가능성이 무궁무진하다고 말한다. 당신도 자랑할 이야기가 있으면 해보라. 흥!

자신에게 유리하게 이용하기

켈시의 이야기에서 무엇을 배울 수 있을까? 켈시의 성공에 어느 정도 운이 **작용했다**고 말하면서 당신을 오도하고 싶지는 않다. 그녀는 집값이 비싸지 않은 지역 출신이었다. 그녀는 배선과 배관, 보수 작업을 할 때 가족의 도움을 받을 수 있었기에 돈을 많이 절약할 수 있었고 머리도 덜 아플 수 있었다. 또한 저축을 충분히 할 수 있을 정도로 괜찮은 직장에 다녔다. 모두가 켈시처럼 유리하게 출발하는 것은 아니다. 하지만 그녀의 이야기에는 배울 점이 많다. 그녀의 성공 비결은 저축과 투자를 중요하게 여기는 마음가짐이다.

켈시는 빚을 갚고 저축하는 것이 중요하다고 생각했다. 그리고 현금을 붙들고 있지 않았다. 그녀는 그 돈을 **투자**했다. 좋은 기회를 발견하고, 남편 및 다른 가족과 협력했으며, 예측이 가능한 위험은 받아들였다. 주택을 사서 개조한 다음 세를 놓았다. 20대 초반에는 아무것도 몰랐지만 집주인이 된다는 것에 대해 공부했다. 그녀에게는 전략이 있었다. 부동산을 구입할 때 현금이 부족하지 않았다. 돈이 많이 드는 집을 **구입할 수 있었지만**, 그러지 않았다. 그녀는 신중하게 생각하고 선택했다. 집을 관리하고 세를 놓는 일에 부담을 **느꼈을 수도** 있다. 하지만 임대료를 책정해서 거두는 방법, 공과금과 보험료, 각종 수수료 등을 처리하는 방법을 혼자서 배웠다. 그녀는 꼼꼼한 사람이었으므로 열심히 노력해서 자신이 잘 알지 못했던 일도 해냈고, 주변 환경과 자원을 활용했다.

뿌리와 날개를 동시에 구축하는 것이 이상적이다. 켈시는 두 가지를 어떻게 만드는지 알고 있었다. 우선 든든한 저축이 있었기에 뿌리에 투자할 수 있었다. 그다음에 그 뿌리가 소득을 창출해냄으로써 날개를 지원하기 시작했다. 대부분은 나이가 들어 급여가 충분히 많아질 때까지 기다린다. 하지만 켈시는 살짝 질투가 날 정도로 모든 일을 잘 해냈다.

난방기를 가동해 보라

자신의 분수에 맞지 않게 생활하고 싶은 유혹에 저항하라. 사치스러운 생활을 하도록 유도하는 온갖 유혹이 있다. 하지만 처음부터 자신을 재정난에 빠지게 하고 싶은 사람은 아무도 없을 것이다. 가격이 오르고 있지만, 아직 최고가에 도달하지 않는 지역에 집을 사라. 켈시 부부는 2층 주택이 14만 달러밖에 하지 않는 작은 도시에서 집을 구입했다. 그 도시는 뉴욕이나 샌프란시스코보다 훨씬 집을 사기에 적당한 지역이다. (행동으로 옮기라는 의미는 아니다. 하지만 가능하다면 게임에 참여하는 것이 좋다. 당신 마음이다.)

당신이 살고 싶은 지역의 집들을 살펴보라. 주변 집들이 얼마에 팔렸는가? 현재 집값은? 제일 비싼 집은 사면 안 된다. 가격이 상승할 가능성(당신이 계산할 수 있는 범위 내에서)이 있는 집을 구입해라. 혹시 DIY를 좋아하는가? 그렇다면 낡은 집을 사서 수리한 다음 되파는 방법도 고려할 만하다. DIY를 별로 좋아하지 않는다면, 주택을 개조하는 데 추가로 들어갈 비용과 시간을 계산해보라. 만약 예상하는 비용의 **두 배**에 해당하는 예산이 있고 인내심도 있다면, 그렇게 하라. 주택 개조는 계획했던 것보다 항상 시간과 비용이 많이 소요되며, 사전에 몰랐던 문제들도 발생한다. 그러므로 자신의 성향과 처해 있는 상황을 충분히 파악해야 한다. 모두 유용한 정보이다.

주변 집값을 조사하지 않거나 주택의 하자 여부를 점검하지 않거나 주택담보 대출 상품을 다양하게 알아보지 않은 채 부동산 계약을 하는 행위는 큰 손실로 이어지는 실수이다. 따라서 서두르지 마라. 몇 달을 할애해서 주변 지역을 살펴보고 부동산 중개인과 상담하며 돈을 절약할 수 있는 다양한 주택담보 대출 상품을 조사해야 한다. 자신이 원하는 지역을 확실히 찾을 때까지 어쩌면 1년 정도 그 주변 지역에서 세를 얻어 살아야 할지도 모른다. 다시 말해 조사할 시간을 충분히 가져야 한다는 의미이다.

오랫동안 임대주택에 살았다면, 신시아 램너레이스처럼 구입할 집을 찾을 때도 셋집을 알아보는 것과 비슷하다고 생각할지 모른다. 즉 집을 보러 다닐 때 붙박이장은 충분한지, 물은 잘 나오는지, 혹은 전망이 괜찮은지 등을 살펴본다는 이야기이다. 그러나 주택을 살 때는 셋집을 알아볼 때와 다르다. 대단히 현실적으로 행동해야 한다. 문을 열어보고 카펫을 들춰보고 손전등도 비춰보며 질문도 많이 해야 한다. 신시아 부부는 실용주의자가 되는 법을 힘들게 배웠다. 신시아는 이렇게 말했다. "집을 사는 것은 셋집보다 중고차를 구입하는 것에 더 가까워요. 자동차 후드 아래를 살펴보고 시험 운전도 해봐야 해요. 수도꼭지를 틀어보고 화장실 물도 내려 봅니다. 난방기를 가동해보고 혹시 문제가 없는지 확인해야 하죠."

전국부동산중개인협회에 따르면 주택을 검사하는 데 보통 12주가 걸린다고 한다. 주택 매매가 최종 마무리되는 데 평균 3개월에서 4개월이 걸린다. 그러므로 주택 거래가 최종 마무리될 때까지 당신은 나름대로 조사하고 심사숙고해야 한다. 대략 2개월에서 12개월 정도 걸린다고 생각하라. 천천히 신중하게 접근하는 만큼 가치가 있다. 시간이 지나면 수만 달러를 절약할 수 있다. 그리고 그동안 자신의 환상과 두려움을 정면으로 마주하고 생생한 현실로 돌아갈 수 있는 시간을 번다. 매월 상환기일이 다가오거나 집에 쥐가 출몰하거나 사촌 동생이 발리에서 돌아오면서 빈대를 집으로 가져오더라도 심장발작을 일으키지 않고 감당할 수 있어야 한다.

당신이 매입한 부동산을 팔 수 있는 시장이 형성되어 있는지 확인해라. 말하자면 부동산을 팔고 싶을 때 매수자를 찾을 수 있는가? 매입한 금액보다 더 많이 받고 팔 수 있는가? 스물다섯에 나는 맨해튼 끝에 정박해 있던 주거용 보트를 매입하려고 했었다. 길이가 29m나 되는 그 보트는 오성급 호텔처럼 멋지게 개조한 예인선이었다. 나는 이 보트를 일종의 아파트로 생각하고 있었다. 그때 누군가 내게 조용히 말했다. "어맨다, 당신 같은 사람이나 그런 배를 사고 싶어 해." 그 말은 이런 종류의 부동산은 거래가 잘 안 된다는 의미였다. 사실 내가 초기 투자금을 회수할 가능성은 제로였다. 만약 내가 그 보트를 사서 나중에 되팔려고 할 때는 수십만 달러를 손해 봤을 것이다. 허드슨 강에 있는 주거용 요트를 매수하려는 사람은 그렇게 많지 않았기 때문이다.

그러므로 완전히 망하고 싶지 않다면, 당신이 보유한 부동산을 되팔 때 가격이 어떻게 될지 신중하게 생각해보라. 당신이 사고 싶다고 해서 남들도 모두 같은 생각을 하는 것은 아니다. 주택을 매수하고 보수할 때 영리하게 행동하라. '나중에 회수할 거야'라는 생각으로 대충 하면 안 된다. 나중에 회수하지 못할 수도 있기 때문이다.

만능 해결사가 되어야 한다

낡은 주택을 개조하거나 부동산을 매입해서 바로 팔겠다는 생각으로 수리하는 것에 대해 잠시 생각해보자. 왠지 그런 작업은 큰돈을 벌어줄 것처럼 들리고 HGTV(미국의 인테리어 전문 채널—옮긴이)에서는 재미있는 일처럼 그려지지만, 낡은 주택을 개조해서 파는 일은 위험을 감당할 수 있는 사람만 할 수 있다. 이런 사람은 초기 자금(계약금, 부동산 매매 관련 부대비용, 건축자재비, 인건비)으로 수중에 상당히 많은 현금을 보유하고 있어야 한다. 또한 예상하지 못한 각종 문제(실무적 혹은 재정상 발생하는 문제, 그리고 사람을 상대하는 문제)를 처리할 수 있는 만능 해결사도 되어야 한다. 문제는 발생하기 마련이다. 그리고 프로젝트는 대체로 계획했던 예산과 시간을 초과한다. 당신은 이런 문제들을 처리할 수 있는가? 평범한 집이든 주목할 만한 수익형 건물이든, 부동산을 취득한다는 것은 확실히 긴장되는 일이다. 몹시 힘들지만 좋은 점도 많다. 그리고 위험한 일이기도 하다. 당장 투자한 돈을 회수하지 못해도 괜찮아야 한다. 왜냐하면 부동산을 구입한 초기에는 절대 원하지 않았던 상황에 옴짝달싹 못할 가능성이 있기 때문이다.

많은 사람이 자신만의 집을 갖고 싶어 한다. 이런 생각에는 감정이 개입되기 쉽다. 하지만 주택이나 아파트를 구입할 때 감정의 영향을 덜 받고 멋진 라이프스타일도 덜 추구한다면('난 이제 어른이야. 집도 있어! 난 성공했어.'라고 생각하지 않는 것) 그리고 장기적인 재무 건전성에 좀 더 많이 신경 쓴다면, 당신이 지출하려고 했던 수십만 달러에 대해 명확한 의사결정을 할 수 있을 것이다. 이렇게 밝아진 눈 덕분에, 켈시 부부는 올바른 결정을 내릴 수 있었다.

당신도 할 수 있다.

08

회사를 운영하라

재미와 수익을 위해 사업을 시작하라. 단 사업에 적합한 사람만.

사업은 거대한 뿌리가 될 수 있다. 사실 사업은 재산을 무제한으로 늘리고 돈이 움직이는 원리를 가르쳐주며 자신의 운명을 결정하는 데 가장 효과적인 방법이다. 나는 경험을 통해 사업을 시작하고 회사를 운영하는 일이 스릴 넘치는 일이라고 말할 수 있다. 나는 소매업, 기술 산업, 미디어 산업부터 지금의 금융 분야에 이르기까지 여러 회사를 경영해왔다. 그리고 엄밀히 말해서 실패한 사업을 통해서도 많은 것(손익계산서 작성, 대차대조표 읽는 법, 미수금 회수 방법 등)을 배웠고 덕분에 데일리워스를 설립할 수 있었다.

사업이라는 뿌리가 흥미롭긴 하지만, 그 안에는 커다란 문제가 숨어 있다. 기울인 노력보다 위험이 훨씬 클 수 있다. 아이디어의 사업성을 입증하고 고객을 유치하며 이윤을 늘리고 외부 자본을 찾아다니느라 보내는 초기 **몇 년** 동안은 언제나 위험하다. 사업 자금과 커리어에 타격을 받거나 인간관계가 무너지고 마음의 평정을 잃기도 한다. 회사는 부동산과 주식처럼 뿌리가 될 수 있다. 하지만 이미 사업을 하는 사람이 아니라면, 회사를 경영하는 것과 프리랜서(또는 자영업자)가 되는 것의 차이를 완벽하게 이해하지 못할 가능성이 있다. 그 차이는 대단히 크다.

강력한 동기가 필요하다

버진 그룹 회장인 리처드 브랜슨Richard Branson과 기업가 겸 작가인 팀 페리스Tim Ferriss와 같이 자수성가한 인물들을 떠올릴 때, 우리는 그들이 어떻게 성공했는지는 알려 하지 않고 무조건 숭배하는 이상한 문화가 있다. 자기 안에 있는 '무엇'을 발견하기만 하면 자유와 돈이 저절로 따라온다고 생각한다. 그런 속임수에 넘어가지 마라. 사업가와 프리랜서 모두 불굴의 끈기가 필요하고 많은 책임이 따른다. 하지만 사업가는 **자산을 늘릴 수 있지만**, 프리랜서는 직장에서 받는 **급여 수준**과 비슷하게 돈을 번다. 내 목적은 오직 뿌리를 만드는 것이다. 즉 나뿐만 아니라 다른 사람들에게도 가치 있는 회사를 운영하고 싶다. 내 말을 이해하겠는가?

다른 방식으로 이야기를 풀어보겠다. 당신이 자영업자나 독립계약자(프리랜서의 다른 이름)가 되고 싶다면, 나중에 당신 없이도 저절로 일하는 뿌리를 만들려 하지 않을 것이다. 물론 프리랜서가 되는 것도 괜찮다. 내 말을 오해하지 마라. 그것은 선택의 문제이다. 그런데 프리랜서는 **자신**의 시간과 기술, 노동 없이는 존재하지 못한다. 자기 자신이 곧 브랜드이다. 이 말은 직장에 다닐 때보다 훨씬 더 많은 일을 혼자서 해야 한다는 것을 의미한다. 당신이 사라지면 회사도 없어진다. 하지만 회사를 **뿌리**로 만들어두면, 사업 아이디어의 일부(혹은 전부)를 다른 사람에게 돈을 받고 넘길 수 있고, 그러면 돈을 낸 사람들이 계속해서 그 회사를 운영하게 된다. 이제 당신은 주머니에 돈을 챙겨 사업에서 손을 뗀다.

그럼 당신이 어떤 상황인지 알아보자. 단지 직장에서 받는 월급 수준으로 돈을 벌려고 뼈 빠지게 일할 것인가? 그 일이 정말로 이전 직장보다 나은 것인가? 아니면 언젠가 수익을 내면서 **동시에** 당신 없이도 운영되는 뭔가를 만드는 데 관심이 있는가? 그 사업은 팔릴 가능성이 있거나 외부인의 투자를 유치할 수 있는가? 내 경험으로 볼 때, 사업을 하려면 강한 열정이 있어야 한다. 왜냐하면 날마다 힘든 일들이 벌어지기 때문이다. 상황이 좋아졌다가 나빠지고, 어떤 날엔 아예 잘못된 방향으로 가기도 한다. 사업 수익이 날 때까지 반드시 경험하게 될 거절과 실패를 참고 견뎌야 한다. 잘 되던 일도 갑자기 나빠질 때가 있다. 모든 일이 생각보다 지체되고, 고객들은 3개월에 한 번 정도 긴 여행을 떠나기도 한다. 물건을 사줄 고객이 없더라도 직원에게 임금을 지불해야 한다. 그때가 바로 사업가가 '악' 하고 비명을 지르는 순간이다. 이는 당신이 부업으로 물건을 팔든, 직원을 고용해서 회사를 운영하든 마찬가지이다.

그러므로 이런 질문을 던지고 싶을 것이다. 귀찮은 일을 하느라 열정을 소진해야 하는데, 왜 위험을 감수하려 하는 걸까? 까다로운 고객과 망설이는 투자자를 상대하면서 일반 사무(부기, 송장 작성, 업체관리)를 보는 것은 그다지 재미있는 일이 아니다. 그런데 어떻게 하면 이런 일들을 계속할 수 있을까?

그러려면 강력한 이유가 필요하다. 자신이 변화를 일으키고 있다는 믿음이 있어야 그 일을 계속할 수 있다. 당신은 허공에서 가능성을 감지해서 자신에게 어울리는 미래를 발견할 수 있다. 당신이 10대 소녀의 자율성을 키우는 디지털 게임을 만들고 있다고 하자. 그 일은 아침마다 당신을 침대 밖으로 내몰고, 곤란한 문제들을 처리하며 앞으로 나갈 수 있게 해준다. 당신은 임신을 원하는 여성들을 위해 약초요법을 개발할 수도 있다. 투입과 산출을 통제할 수 있어서 기분이 좋고, 도전도 즐겁다. 아드레날린이 마구 샘솟을 것이다.

개인적으로 나는 세상을 바꾸고 싶다는 큰 꿈을 꾸고 있다. 내가 데일리워스를 시작했을 때 사람들은 비웃었다. 하지만 나는 그들이 틀렸다고 생각했다. 내가 데일리워스를 만든 이유는 사회에 영향력을 행사하고 경제적으로도 성공하기 위해서였다. 회사를 운영하면서 스트레스를 많이 받지만, 수많은 여성의 삶을 개선할 수 있다는 생각에 이 일을 계속할 수 있다.

거짓말은 하지 않겠다

사업이 여성들에게 아주 어려운 일은 아니다. 오늘날 작은 회사를 운영하는 여성들은 점점 많아지고 있다. 여성정책연구소에 따르면, 2015년 현재 소규모 회사의 거의 30%를 여성들이 운영하고 있다고 한다. 이는 2007년과 비교했을 때 거의 70%나 증가한 것이다(엄청난 증가이다). 회사를 경영하는 소수집단 여성의 숫자 역시 기하급수적으로 늘어나고 있다. 아마도 기존 직장에서 기회를 충분히 받지 못했다고 느끼는 여성들에게 사업은 무제한의 가능성을 보여주는 영역인 모양이다.

사업을 하는 목적은 단순히 먹고 사는 것 이상이다. 당신은 직장에 다닐 때보다 더 많이 재산을 모아야겠다고 생각한다. 회사를 키우기 위해 전문적인 네트워크를 구축하고 더 많은 기회를 모색하며, 자신의 퇴직연금 계좌에 한도액까지 적립하겠다는 목표를 세운다. 계속 이렇게 크게 생각하라. 나는 솝박스에서 전진을 멈추지 않았고, 내가 창업한 (돈도 투자했지만) 두 회사가 망해서 지금은 사라져 버렸어도 단념하지 않았다. 내가 해야 할 큰일이 있다고 생각했다. 고객을 파악하고 아이디어와 생각을 다듬는 데 시간이 걸렸다. 하지만 이 모든 일은 정상적이다. 당신은 나보다 작은 목표를 세우겠지만(나는 비정상적으로 높은 위험을 추구한다), 당신의 정원에는 다양한 뿌리가 자랄 수 있다.

사업을 하면 힘과 영향력이 생기고 창의성도 마음껏 발휘할 수 있다. 그러려면 위험을 기꺼이 받아들이고 목표에 도달하기 위해 불확실성이라는 롤러코스터에 올라타야 한다. 하지만 거짓말은 하지 않겠다. 열 개 회사 중 아홉 개는 망한다. 회사라는 뿌리는 몹시 까다롭다. 직장에 다니면 다른 사람을 위해 일하는 것이므로, 진정한 안전을 확보하지 못한다. 물론 꼬박꼬박 나오는 월급과 회사 복지제도가 마음의 안정을 주고, 연봉은 해마다 인상되며, 이따금 승진 기회도 주어진다. 하지만 이런 혜택은 한순간에 없어지기도 한다.

회사들이 구조조정을 하거나 인원을 감축하는 경우가 있다. 오늘날 과학기술 분야는 계속 변하고 있다. 예를 들어, 옥스퍼드 대학교가 2013년에 발표한 자료를 보면, 702개 직업 중 거의 50%가 머지않아 컴퓨터와 기계로 대체된다고 한다. 즉 당신은 그동안 직장에 쏟은 시간과 노력에도 불구하고, 다양한 이유로 해고될 수 있다(스트레스 받는 일이다!). 직장에 다니면서 큰 재산을 모을 가능성은 매우 낮다. 여기 증거가 있다. 〈포브스〉 억만장자 목록에서 적어도 200대 부자에는 직장인이 **전혀 없다**(그리고 200대 부자 중 몇몇은 여성이다). 그들은 평범한 직장인이 아닌 기업가가 되어서 부를 축적했다.

아무도 당신에게 지시하지 않는다

어쩌면 당신은 억만장자까지는 생각하지 않을 것이다. 그저 자영업자나 프리랜서가 되고 싶을지도 모르겠다. 당신이 그렇게 말하는 소리가 들린다.

하지만 이 책은 당신의 노동 시간과 상관없이, 모든 회사를 뿌리로 생각해서 특별히 그 회사를 상당한 가치(수입을 창출하거나 팔릴 가능성)가 있는 자산으로 바꾸는 방법에 집중한다. 회사가 수익을 내기 시작하면, 당신은 나름의 조건을 정할 수 있다. 개인적 만족감도 높아진다. 아무도 당신에게 지시하지 않는다. 그것이 당신의 꿈이고 비전이고 계획이다. 물론 실수도 하겠지만, 당신이 사업의 성패를 좌우할 수 있으므로 흥분되는 일이기도 하다. 만약 자신만의 계획을 세우고 싶고, 마음껏 창의적으로 문제를 해결하고 싶으며, 직장에 다닐 때보다 훨씬 더 많은 돈을 벌고 싶다면, 당신은 사업에 적격이다.

최근 갤럽 조사에 따르면, 직장인의 거의 70%가 직장 일에 몰두하지 못하고 무려 50%는 그만두고 싶어 한다고 한다. 사람들은 자기 일정을 마음대로 조절하고 싶어 한다. 일과 생활 사이에 균형을 유지하고, 수입도 늘리고 싶어 한다.

인터넷을 돌아다니다 보면(안 하는 사람이 있을까?), 1인 사업가(식용 정원사?), 스타 블로거('닌자 맘의 비밀 일기' 사이트 운영자), 초소형 브랜드 운영자(그리스 올리브유 수입업자) 등 소기업을 성공적으로 운영하기 위한 기본 3단계에 대해 많은 이야기가 오가는 것을 알게 된다. 이런 글들은 자기 스케줄대로 집에서 일하면서 짭짤한 수익도 올릴 수 있다고 약속한다. 진정으로 회사 탈출이 가능하다는 이야기이다.

기업자문가 마리 폴리오 Marie Forleo, 래미트 세시 Ramit Sethi, 타라 젠타일 Tara Gentile 같은 사람들과 관련한 내용을 제외하고 인터넷에 떠도는 이런 이야기들은 대부분 과장되었다. 사업을 원칙대로 정확하게 운영하는 사람들도 **일부** 있지만, 그들 역시 **3단계 전략 같은 간단한 방법을 제시하기는 마찬가지이다.** 문서 몇 개를 작성하고 스위치 몇 개만 켜면 돈을 벌 수 있다는 것은 하나의 꿈이다. 내 경험으로 볼 때, 기회가 번쩍하고 나타나는 마법 같은 순간이 오기 전까지 2년 정도는 열심히 일해야 한다. 어떤 사업이든 계획을 세우는 데 최소 6개월이 걸리고, 실제로 수입이 발생하기 전에 씨를 뿌리는 기간만 2년이 소요된다. 신규 사업이 사람들의 관심을 끌기까지는 시간이 걸린다. 그리고 **만약 올바르게 회사를 운영한다면** 실제로 수익이 나기 시작한다.

사실 큰 문제는 정신적인 부분이다. 당신은 자신이 사업가가 아니고 사기꾼 같은 생각이 들 것이다. 하지만 이 책에서 여러 번 말했듯이, 자기가 초보자라는 사실을 인식하는 것만으로도 커다란 힘이 생긴다. 왜냐하면 그런 생각은 당신이 배울 준비가 되어 있다는 것을 의미하기 때문이다. 당신이 관습이라는 진창에만 빠지지 않으면, 과거에 아무도 묻지 않았던 질문을 할 수 있고 남들이 보지 못한 방식으로 문제를 바라볼 수 있다.

예를 들어 거대 제약회사인 엘리릴리Eli Lilly를 생각해보자. 이 회사는 이노센티브InnoCentive라는 크라우드소싱 부서를 만들었다. 크라우드소싱이란 회사가 풀 수 없는 문제들을 해결하는 데 '외부인'을 참여시키는 방식이다. 이 방법은 효과가 있다. 하버드 경영대학원 카림 라카니Karim Lakhani 교수가 발표한 연구에 따르면, 많은 문제가 당사자가 아닌 외부인에 의해 해결된다고 한다. 이 방식이 사기꾼 같다는 생각이 드는가? 하지만 어떤 문제는 당신이 가장 좋은 해결 방법을 가지고 있을지 모른다. 언젠가 작가이자 코미디언인 티나 페이가 재치 있게 했던 말을 떠올려보자. "알고 보니 거의 모든 사람이 사기꾼이더라고요. 그래서 그 점을 심각하게 받아들이지 않으려고 해요."

반드시 편한 것만은 아니다

당신은 지쳤다. 매일 출퇴근하느라, 빠듯한 예산으로 생활하느라, 상관의 세세한 지시를 받느라 넌더리가 난다. 자녀의 공부도 봐주지 못하고, 직장 내에서 영향력도 없으며, 돈도 많이 벌지 못한다. 당신도 페이스북 친구들처럼 살고 싶고, 2월 한 달간 멕시코로 '자기계발' 여행도 떠나고 싶다. 어쩌면 근로 환경이 너무나 열악해서 정신 및 신체건강을 위해 회사를 그만두는 편이 나을지도 모른다. 당신은 프리랜서로 일하고 싶다.

프리랜서는 기본적으로 서비스 제공 회사를 운영한다. 즉 필요한 사람에게 당신의 기술과 제품을 제공한다(당신이 투입한 시간이나 프로젝트의 범위에 따라 보수가 결정된다). 모든 작업이 제품을 생산하고 서비스를 전달하는 당신의 능력에 달려 있다. 말하자면 당신이 핵심이다. 이 점에 많은 사람이 끌린다. 2016년 기준으로 미국은 전체 인구의 34%인 5,300만 명이 프리랜서로 일하고 있는데, 이는 2004년의 4,260만 명보다 많이 증가한 수치이다. 근로 환경에 대한 불만족과 출퇴근 시간, 융통성 없는 스케줄 등을 고려하면 많은 사람이 프리랜서로 일하는 것은 이해할 만하다.

사람들은 우연히 혹은 어쩔 수 없이 프리랜서가 된다. 어떤 사람은 아이가 생겨서 시간을 탄력적으로 사용하고 싶을 것이다. 회사 구조조정으로 해고를 당했는데 다시는 그런 일을 겪고 싶지 않은 사람도 있다. 또는 승진에서 배제되었기에, 더 나은 길을 찾아 회사를 그만두었을지 모른다. 프리랜서의 좋은 점은 집에서 요가 바지를 입고 일할 수 있고, 오후 3시까지 집에 있어도 된다는 것이다. 수요일에는 일하지 않는 대신, 일요일에 밤늦게까지 일할 수도 있다. 여동생 생일날 점심을 준비하거나 아픈 개를 돌보고 폭설이 와도 일할 수 있다. 벌이가 좋을 때는 부자가 된 기분이다.

'기그 경제gig economy'(산업 현장에서 필요에 따라 관련자와 임시로 계약을 맺고 일을 맡기는 근로 형태—옮긴이)가 확산되는 상황(2016년에 미국 노동인구의 40%가 여기에 해당하고 향후 더욱 증가할 것으로 예상된다)에서, 탄력적으로 시간을 활용할 수 있다는 이유로 경제 안정성을 포기하는 것이 정말로 합리적일까(처음 몇 년은 그런 기분이 들지도 모르겠다)? 하지만 프리랜서가 그렇게 좋지만은 않다. 제품을 생산할 수 없거나 서비스를 제공하지 못하면(예를 들어, 당신이나 자녀가 아프거나 기술적 문제가 생겨서), 돈을 벌지 못한다. 나는 출산 휴가를 떠나본 적이 없다. 프리랜서라면 한 달 동안 **휴가를** 떠날 수 있겠지만, 코스타리카 해변에서 인터넷을 사용하려면 믿을 만한 무선 랜을 간신히 찾아내야 할 것이다. 사실이니, 내 말을 믿어도 좋다.

말하자면, **프리랜서**라는 단어에서 **프리**free라는 말은 오해의 여지가 있다. 당신은 이전보다 훨씬 더 열심히 일할 것이다. 하지만 수입이 들쑥날쑥한데, 그러는 동안 의료비와 자동차 할부금 등 청구서는 계속 쌓일 것이다. 고객이 돈을 늦게 주더라도 삶은 계속되기 때문이다. 프리랜서 혹은 단기 계약자로서 당신은 모든 일을 직접 하고, 의사결정도 혼자 하며, 청구서와 경비도 처리해야 한다. 스스로 다그치며 열심히 일하고, 고객도 적극적으로 유치해야 한다. 재무적 관점에서 보면 직장을 떠날 때(혹은 강제로 그만둘 때), 당신은 기본적으로 안정적인 급여와 복지혜택, 유급 휴가와 병가를 포기하는 것이다. 그런데 무엇을 위해서? 퇴직연금 계좌에 다시 돈을 적립할 수 있을 때까지 시간이 얼마나 걸리겠는가?

물론 전통적인 근로 환경이 아닌 곳에서 돈을 많이 벌 가능성이 더 크긴 하다. 사실 직장인이 큰돈을 벌면서 재정 안정성도 확보할 가능성은 상당히 낮다. 엄밀히 말해서, 직장에 다니는 것은 좋은 투자가 아니다. 하지만 너무나 외롭고 두렵고 무일푼이 된 것 같아서 다시 직장으로 돌아가는 사람도 있다. 대부분은 다른 방법으로 문제를 해결할 수 있고, 자신이 어떤 사람이고 무엇을 원하는지에 따라 올바른 선택을 할 수 있다는 사실을 이해하지 않고 서두른다. 많은 사람이 보지도 않고 뛴다. 그렇게 하지 말아야 한다.

성장 가능성을 확보해야 한다

회사를 운영하려면 프리랜서에게 필요한 투지와 결단력을 갖추어야 하고, 몇 달 앞을 내다볼 줄 알아야 한다. 사업을 시작하고 처음 1~2년 동안 겪기 마련인 고통스럽고 불확실한 상황을 성공적으로 견뎌냈다면, 이제 생계를 유지할 만큼의 돈을 벌 준비가 되었다. 아마도 직장에 다닐 때 받은 만큼(혹은 더 많이) 돈을 벌 것이다. 하지만 회사를 뿌리(당신 회사에 다른 사람이 투자하거나 매수 의사를 보이는 것)로 만들려면, 수익을 내고 성공적인 라이프스타일을 유지하는 것 이상의 노력이 필요하다. 열심히 일하는 것만으로는 뿌리를 만들 수 없다.

우선 새로운 기술 습득, 자원 발굴, 전문가 네트워크, 청구서 발행, 사후관리 등을 정하는 회사 내규와 잔액이 넉넉한 저축계좌가 필요하다. 회사 규율이 수익을 내는 데 직접적인 영향을 주지는 않지만, 사업을 유지하는 데에는 필요하다. 당신은 자기 자신과 서비스를 팔고, 거래를 마무리하는 방법을 배워야 한다. 자신의 존재감과 가치를 분명하게 드러내야 한다. 언제나 웃는 얼굴로 영화 〈레고 무비〉의 주제가인 '모든 것이 멋져Everything is Awesome'를 부를 수 있어야 한다.

정말로 큰 그림을 그려야 한다. 비용을 충당하고도 남을 정도로 이윤을 창출하려면 어떤 사업에 내 시간과 에너지를 쏟아야 할까? 나와 직원들의 시간과 노력을 절약하기 위해 프로세스를 자동화하고 서비스를 반복하려면 어떻게 해야 할까? 내가 만든 엔지니어링 회사 솝박스는 비디오와 전자상거래, 온라인 커뮤니티 서비스 등 복합 기능을 갖춘 웹사이트를 만든다. 처음에는 나 혼자서 모든 일을 했지만, 더 성장하려면 회사 운영과 영업을 분리해야 한다는 사실을 곧 파악했다. 성공하려면 물건을 파는 기술과 이론을 배워야 한다. 다행히도 나는 영업을 아주 좋아하는 사람이었다. 그래서 내가 잘하는 일에 집중하고자, 프로그래밍과 디자인 등의 분야에는 다른 사람을 고용했다.

2년 후에 솝박스는 정규직 5명을 고용할 정도로 성장했다. 나는 하루에 두 시간씩 일했고, 나머지 시간은 직원들에게 맡겼다. 이렇게 말하면 성공한 것처럼 들리겠지만, 사실 완전한 성공은 아니었다. 적은 시간을 일한다(라이프스타일을 고려한 선택)고 해서 그것이 '성공했다'는 증거는 아니다. 솝박스는 아직 내게 뿌리가 아니었다. 수익이 나고 있고, 내가 거기에서 거의 일하지 않아도 통제권과 지분을 가졌으므로 엄밀히 말하면 성공이라고 할 수는 있다.

하지만 솝박스는 새로운 프로젝트를 실행할 때마다 거기에만 집중해야 했으므로 회사 규모를 키우기가 어려웠다. 프로세스를 자동화하거나 표준화해서 서비스를 반복적으로 제공하지 못했다. 그렇게 하려면 비용이 든다. 매출이 백만 달러까지 올랐지만, 지출도 똑같이 증가했다. 거의 나를 주저앉게 만든 막대한 세금 고지서도 있었다. 솝박스는 생산성 높은 기계였지만, 새로운 프로젝트를 수행할 때마다 기획과 관리에 많은 자원이 투입되어 중간 이윤은 적었다.

뿌리가 되는 회사는 **거대한** 성장 가능성을 내재하고 있는 회사이다(그냥 그저 그런 성장 가능성을 말하는 게 아니다). 이런 회사는 서비스를 반복해서 비용을 낮춘다. 또한 당신 말고도 다른 사람들이 회사 이윤을 늘릴 방법을 고민한다. 이렇게 생각해보자. 만약 어떤 사람이 당신 회사에 자금을 지원한다면(예를 들어 10만 달러 이상), 그는 당신 회사가 수익을 내서 자신의 투자금을 회수할 수 있다고 생각해서 도박하는 것이다. 투자자는 투자금 회수가 가능하다는 증거를 보고 싶어 한다. 고객에게 가능성을 보여주지 못하는 회사에 누가 투자하겠는가?

솝박스는 단순히 서비스 회사였지만, 상당한 수익을 내면서 결국 나중에는 뿌리로 작용했다. 그렇게 된 과정은 이렇다. 내가 데일리워스를 만들 때 솝박스에서 착수 자금으로 2만 달러를 받았다. 또한 솝박스 소속 엔지니어에게 데일리워스 사이트를 만들게 하고 2년 동안 관리하는 일을 맡겼다. 그리고 내가 솝박스에서 받는 급여 수준이 괜찮았으므로, 처음 2년 동안은 데일리워스에서 보수를 받지 않고 일했다. 이 점이 중요하다. 그 2년이라는 시간 동안 데일리워스는 이용자를 확보하고 트래픽 양도 많아졌으며 잠재 투자자들이 보고 싶어 하는 매출 견인력도 있다는 점을 증명했다. 나는 데일리워스가 투자 가치가 있는 회사임을 보여주었다. 데일리워스는 수익을 내는 확실한 방법이 있었다.

기본적으로 숍박스는 데일리워스에 출자한 회사였지만, 데일리워스가 (투자자가 생기고 팔릴 수 있는 정도의) 기업이 되었을 때 숍박스는 해체되었다. 나는 매일 2시간씩 투자자를 모집하러 다니거나, 크고 어려운 경영 문제들을 처리했다. 데일리워스가 뿌리인지 아닌지 확인하는 다른 방법으로는 매각과 같은 방식으로 자산을 현금화하는 과정을 통해서이다. 기업공개나 인수 합병이 진행되면, **서류상**으로 존재하던 데일리워스의 가치는 현금으로 전환된다. 그런 날이 올 때까지 나는 뿌리를 튼튼하게 만들고 있지만, (아직) 힘이 충분하지 않다. 회사 지분을 충분히 확보하지 못했기 때문이다. 하지만 잠재력은 크다.

실리콘밸리의 젊은 기업가이자 밀레니얼 세대인 새라 쿤스트는 기술 분야에서 확고하게 자리 잡은 여성들이 하지 않는 투자에 주목했다. 그녀는 자신과 임금 및 기술 수준이 같은 남자들이 위험을 감수하면서 대단히 강력한 네트워크와 기업을 만드는 모습을 관찰했다. 새라는 이렇게 말했다. "여성들은 주저하지만, 남성들은 돈을 쓰고 예측되는 위험은 감수해야 한다고 생각하는 것 같아요." 새라는 남녀 간에 이견을 보이는 문제에서 올바른 쪽에 서고 싶었는데, 아마 당신도 마찬가지일 것이다. 그녀는 회사를 설립해서 네트워크를 구축하고 투자도 하고 있다.

회사 자산은 팔 수 있다

아이디어가 훌륭하다고 해서 돈이 몰리지 않는다. **실행을 잘해야 돈이 쌓인다.** 바로 이 지점에서 사람들이 잘못을 저지른다. 아이디어가 좋다고 해서 당신이 파는 물건을 사람들이 덮어놓고 사주지는 않는다. 나는 이론적으로 사람들이 좋아할 만한(실제로 그들은 좋아한다고 말했다) 수많은 아이디어에 착수했지만, 그들은 돈을 쓰려 하지 않았다. 많은 사람이 힘들게 깨닫는 사실이지만, 사업은 창립이 10%, 영업과 마케팅이 90%를 차지한다. 당신은 사람들과 접촉해야 하고, 회사는 사람들이 원하는 것을 제공해야 한다. 사람들은 알아야 돈을 쓴다.

회사의 규모에 상관없이(자기 서재에서 혼자 쇼를 하는 것부터 인건비와 경비가 발생하는 주식회사를 경영하는 것까지), 영업을 깊이 이해하고 있어야 선도 기업들과의 거리를 좁힐 수 있다. 광범위한 전망의 범위를 좁혀 실현할 수 있게 만든 다음, 마지막에는 실제 고객에 닿을 수 있도록 파이프라인을 만들어라. 회사를 키우고, 사람들에게 기업을 알리며(광고와 마케팅), 물건을 사도록 유도하고(영업), 새로운 고객을 지속해서 유치(네트워크, 고객 개발)하려면 현금을 확보해야 한다.

성공하는 기업은 몇 가지 특징이 있다. 그들은 사업으로 버는 돈 이외의 자산을 가지고 있다. 제품(예를 들어 기술이나 판매하는 상품), 수입이 발생하는 자산(계약), 하드웨어(장비, 컴퓨터, 책상 등), 지적 재산권, 영업권(인지도 높은 브랜드, 좋은 평판)이 여기에 해당된다. 이 모든 것들은 현금과 같은 가치가 있다. 금전적 가치를 매길 수도 있고 팔릴 수도 있다. 회사의 자산은 당신의 개인 자산이나 은퇴자금과는 별개이다.

팔 수 있는 회사를 만들어라

2008년에 애다 버니어는 디지털 사진관에서 일하고 있었다. 그녀는 프린터 방식부터 디지털 인화 방식까지 모두 경험한 덕분에 급격하게 변하는 사진 업계에서 계속 앞서 나갈 수 있었다. 하지만 그 이후에 시장이 붕괴했고, 애다를 포함해서 기술이 없는 모든 사람이 해고되었다. 갑자기 직장을 잃은 애다는 업계에서 필요로 하는 기술, 즉 컴퓨터 프로그래밍을 배워야겠다고 결심했다. 결국 그녀는 다른 직장을 구했고, 거기에서 만난 동료와 함께 회사를 차렸다. 하지만 그녀는 자신이 무엇을 하고 있는지 전혀 몰랐다. 그녀는 이렇게 말했다. "그곳은 제가 차린 첫 번째 회사였지만 우연히 발을 들였을 뿐이에요. 우리는 8,000달러짜리 계약을 체결했는데, 고객은 한 명이었어요. 저는 제가 사업을 한다는 사실을 제대로 이해하지 못한 채, 몇 달 동안이나 회사를 운영했던 거죠."

이후 애다는 몇몇 회사를 더 경영한 다음, 요즘은 스킬크러시Skillcrush라는 온라인 회사를 운영하며 여성들에게 컴퓨터 프로그래밍을 가르친다. 이 분야는 그동안 충분한 서비스가 제공되지 못하던 시장이었으므로 성장할 여지가 많다. 애다 자신은 회사를 확장하는 데 집중하는 동안 주니어 교사들을 고용할 수 있도록 일부러 스킬크러시를 하나의 브랜드로 만들었다. 덕분에 그녀는 시간을 자유롭게 사용하면서 회사 서비스를 확대하고 사세도 키우며 이익을 늘릴 수 있었다. 애다는 사업가 집안에서 태어나지도 않았고 MBA 학위도 없었다. 사실 그녀는 사진가가 되겠다고 생각하면서 직장 생활을 시작했었다. 하지만 그녀는 팔릴 수 있는 회사를 만드는 법을 차근차근 배웠고 장기적으로 재산도 형성하고 있다.

비록 현재 애다는 회사에 다니며 일할 때보다 벌이가 적지만, 장기적 소득 잠재력은 10배나 더 많다. 직원은 10명이나 되고 회사는 성장하고 있다. 그녀는 앞으로 영업이익이 크게 늘거나 회사를 '현금화'할 수 있기를 바라고 있다. 아직은 안정적인 수익을 내지 못하고 있지만, 쉬지 않고 열심히 일하면 5년 후에는 목표를 달성할 수 있을 것이다.

다리 역할을 하는 직장이 필요하다

운영비보다 수입이 많고, 자신의 월급을 충당할 수 있으며, 사람들이 당신이 어떤 사람인지 알고, 당신이 모든 부분을 관리하지 않아도 회사가 성장하고 있다면, 당신은 목표에 도달한 것이다. 축하한다. 당신 회사는 이제 뿌리가 되었다. 하지만 그날이 올 때까지는 덜 위험한 방법을 선택해서 상황을 두루 살펴야 한다. 그러므로 처음에는 본업을 유지하고, 회사는 부업으로 운영해라. 그리고 기존 사업에 투자해야 한다. 적어도 "내게 다리가 필요해!"라는 말의 의미를 생각해 보라. 말하자면, 직장인에서 사업가로 도약할 때 다리 역할을 해주는 직업이 있어야 한다.

사업을 하고 싶은 마음이 너무나 강렬하면, 지금 바로 시작하고 싶은 유혹이 생긴다. 친구들은 "꿈을 좇으면 실패하지 않을 거야!"라고 말한다. 물론 당신은 할 수 있다. 하지만 내 경험으로 볼 때, 임대료와 통신비, 차량비와 식료품비는 꿈으로 해결되지 않는다. 돈이 필요하다. 꿈을 현실로 만드는 동안(예를 들어 회사 지출 항목과 개인 지출 항목을 구분하는 법을 배우는 동안) 견뎌 내려면, 어떻게든 계속 살아야 한다.

 사업은 사장이 되는 것처럼 그렇게 매력적이지 않다. 상황을 수습하고, 친구들에게서 돈을 빌리기도 하며, 절약하는 생활도 해야 한다. 회사가 언론에 대서특필될 일도 거의 없다. 앞서 소개한 니샤 무들리같이 성공한 많은 사업가는 꿈의 회사가 서서히 수익을 내기 시작할 때까지 둘 이상의 직업을 가지고 있었다. 이미 말했듯이, 데일리워스는 자리를 잡기까지 2년이 걸렸다. 그동안 나는 걸음마 하는 아이와 젖먹이를 키우며 컴퓨터 프로그래밍 회사인 숍박스를 운영했다.

 브랜드 개발자인 크리스틴 도밍그는 헬스 코치가 되기 위해 직장을 그만뒀던 경험담을 들려주었다. 꿈을 실현하고 싶다는 열망으로 그녀는 보스턴에서 다니던 직장을 그만두고 샌프란시스코로 이사해서 고객을 찾기 시작했다. 그녀는 코치가 되는 것에 너무나 신이 나 있었고, 당시 샌프란시스코의 집세는 보스턴보다 저렴했으므로 자신이 성공에 필요한 모든 것을 갖추었다고 생각했다.

 하지만 크리스틴은 자신의 기본 생활비를 충당해 줄 재정적 기반을 갖추지 못했다. 그녀는 여윳돈이 없었다. 또한 사업을 시작하는 데 도움을 받을 만한 곳도 전혀 없었다. 이는 빚을 지고 곤경에 빠지는 지름길이었다. "다리가 되는 직업을 미리 마련하지 않았기 때문에, 첫해에는 필요 이상으로 고전했어요. 고객에게 받는 돈으로는 식료품비와 집세, 교통비를 대기에 역부족이었어요."

뒤늦게 크리스틴은 회사를 세워 운영하는 동안 자신의 기본 생활비를 해결해 줄 직장이 있었으면 좋았겠다고 생각했다. "회사를 키우려면 교육과 마케팅, 직원들에 투자해야 하거든요. 웹사이트 구축만으로는 수익이 나지 않아요." 재정 지원이 충분하지 못하면, 신규 회사는 더디게 성장한다. 크리슨은 6개월에서 1년 정도를 버틸 수 있는 현금이 있다 하더라도 다리가 되는 직장은 필수적이라고 말한다.

당신은 사업과 완전히 반대되는 것을 원한다. 즉 꾸준한 수익과 한가한 시간을 원한다. 당신은 힘들게 고객을 찾아 나서고 싶지 않다(그렇다면 요가 강습이나 영업은 맞지 않다). 정해지지 않은 작업 시간이 싫다(그렇다면 웨이트리스로 일하거나 교대제로 근무하는 직장을 심각하게 고려해보라). 정해진 날에 급여를 받고 천천히 안정되게 일하는 것이 좋다면, 단순 사무직이 적당하다. 크리슨은 "다리 역할에 좋은 직업은 내 능력에 맞지 않는 지루한 일들이에요"라고 말한다. 자신의 학력과 기술, 경험을 늘 증명할 필요는 없다. 그런 것들은 사업할 때를 대비해서 아껴두어라. 나중에 당신은 자신이 해낸 일에 만족할 것이다. 내 말을 믿어도 좋다.

3부

가치관: 현금 흐름 완벽히 통제하기

돈과 힘을 모아 삶을 구원하라.

09

날개를 달아라

충분한 수입을 올려라.

이제 뿌리에서 날개로 넘어가자. 날개란 수입 혹은 저축의 형태로 날마다 들어오고 나가는 현금을 의미한다. 당신의 날개는 정원에 나무를 심고 뿌리에 물을 준다. 지출보다 수입이 많을 때 날개는 튼튼해지므로 신용거래에 의존하지 않고 저축을 늘릴 수 있다.

현금의 출처는 다양하다. 정규직이든 시간제 근로든 관계없이 직장에서 받는 급여, 비상금, 신용카드 현금서비스, 부동산 임대수입, 심지어 부모님이 주시는 용돈 등이 모두 현금이다. 이번 장에서는 급여와 저축, 신용카드 등 세 가지를 중점적으로 다루겠다.

그런데 이 책에서 뿌리를 먼저 다루고 그다음에 날개를 언급한다는 사실에 주목해야 한다. 이는 내가 의도한 순서이다. 먼저 예산을 세우고 그다음에 순서대로 저축과 투자를 하겠다고 목표를 세우면, 나중에 미래를 위해 필요한 현금을 충분히 확보하기 어렵다. 따라서 지금부터는 뿌리를 먼저 생각하고 이후에 그 뿌리를 키울 수 있는 방향으로 지출 계획을 수립하기 바란다.

매달 지출보다 수입이 많아야 이상적이다. 그러나 현실에서는 수입과 지출이 일정하지 않고, 신용거래나 대출이 필요하기도 하며, 갑자기 큰돈이 생겼다 없어지기도 한다. 그러므로 현재와 미래에 필요한 자본과 소득을 확보하기 위해 순자산을 플러스로 만드는 것을 목표로 삼아야 한다. 풍요로운 삶은 개인의 선택에 직접 영향을 받으므로, 항상 선택을 잘해야 한다. 하지만 순자산이 항상 플러스가 되지는 않는다. 인생에는 커브볼이 들어오기 마련이어서, 어느 날 갑자기 '펑' 하고 소득이 사라져버리고, 신용카드 사용액이 눈덩이처럼 불어나며, 부동산 시장이 폭락하기도 한다. 당신은 각종 수업료 청구서와 대출 상환금 등으로 뒤섞인 진흙 속을 힘겹게 걸을지 모른다. 인생은 시소처럼 올라갈 때와 내려갈 때가 반복되고, 우리는 그 안에서 다람쥐 쳇바퀴 돌리듯 살아간다.

예산이란 개인 재무 관리에서 마치 성배와 같다. 예산을 세우는 방법은 11장에서 '머니 클래리티'라고 부르는 틀을 가지고 설명하겠다. 우선 그동안은 지출 계획을 세울 때 자산 축적만큼이나 부채 감축도 중요하다는 점을 기억하자.

만약 이 책이 식이요법처럼 느껴진다면, 내가 책을 잘못 쓴 것이다. 지키기 어려운 또 다른 예산 관리 요령을 접하게 될까 봐 신경이 쓰인다면, 너무 걱정하지 마라. 앞으로 몇 장에 걸쳐 이야기할 내용은 의지를 강하게 하는 방법이나 즐거움을 뿌리치는 방법이 아니다. 날마다 들쑥날쑥한 수입과 지출, 저축을 관리하는 방법을 다룬다.

회사에서 나는 '하향식'과 '상향식' 등 두 가지 기획방법을 모두 사용한다. 하향식 기획이란 수입 목표를 중심으로 예산을 수립하는 방식이다. 예를 들어, 마케팅에 지출을 늘리면 수입이 얼마나 증가할지를 계산한다. 하향식 기획은 포괄적이고 유연하다. 반면, 상향식은 철저하게 현재 보유하고 있는 현금과 계약이 성사되어 확정된 수입만 고려한다. 개인은 상향식에 가깝게 예산을 세우므로 변경이 어렵다. 내 경험으로 볼 때, 수입을 늘리려면 지출을 줄이는 것만큼 노력해야 하므로, 하향식으로 예산을 관리할 때는 좀 더 정교해야 한다.

손가락을 까딱해서 수입과 지출 사이의 차액을 늘릴 수 있다고 상상해보자. 내일 당장 사무실에 가서 임금 인상을 요구하고 (그리고 그 요구가 받아들여진다!) 동시에 살던 집을 팔아 부모님 집으로 들어간다고 해보자. 돈은 많아지고 지출은 줄어든다! 기적 같은 일이다. 이런 시나리오가 비현실적이기는 하지만, 어쨌든 당신의 관심은 끌었을 것 같다. 이제 많이 벌고 큰 지출을 줄이는 데(하향식) 도움이 되는 현실적인 전략을 몇 가지 분석해 보자.

당신의 수입은 적당하고 일정한가?

최근에 자신이 받는 급여가 거주하는 도시와 직장 경력에 맞게 적정한 수준인지 확인해 본 적이 있는가? 미국 취업 사이트 글래스도어닷컴glassdoor.com에 따르면, 필라델피아에 거주하는 비영리단체 기부금 모집책의 평균 연봉은 8만 6,000달러이다. 로스앤젤레스에 거주하는 카피라이터의 연봉은 4만 5,000달러이다. 만약 당신의 연봉이 동일 직군의 평균 금액보다 적다면, 단순히 자신과 비슷하게 일하는 사람들이 얼마 받는지 몰랐다는 이유로 적은 급여를 받고 있을지 모른다. 이 책은 물론 여러 여성 잡지에서도 지겹게 언급하는 이야기이지만, 같은 일을 하면서도 여성의 급여가 남성보다 적다. 여기에 해당되면 안 된다. 자신의 급여가 상대적으로 낮다면, 회사에 급여 인상을 요구하든지 아니면 새로운 직장을 알아보라. 당신은 자선단체가 아니다.

질 다비는 상황을 정면 돌파하기로 마음먹었다. "가만히 앉아서 제가 버는 돈에 비해 얼마나 많이 쓰는지 계산해봤어요. 확실히 저는 전형적인 저소득층이더군요. 생활수준을 높이고 싶어서 신용카드를 사용하고 있었지만, 겁이 많아서 직장에 급여 인상을 요구하거나 더 나은 직장을 찾지도 못했었죠. 지출을 줄이면서 동시에 월급을 더 많이 주는 직장을 알아봐야 했어요. 당시 저는 직장에서 제 몫보다 더 많은 일을 하고 있었지만, 그에 따른 보상은 받지 못했기에 화가 나 있었어요. 회사에서 칭찬과 인정은 받았지만, 급여가 올라가거나 승진을 하지는 못했죠. 그래서 회사 밖에서 다른 기회를 찾아보기로 했어요. 저는 이전보다 직급과 급여가 높고, 복지혜택과 상여금도 후하게 주는 새로운 직장을 찾았어요. 타이밍이 완벽했죠."

많이 버는 것도 좋지만 수입이 꾸준하게 발생하는 것도 중요하다. 나처럼 고지식한 사업가라면 일정한 소득이 얼마나 실현되기 어려운지 잘 안다. 하지만 수입이 일정하지 않으면 계획을 세우기가 무척 어렵다.

직원이 없는 1인 사업가라 하더라도 사업소득을 전부 회사 전용 계좌에 넣어 두어야 한다. 그런 다음 개인 계좌로 매달 일정한 금액을 이체한다. 회계사들은 이런 과정을 '인출한다'고 표현한다. 그러니까 이 말은 (개인 카드의 현금서비스를 이용해야 할 정도로) 돈이 절박하게 필요하더라도 회사용 계좌에 현금을 그대로 두어야 한다는 것을 의미한다.

만약 회사에서 수입이 발생할 때마다 당신의 개인 계좌로 전액 옮긴다면, 재정 상태가 불안한 개인과 회사를 서로 합쳐놓는 격이다. 매달 자신에게 고정된 급여를 지급하고, 연간 사업성과를 평가해서 지급할 상여금도 따로 마련해 두어라.

프리랜서든 정규직이든 자신이 정당하게 받아야 하는 돈은 절대로 거절하지 마라. 지난주에 나는 우리 애들을 돌봐주는 제나에게 줄 주급을 계산하면서 이렇게 물었다. "저번에 아이들 저녁 식사 값을 네가 냈었지? 그게 얼마니?" 또한 나는 주유비도 계산해서 제나에게 주었다. 제나가 "기름값은 신경 쓰지 마세요"라고 말했지만, 나는 우겨서 돈을 주었다. 많은 여성처럼 제나도 다른 사람에게 부담을 주거나 성가신 사람으로 보이지 않으려 한다. 하지만 그렇게 하면 제나는 주급 200달러의 20%에 달하는 40달러를 자발적으로 포기하는 꼴이 된다. 당신도 혹시 그런 사람이 아닌가? 특히 돈을 줄 사람이 잘 나가는 전문직이나 당신이 알기로 큰 부자라면, 받아야 할 돈은 반드시 받아야 한다.

수입은 두 가지 목적으로 사용된다는 것을 기억해라. 지금 필요한 비용을 대면서, 내일을 위한 뿌리에 투자한다. 잊지 마라.

당신의 고정 지출은 적은 편인가?

열두 살 때 친구네에 자러 간 적이 있는데, 친구의 집은 아주 깨끗하고 열주식 기둥이 있는 저택이었다. 짧게 깎은 잔디는 축구장이나 야구장에 쓰는 인조 잔디 같았고, 뒷마당에 있던 놀이용 집은 동화책에 나오는 성 같았으며, 집 내부에는 천상의 구름처럼 하얀 양탄자가 깔려 있었다. 다음 날 우리 이모가 날 데리러 와서 내게 물었다. "그 집에 가구도 거의 없고 벽에 그림이 하나도 없는 걸 알고 있었니?" 나는 그것을 알아채지는 못했지만, 이모가 하는 말은 이해했다. 친구 가족은 얼마 전에 이사 온 것이 아니라, '하우스 푸어'였다. 그들은 주택담보 대출 상환금과 잔디 관리에 너무 많은 돈을 지출하고 있었기에 가구 살 돈이 없었다.

자기 자신과 사랑하는 사람들에게 최고의 서비스를 제공하고 싶더라도, 가능한 한 자신의 수입에 비해 훨씬 검소하게 생활해야 한다. 그것이 부자가 되는 유일한 방법이다. 여행을 가고 휴가를 떠나며, 은퇴 생활을 즐기고 친구를 도울 기회는 항상 있다. 일단 집과 차, 혹은 각종 연간 계약에 묶이면 고정 지출을 줄이기 어렵고, 값비싼 대가를 치를 수도 있다. 현금을 써야 하기 때문이다.

당신은 지금 어떻게 관리하고 있는가? 공과금과 잔디 깎는 비용 등 모든 부대비용을 포함한 주택 관련 지출이 매달 순수입의 30% 미만인지 아닌지 계산해보라. 뉴욕시 거주자라면 그 비율이

50%까지 올라갈 것이다. 어쨌든 고정 지출을 줄여야 선택의 폭이 넓어진다.

당신은 계획적으로 지출하고 있는가?

점원의 권유로 유명 디자이너가 만든 검은색 정장을 입어 보았을 때, 추운 날 캐시미어 옷으로 몸을 감쌌을 때, 번쩍이는 SUV에 아이의 친구들을 태웠을 때, 다른 사람에게 선물을 줄 때 등 이런 순간에 느껴지는 자부심이나 즐거움이 얼마나 강력한 감정인지 나도 잘 알고 있다. 하지만 직업적 성공은 옷장과 아무 관련이 없다. 당신은 예쁜 스웨터가 많고, 아이들은 아무 자동차나 타며, 사촌은 크리스마스 때 당신이 선물한 큐리그Keurig 커피 머신을 이미 가지고 있다. 만약 이런 일들 때문에 빚을 지거나 저축할 돈이 부족하다면, 그런 정신 나간 짓을 그만두어야 한다.

당신을 진정으로 즐겁게 하는 물건은 무엇이고, 그저 막연히 즐거움을 줄 것 같아서 구입하는 물건은 무엇인가? 당신은 다른 사람들, 예컨대 부모님을 기쁘게 해드리려고 돈을 쓰는가? 그게 효과가 있는지 곰곰이 생각해보라.

만약 (현금을 추가로 투입해서) 진짜 뿌리에 자금을 대고 싶다면, 즐길 거리를 신중하게 선택하고 나머지는 대폭 줄여야 한다. 이는 대단히 중요한 문제이므로 지금부터는 이 이야기를 해보겠다.

무분별한 소비보다 중요한 것

9월 25일 일요일, 수그러들 줄 모르던 여름의 열기가 걷히면서 비로소 가을을 느낄 수 있다. 오늘은 필라델피아 지역의 거리 축제인 '체스트넛 힐 폴Chestnut Hill Fall'이 열리는 날이다. 우리 아이들은 밝은색 티셔츠를 입고 있었으므로 나는 사람들 틈에서 아이들을 쉽게 찾을 수 있다.

나는 침실에 있는 부서진 이케아 책상을 치우고 그 자리에 놓을 통나무 화장대를 사려고 현금지급기에서 200달러를 찾는다. 지역에서 만든 공예품에 돈을 쓰면, 내 생활이 풍요로워질 뿐만 아니라 지역경제에도 도움이 된다. 이웃끼리 돈을 쓰면서 서로의 생활을 윤택하게 해준다. 제품이 어떻게 만들어지고 어떤 재료가 사용되는지를 배우기도 하고, 물건을 만드는 사람들의 열정을 눈으로 직접 확인하기도 한다.

지출이 씨앗이 되어 지역경제를 떠받치는 공동체와 기업을 후원한다면, 이는 기분 좋은 일이다. 하지만 너무나 자주 우리는 지출하면서 죄책감과 불안감을 느낀다. 아무거나 읽고 싶은 재무 관련 서적을 골라서 읽어보라. 필요와 욕구를 구분할 줄 알던 인간의 능력은, 가족의 기대에 부응하려 기념일을 챙기고 지루함을 떨치기 위해 소비하는 문화에 중독된 나머지 무력해진다는 내용이 있을 것이다.

존 드 그라프, 데이비드 왠, 토머스 네일러가 공동집필한 《소비 중독 바이러스 어플루엔자》에서는 무분별한 지출이 개인과 사회에 미치는 영향을 상세하게 설명하고 있다. 그들은 어플루엔자를 "줄

기차게 더 많은 것을 추구하도록 만들어서 과부하와 불안감, 빚과 낭비를 초래하는 고통스러운 사회적 전염병"이라고 정의한다. 그들은 또 이렇게 설명한다. "어플루엔자라는 전염병은 아메리칸 드림의 핵심 원리가 되는 경제적 팽창을 과도하게, 그리고 거의 종교적으로 추구하는 태도에 근거한다." 그렇다면 궁극적으로 어플루엔자는 어떻게 위협이 될까? 어플루엔자는 지구의 자원을 고갈시키고 개인의 재정 안정성을 해친다. 존과 데이비드, 토머스가 하는 말의 의미를 우리 모두 잘 알고 있다. 우리 자신과 지구를 위해서 그런 역학관계를 바꾸어야 한다.

물론 돈과 관련된 당신의 사고와 행동은 자연스럽게 주변 사람에게 영향을 미친다. 그러므로 자녀가 있다면 평생 사라지지 않고 도움이 되는 교훈을 물려줘야 한다. 출산 전후 여성들을 돕는 회사의 운영자 칼라 트롯맨은 최근 어머니와 두 살배기 아들과 함께 점심을 먹었다. 계산서가 오자 칼라의 아들이 그녀의 체크 카드를 내보였다. "아이는 그 카드를 요술 지팡이로 생각하고 있었어요. 아이에게 계산서가 **지불**되는 방식을 이해시킬 필요가 있었죠." 요즘 그녀는 자녀들에게 원하는 것이 있으면 값을 치러야 한다고 가르친다. 그리고 아이들과 함께 미래를 대비하는 계획을 세운다. 칼라는 이렇게 말한다. "부모로서 우리는 아이들을 많은 것들로부터 보호해야 합니다. 하지만 아이들은 돈에 관해 현실적으로 생각할 줄 알아야 하죠. 빨리 시작해서 나쁠 것은 없어요."

말보다 행동이 어려운 법이다. 우리는 폭식과 구토를 반복하고 있다. 나를 포함해서 수백만 명이 구입했던 '정리'에 관한 책이 거둔 놀라운 성공을 곰곰이 생각해보자. 도쿄에 사는 정리 정돈가 곤도 마리에의 살림 매뉴얼 《인생이 빛나는 정리의 마법》은 2014년 10월 미국에 출판되자마자 6개월도 안 되어 2백만 부 이상 팔렸다. 터질 것 같은 옷장과 서랍을 과감하게 정리하는 행동을 설명할 때 사람들이 '곤도Kondo'라는 단어를 동사화해서 사용하기 시작하면서, 이제 이 저자의 이름이 마치 시대정신을 반영하는 것처럼 인식된다. 젠 스타일과 영적인 삶을 추구하는 곤도는 자신의 책에서 규모를 줄이는 과정의 핵심은 즐거움이라고 주장한다. 주변에 좋아하는 물건들만 늘어놓으면 항상 자신이 누구인지 그리고 무엇을 아끼는지 새삼 깨닫는다는 것이다.

똑똑한 소비는 개인의 삶을 지탱할 뿐만 아니라 소비와 즉각적인 만족, 자격에 지나치게 집착하는 문화를 허무는 데도 도움을 준다. 당신은 돈을 벌려고 열심히 일하고 있지만, 자신의 건강과 복지에도 똑같이 열정과 에너지를 쏟고 있는가? 이것이 쉽다는 말이 아니다. 그저 한발 물러서서 왜 그렇게 행동하는지 자문해보라는 것이다.

다음 장에서 이야기할 내용은 소비를 '곤도잉Kondo-ing'하는 방법이다. 현재 우리의 소비 속도는 바람직하지도 않고 늦출 수 없지도 않다.

10

과소비를 극복하라

원래는 갖고 싶지 않았던 물건이다.

계획적 소비는 즐거움을 주지만, 무의식적으로 지출할 때도 있으므로 여기에 대비해서 전략이 필요하다. 돈 관리란 계획을 세워 쇼핑하는 것이지, 금욕하라는 의미가 아니다. 나는 돈을 쓰고 물건을 구입하는 즐거움에 반대하지 않는다. 다만 자신의 소비 습관을 좀 더 깊이 분석했으면 좋겠다. 계획적으로 지출하면서 덜 사고 더 저축하기를 바란다.

지금부터 재미있는 일을 해보려고 한다. 내가 당신을 위해 몇 가지 도전과제를 준비했다.

앞으로 할 실험들은 당신의 머니 스토리를 다시 끄집어내려고 계획한 것이 아니다. 돌부리에 걸려 넘어지면(그런 일은 일어나기 마련이다), 상황을 관찰하고 심호흡을 한 다음 계속 나아가라. 감상주의에 빠지지 마라. 지금 할 연습을 모두 마치고 나면, 당신은 그 모든 돈이 어디로 가는지, 어떻게 하면 자신의 소비 습관에 의식적인 변화를 가져올 수 있는지 파악하게 될 것이다. 자, 준비되었는가?

첫 번째 도전: 정리하기

은행 홈페이지에 접속해서 적어도 한 달 치 신용카드 사용 내역과 은행 계좌의 입출금명세를 꼼꼼히 살펴보라. 구독료나 회비처럼 더는 사용하지 않거나 필요하지 않은데 정기적으로 나가는 수수료를 찾아서 정리하라.

이번 달에 얼마나 절약했는지(예를 들어 정기구독료 18달러) 계산해보고, 절약한 금액만큼 자신의 저축계좌로 이체해라. 바로 이런 식으로 저축형 인간이 될 수 있다!

두 번째 도전: 최근 3일 동안 무엇을 샀는가?

먼저 기억을 가다듬고, 최근 3일 동안 어디에 갔었는지 떠올려보라. 운전해서 갔는가 아니면 기차를 탔는가? 직장에 있었는가 아니면 아이나 친구 혹은 다른 가족과 함께 있었는가? 집에서 식사했는가 아니면 외식했는가?

당신이 무엇을 샀고, (공과금과 같은 고정 지출을 제외하고) 얼마를 썼는지 적어보자. 분석 과정이 토끼 굴처럼 복잡하다고 해서 헤매지 마라. 식료품비와 교통비는 물론 껌 한 통, 비상용 마스카라, 기차에 두고 와서 새로 사야 했던 선글라스, 온라인에서 구입한 음원이나 도서 등도 모두 포함하라.

이제 다시 은행 홈페이지에 접속해서 당신이 기억을 더듬어 작성한 물건 목록과 입출금명세 혹은 신용카드 사용 내용과 일치하는지 확인해라. 당신이 얼마를 왜 지출했는지에 대해 무엇을 알았는가?

돈이 어디로 이동했는지 파악하면 도움이 된다. 지출 내용을 정리하다 보면, 자신이 얼마나 자주 충동구매를 하는지 깨달을 수 있다. 소비형 인간으로서 당신은 어떤 유형인가? 이것이 바로 우리가 지금부터 살펴볼 내용이다. 이것은 자신의 소비 습관과 지출에 관한 마음가짐이 어떤지 깊이 들여다볼 수 있게 해주는 핵심 연습이 된다.

내면의 지혜로운 자아는 비판하지 않는다는 것을 기억하라. 그저 관찰할 뿐이다. 인간은 수 천 년을 거치며 물질이 행복을 가져다주지 않는다는 사실을 깨달았다. 금욕적인 생활도 마찬가지이다. 하지만 잔고가 두둑한 저축계좌는 어떨까? 맹세컨대, 이것은 당신에게 황홀감을 선사할 것이다.

치러야 할 대가가 너무 큰 순간적 즐거움

기분전환으로 쇼핑해본 사람은 당신뿐이 아니다. 여자든 남자든 모두 그렇게 한다. 돈을 쓰는 즉시 흐뭇해진다. 쇼핑은 짜증과 실망을 짧은 시간에 보상할 수 있는 손쉬운 방법이다. 아침마다 정해진 시간에 집에서 나오는 일이 지겨운가? 스타벅스에 가면 당신을 기다리는 따뜻하고 맛있는 음료와 휴대용 머그잔 신제품이 있다. 그러면 이내 15달러가 사라지고, 그런 식으로 해서 한 달 동안 150달러를 지출한다.

사람들은 날마다 발생하는 스트레스 때문에 필수 도파민 촉진제를 찾아 상점으로 간다. 하지만 이런 위험한 치료법은 여성에게 특히 교묘하게 작용한다. 다수의 연구에서 감정을 통제하기 위해 돈을 쓰는 경우가 남성보다 여성이 많다고 밝히고 있다. 2014년에 하트퍼드셔 대학교 심리학과의 캐런 파인Karen Pine 박사는 여성 700명을 대상으로 기분전환을 위해 쇼핑에 탐닉하는 현상을 조사했다. 조사 결과에 따르면, 여성들은 (긍정적이든 부정적이든) 감정이 고조될 때 훨씬 더 많이 쇼핑한다. 돈이 별로 없어서 걱정되는지 여부와는 관계가 없다. 쇼핑하는 순간에는 물건을 사는 즐거움이 너무 커서, 이미 신용카드를 많이 사용했다는 사실(그래서 어쩌면 매달 카드 대금을 완납하지 못할 것이다)과 따로 저축해 둔 돈도 없다는 사실을 잠시 잊는다. 이런 즐거움은 불안감과는 무관한 감정이다. 하지만 파인 박사가 조사한 여성들의 반 이상은 불안감을 덜어 줄 수 있는 믿을만한 방법이 따로 있다면 쇼핑을 기꺼이 포기하겠노라고 답했다.

장사꾼의 속임수에 넘어가지 말라

쇼핑하면서 통제력을 상실하는 사람이라면, 어느 지점에서 그러는지 진지하게 생각해보자. 식료품점이나 마트 혹은 온라인 쇼핑몰을 방문했을 때 처음에는 구입할 생각이 없었던 물건을 다섯 개나 산 적이 있는가? 구매 목록을 미리 만드는가? 그렇지 않다면, 일단 그것을 문제점으로 표시해 두자. 절대 비판하지 말고 그냥 살펴보도록 한다.

우리는 종종 필요 없는 물건을 구입한다. 왜 그럴까? 돈을 쓸 때 경험하는 전율감은 일시적으로 불안감을 낮춘다. 우리는 지루하거나 불안해서 또는 스트레스가 쌓여서 과소비한다. 요점은 무의식적인 지출이 자신의 능력을 약화시킨다는 것이다.

장사꾼들은 사람들이 공허감을 채우려고 쇼핑한다는 사실을 잘 알고 있어서 사람들의 돈을 자신의 주머니로 들어오게 하는 데 놀라울 정도로 능숙하다. 그들은 물건을 소유할 때 더 많은 행복감과 자유로움을 느끼며 다른 사람들에게 환대를 받는다고 당신을 설득한다. 그리고 당신은 그런 속임수에 넘어간다. 우리 모두 어느 정도 그렇다. 당신은 다른 사람의 돈벌이 전략이 자신의 신용도를 망치는 것을 이대로 그냥 두고 보겠는가?

세 번째 도전: 돈 쓰지 않고 주말 보내기

이번 주말 혹은 다음 주말에는 돈을 쓰지 않겠다고 결심하자. 금요일 오후 5시부터 일요일 오후 4시까지는 비용이 들지 않는 일을 하고, 집에 있는 재료로 음식을 만들어 먹는다. 이는 벌이 아니라 하나의 실험이며, 자신의 소비 중독증을 깊이 들여다보려는 목적이다. 이 게임에 가족이나 친구를 참여시키는 것도 고려해보자. 영원히 그래야 한다는 것이 아님을 기억하라! 주말 한 번뿐이다. 마음속에서 반항심이 들끓는다면, 절대 **그러지 말기**를 바란다! 그냥 이 책을 계속 읽어나가라. 당신은 게임 방법을 선택할 수 있다.

이 과제를 게임처럼 받아들여라. 손님을 맞아야 하거나 이미 지출 계획이 있다면, 이런 행사는 죄책감을 느낄 필요가 없는 지출이니 써도 괜찮다. 하지만 과제를 아예 하지 않으려고 그런 행사를 변명거리로 사용하지는 마라. 왜냐하면 자신의 소비 생활을 이런 방식으로 집중해서 들여다볼 기회가 거의 없기 때문이다. 해독주스 다이어트처럼 당신은 빠진 것들을 통해 자신의 상태를 들여다볼 수 있다. 당신이 간절히 원하는 것은 무엇인가? 당신의 장기적인 웰빙과 행복을 위해 그 물건이 얼마나 중요한가? 만약 그것이 도리토스나 트윙키 같은 과자라면 (바꾸기 어려운 습관이긴 하지만) 파악하기 쉽다. 하지만 매일 점심값으로 15달러(이 중 4달러는 음료 숫값이다)를 쓰고 있다면, 이는 알아채기 어렵다.

돈을 쓰지 않는 주말은 소비 중독의 해독제가 된다. 실행하기 쉽지는 않지만, 불편함을 감수할 만한 가치는 있다. 이는 일시적인 실험이며, 완수하지 못하더라도 아무도 당신을 나무라지 않는다. 당연히 나도 꾸짖지 않겠다. 그저 당신이 자신의 행동을 자세히 들여다보기를 바랄 뿐이다.

자, 준비되었다면 지금 시작해보자. 이번 주말에는 돈을 쓰지 않는다. 절대로 쓰면 안 된다. 이는 완전히 새로운 도전이다. 한 푼도 쓰지 않음으로써 당신이 계획적인 소비를 하지 못하도록 막는 가장 큰 장애물이 무엇인지 알게 될 것이다.

도움이 되는 열 가지 지침

(1) 게임처럼 받아들여라
이 점이 핵심이며, 이 실험을 재미있게 만드는 비결이다! 실험이니까 부담 갖지 마라. 그냥 자신이 어떻게 하는지 두고 보라.

(2) 돈을 쓰게 되더라도 두려움이나 죄책감, 수치심을 느끼지 말라
그럴 필요가 없다. 당신을 시험하려는 의도는 전혀 없다. 물건을 사지 않고도 자유롭게 시간을 보낼 수 있는 새로운 방법을 찾아보라는 것이다.

(3) 돈을 쓰지 않는 기간을 마음대로 설정하라
예를 들어, "나는 토요일 오전 10시부터 일요일 오후 2시까지만 돈을 쓰지 않겠어"라고 정해보자. 나름의 기준(정한 시간이 지나자마자 바로 식료품점에 들렀다가 술집으로 간다고 하더라도)을 설정해야만 소비 습관에 대한 통찰력을 얻을 수 있다. 당신은 자신만의 기준을 설정할 책임이 있다.

(4) 자신의 창의력을 자극하라
돈을 써야 할 일이 생기면 일단 멈추고 스스로 이렇게 물어보라. "다른 방법이 없을까?"

(5) 돈이 들지 않는 활동을 하면서 즐거움을 찾아라
불안감이나 지루함을 덜고자 얼마나 자주 돈을 쓰는지 확인해보자. 이제 그런 습관을 버려라.

(6) 유혹에 저항하라

차에 기름이 떨어졌다면, 당연히 주유해야 한다. 아기 분유도 꼭 사야 한다. 하지만 그 외의 물건들은 사지 마라. 필요한 물건이 있다면 딱 하나만 목록에 올려놓아라. 농담이 아니다. 그게 바로 전략이다.

(7) 자신을 너그럽게 대하라

계획하지 않은 지출을 하게 되더라도 자신을 용서하고, 툭 털어낸 다음 다시 시도하라.

(8) 인정을 베풀어라

이번 주말에 과제를 수행하기 어렵다면 그 대신 하루 동안만 돈을 쓰지 않고 지내보자. 혹은 다음 주말에 해도 상관없다. 이것은 벌이 아니기 때문이다.

(9) 즐겨라

세상은 아름답다. 이 실험은 세상을 재발견하게 도와주는 완벽한 변명거리이다.

(10) 추적하라

정확히 얼마나 절약했는지 계산해보자. 휴대폰이든 종이든 아무 곳에나 목록을 작성해라. 주말이 끝나면 절약한(다른 주말이라면 써버렸을) 금액을 (가능한) 정확하게 계산해서 그 액수만큼을 저축계좌로 이체한다.

나는 지금까지 돈을 쓰지 않고 주말 보내기를 열 번이나 해봤는데도 여전히 할 때마다 즐겁다. 하지만 당신은 한번 해볼까 하고 생각만 해도 두려움을 느낄 것이다. '꼭 **필요한** 것이 생기면 어쩌지?'라는 생각으로 말이다. 돈을 쓰지 않고 주말을 보내면서 놀란 일이 무엇이고, 스스로에 대해 어떤 점을 배웠는지 적어보자. 이것이 바로 해독주스이다. 속에 담아두지 마라.

"도전을 너무 심각하게 생각했어요"

카딘 니더마이어가 돈을 안 쓰고 주말을 보내기로 했을 때는 이미 자신의 수입과 지출을 기록하고 자기에게 맞는 계좌를 만드는 등 기본적인 돈 관리에 필요한 자신만의 방법을 찾기 시작한 상태였다. 2008년 불황기에 미술대학을 다녔던 카딘은 졸업 후 돈을 절약하기 위해 약혼자와 동거했다. 하지만 시애틀의 집세는 비쌌고, 카딘은 경험이 부족한 인테리어 디자이너였으므로 정규직으로 취직하기가 매우 어려웠다. 게다가 그녀는 가지고 있던 돈의 우선순위를 어떻게 매겨야 할지 전혀 몰랐다.

돈 안 쓰고 주말 보내기 연습이 카딘의 눈을 번쩍 뜨이게 했다. 이 도전을 받아들이기 전에는 돈을 쓰는 행위가 자신에게 정말로 중요하다는 사실을 카딘은 전혀 깨닫지 못했었다. 그녀의 마음속에서, 돈을 쓰는 행동은 살아있음과 같은 의미였다. 그래서 처음 이틀 동안은 돈을 전혀 쓰지 못한다는 생각만으로도 안절부절못했다. 그녀는 이렇게 말했다. "죽을지도 모른다고 생각했어요. 정말 그렇게 생각했죠. 한 푼도 쓰지 못한다니요. 너무 무서웠어요. 그런데 웬걸, 저는 아주 편하게 주말을 보냈어요. 돈을 쓰지 않아도 걱정할 필요가 없더라고요. 저는 괜찮았어요. 필요한 물건이 아니면 사지 말라는 일종의 계시 같았죠. 지금 생각하면 바보 같지만, 그때는 도전을 너무 심각하게 생각했어요."

게임은 이만하면 충분하다. 이제 지출에 관해 좀 더 이야기해 보자.

인간관계에서 비롯되는 과소비

어쩌면 당신은 '나는 쇼핑을 좋아하지 않아. 나는 러시아제국 시대를 살았던 증조할머니처럼 검소해'라고 생각할지 모른다. 하지만 친애하는 독자여, 당신도 뭔가(예컨대, 1개 가격에 2개를 주는 봄 부츠)를 사고 후회해봤거나, 언젠가 별 이유 없이 (야외용 그릴처럼) 감당할 수 있는 가격보다 비싼 물건을 구입한 적이 있을 것이다.

흥청망청 물건을 사는 행위나 단순 과소비는 인간관계 때문에 발생하기도 한다. 여성은 남을 대접하거나 돌보기 위해 혹은 그들에게 좋은 인상을 심어주기 위해 소비하는 경향이 있다. 또한 남에게 보여주고 싶은 자신의 모습과도 관련이 있다. 간혹 우리는 새로운 정체성을 확립하기 위해 돈을 쓴다. 예컨대 이렇게 (아마도 무의식적으로) 생각한다. '내가 요리사나 테니스 선수 혹은 아마추어 화가가 된다면, 난 행복할 것이고 다른 사람들에게 사랑도 받을 거야.' 우리는 이런 새로운 정체성을 뒷받침하고자 많은 장비를 산다. 하지만 그것을 사용할 일은 거의 없다. 나는 주로 비싼 만능 조리 기구나 쿠키 구이판, 또는 요리책을 구입한다. 그리고 앞으로 훨씬 더 많이 오븐 주변에 있게 될 것이므로 당연히 주방에는 멋진 러그도 필요하다. 그러나 실제로 나는 요리든 빵 굽기든, 그 어느 것도 하지 않는다. 하지만 그 모든 조리 도구들을 사러 이케아에 다섯 번이나 간다. 그럼 우리 집에는 한 번도 사용하지 않은 빵 굽는 도구들로 가득 찬다. 별로 바람직한 생활 방식은 아니다.

물건을 사는 행위가 정체성에 미치는 영향에 관하여 오랫동안 많은 연구가 있었다. 마케팅 분야에서 선구적 역할을 해 온 토론토 요크 대학교의 러셀 벨크Russell Belk 교수는 사람들이 기존 정체성에서 벗어나고 싶거나 새로운 정체성을 갖기 위해 소비한다는 것을 발견했다. 우리는 쇼핑을 통해 (실제로는 속하지 않은) 특정 집단에 속해있다고 느낀다. 우리는 대체로 언제 다른 사람이 되고 싶을까? 지루하거나 스트레스를 받거나 불안할 때 그렇다. 우리는 집이나 사무실에서 벗어나고 싶거나 기분전환을 하고 싶을 때 쇼핑한다(간혹 자기 자신에게서 벗어나고 싶을 때도 마찬가지이다). 이혼한 사람들이 새로운 자신을 보여주기 위해 외모를 어떻게 완벽하게 바꾸는지 생각해보라. 그들은 옷이나 액세서리를 새로 사거나 머리 모양을 바꾼다. 만약 새로 산 물건이 지속해서 즐거움을 준다면, 이는 정당한 소비이다. 하지만 이런 식의 소비는 대체로 우리를 곤경에 빠트린다. 봄 부츠가 발에 맞지 않고, 테니스 라켓이 아무렇게나 처박혀 있으며, 이젤이 집 한구석에 접혀 있을 때 쇼핑의 즐거움은 돌연 사라진다. 그런 다음에는 신용카드 대금 청구서가 날아온다.

아름답게 빛나지만, 필요한 물건은 아니다

정말 필요하지 않은데도 물건을 사게 하는 사회적 관습들이 있다. 그중 일부는 특정 행사에 어울리는 새로운 물건이 필요하다고 생각하거나 그런 이야기를 들을 때와 관련이 있다. 사람들은 보통 새롭고 색다른 물건을 구입할 때 갑자기 행복감이나 즐거움을 경험한다고 터프츠 대학교 연구자들은 말한다. 어린이조차도 이런 심리를 잘 알아서 해마다 9월이 되면 새로운 물건을 사달라고 졸라대기 때문에, 9월 신학기는 1년 중 가장 돈이 많이 드는 시기이다. 아이들의 생일과 환절기, 휴가와 결혼식, 저녁 모임 등도 마찬가지이다. 멋진 선물을 사줘야 하고, 새 옷을 구입해야 하며, 가구나 조리 도구를 새로 들여 저녁 모임에 초대한 손님들에게 좋은 인상을 심어줘야 한다고 생각한다.

아이들 역시 똑같이 생각한다. 수많은 실수를 저지른 후에, 요즘 나는 아이들에게 작년에 산 학용품을 재사용하라고 말하고, 신학기에는 새 물건을 딱 두 개만 사주고 있다. 작년에 산 물건들은 대부분 상태가 좋다. 원래 있던 물건이 수리할 수 없을 정도로 망가지지 않았다면, 책가방이나 도시락 가방을 새로 사주지 않는다. 뭔가 사고 싶다는 생각이 들면, 잠시 멈춰서 이렇게 질문한다. "이게 정말로 필요한 걸까 아니면 그냥 구색을 갖추려는 걸까?" 서른아홉 살인 나는 이제 더는 (어떻게든) 구색을 갖추는 데 신경 쓰지 않는다. 내가 왜 보이지도 않는 불안감을 덜고자 돈을 쓰겠는가? 내 질문은 계속된다.

"이 선물을 사는 이유가 진짜로 주고 싶어서일까, 아니면 '배려하지 않는' 것처럼 보여서 죄책감이 들었던 경험 때문일까?" "그 사람이 원하는 물건이 무엇인지 알고 있는 것일까, 아니면 단지 애정이 없어 보이는 것이 두려운 것일까?" "사람들이 선물의 실제 가격을 알아주길 바라는 것일까, 아니면 손으로 쓴 예쁜 카드나 꽃다발로도 내 애정을 표현하기에 충분한 것일까?" 그럼 나는 곰곰이 생각한 후에 대개는 꽃을 보낸다.

어디에 (어떻게) 지출하는지 따져보라고 해서 모든 충동을 억제하라는 의미가 아니다. 그것은 전략과 관련된다.

프리랜서인 스테파니 리카타는 집에서 파자마 차림으로 혼자 일하는 것보다 다른 사람과 어울려 함께 일하는 것을 선호했다. 이 때문에 스테파니는 필요 이상으로 돈을 썼다. "가벼운 식사라 하더라도 제가 외식비로 얼마를 쓰는지 의식하기 시작했어요." 그녀는 외로움을 보상하려고 과소비하고 있었다. 하지만 자신이 (무의식적으로) 무슨 일을 해왔는지 알았을 때, 돈을 절약하면서 남들과도 어울릴 수 있는 전략을 하나 생각해 냈다. "요즘은 집에서 일하는 날에는 직접 요리하고 음식을 준비해요. 만약 레스토랑이나 커피숍에 가게 되면 얼마를 쓸지 지출 한도를 설정하고요. 또한 동문 카드를 사용해서 모교 도서관에 가거나 동네 도서관에서 일할 때도 있는데, 그러면 돈을 쓰지 않아도 되는 장소에서 사람들과 함께 있는 셈이에요. 이렇게 해서 좋은 점이 뭘까요? 먹고 있는 음식에 신경 쓰다 보니 지출 내용을 기록한 이후로 몸무게가 2.7킬로그램이나 빠졌답니다."

여기에 여성들의 소비행태와 심리를 연구했던 파인 박사에게서 배운 쇼핑 팁을 몇 가지 소개하겠다. 연습이 조금 필요하지만, 지출을 확실하게 막아주는 이 전략들이 쇼핑을 더욱 즐겁게 할 것이다(절대 불안해하지 마라!). 만약 당신이 이것저것 따져보고 물건을 구입한다면, 그 물건을 집으로 가져왔을 때 훨씬 더 즐겁게 사용할 수 있다.

나는 지금 당신에게 대충 얼버무리고 넘어갈 가능성이 큰 지극히 개인적 습관을 들여다보라고 요구한다. 이런 습관들은 정상적이다. 누구나 다 그렇게 한다. 하지만 자신이 정말로 돈을 어떻게 쓰고 있는지 파악하고 나면 다소 당황스러울 것이다. 다음에 쇼핑 요법에 빠지면(또는 그렇게 해볼까 하고 생각한다면), 잠시 멈추어서 이렇게 생각해보라. '지금 정말로 필요한 것과 별로 그렇지 않은 것은 무엇인가?' '돈을 쓰지 않고도 마음을 다스릴 수 있는 다른 방법이 없을까?' 정말 피하기 어려운 경우에는 물건을 장바구니에 넣되 구매 버튼은 누르지 마라. 아직은 구입을 확정하지 않는다. 일단 (실제든 가상이든) 장바구니를 그냥 문 옆에 놓아두라.

할인 판매하는 물건을 샀다고 해서 또는 계산대 옆에 놓인 잡지를 집어 들지 않았다고 해서 돈을 절약했다는 의미는 아니다. 충동구매로 지출하지 않은 돈을 당좌예금이나 저축계좌로 이체해라. 이렇게 해야 비로소 돈을 저축한 것이다. 저축액이 늘어나는 모습을 관찰하는 일은 충동구매보다 훨씬 더 신난다. 내 말을 믿어도 좋다.

1. 현금만 사용하라

체크카드와 신용카드를 손이 닿지 않는 곳에 두어라. 이렇게 하면 자동으로 지출 한도가 설정되고 충동구매가 줄어든다.

2. 혼자 쇼핑하라

친구와 쇼핑하면 은근히 부추김을 당할 수 있다. 혼자 쇼핑하거나 당신보다 더 많이 절약하는 사람과 함께 쇼핑하라.

3. 쇼핑하는 시간을 바꾸라

만약 당신이 일을 마친 금요일이나 토요일 오후마다 쇼핑하고 있었다면, 돈을 쓰지 않아도 되는 다른 재밋거리로 그 시간을 채워라. 반사적으로 하던 습관들을 바꾸라. 아예 대대적으로 고쳐라. 그러면 결국 쇼핑할 필요도 없어질지 모른다.

4. 작은 물건을 사라

불안을 잠재우기 위해 뭔가를 사야 한다면, 작은 (그리고 먹을 수 없는) 물건을 구입하라. 작은 꽃다발이나 잡지 혹은 립스틱 같은 것이 좋다.

5. '배고프고 화났을 때' 쇼핑하지 말라

배고프거나 화가 났을 때는 쇼핑하지 말아야 한다. 피곤하거나 기분이 언짢을 때도 마찬가지이다. 이럴 때는 음식을 약간 먹거나 잠을 조금 자거나 믿을 만한 친구 또는 상담사와 이야기해라. 쇼핑은 평평한 배 위에 있는 것처럼 평온할 때 해라.

아무리 절약한다 해도 절대 타협할 수 없는 것

나는 열렬하게 바라던 꿈을 이룰 수 있다는 이유로 감당할 능력이 있는지 확인도 해보지 않은 채 첫 집을 구입했다. 이 집 때문에 머리가 아플 줄 미리 알았더라면, 거기에서 몇 블록 떨어진 곳에 있는 그 절반 크기의 집을 절반 가격으로 기쁘게 구입했을 것이다. 곰곰이 생각했을 때 현재 내가 '절대 타협할 수 없는 것'이 네 가지 정도 있다. 아이들을 사립학교에 보내기, 연 1회 아이들과 해외여행, 주 1회 외식, 월 2회 가사도우미 부르기 등 이 네 가지는 절대 포기할 수 없다. 하지만 그 밖에 다른 물질적 목표는 이루지 못해도 상관없거나 이미 가진 것을 활용해서 처리한다.

지금 나는 작은 셋집을 얻었고, 한번 사면 3년에서 5년은 족히 사용할 수 있는 기본 정장과 부츠를 구입하며, 내 머리는 손수 자르고 염색한다. 별로 좋아하지 않는 물건에 관심을 두지 않으면 실제로 돈을 절약할 수 있다. 그리고 진정한 자유를 누릴 수 있다. 필요할 때를 대비해서 현금을 마련했기 때문이다. 수입이 괜찮은데도 자꾸만 돈이 없어진다면, 절약이 방법이다.

당신의 타협 불가 목록은 내 것과 다르겠지만 서로 목표는 같다. 소중한 것에 돈을 쓰고 나머지는 저축하는 것이다. 그렇다면 당신이 절대 타협할 수 없는 것은 무엇인가? 반드시 지출해야 하는 목록을 네 가지로 제한해보자. 각 항목의 금액은 크기도 하고 작기도 할 것이다. 신발이나 옷, 평일 점심은 밖에서 먹기, 새 차 리스 등이 목록에 포함될 수 있다. 이런 것들에 돈을 쓰지 않으면 구속받는 느낌이 들고 너무 엄격하다는 생각이 들면서 안절부절못하게 되어 돈 관리를 완전히 포기하고 싶어질지 모른다. 그러니 이 목록은 한쪽에 잘 모셔두어라. 아무도 건드리지 못할 것이다.

이제는 타협할 수 있는 목록(그다지 좋아하지 않는 것들)에 얼마나 쓰고 있고 얼마를 더 절약할 수 있는지 계산해보라. 여기에서는 정확한 금액을 보여줘야 한다.

부채 규모 통계

2013년에 미국 중산층 가정은 카드빚이 평균 1만 5,000달러였고, 이자로 매년 2,500달러를 냈다! 미국 문화를 비난하고 싶겠지만, 현실은 훨씬 더 복잡하다. 2003년 이후로 가계 소득은 26% 증가했지만, 생활비는 29% 상승했다. 가계 빚은 가계 소득보다 15%나 빠르게 늘어났다. 그리고 의료비는 51%, 식료품비는 37% 올랐다.

만약 비싼 도시에 살고 있다면, 병원비와 학비, 생활비 등의 물가를 고려했을 때 상황은 더욱 나쁘다. 좋은 직장에 경력도 확실한 전문직 종사자들도 겨우 먹고살기 때문이다.

카드빚을 관리할 방법을 찾아라

지나친 소비와 부채, 신용카드에 의존해 살기는 쉽다. 아니 대단히 쉽다. 만약 일상적으로 카드빚을 지고 있다면, 이제는 용기를 내어 이 문제를 마주할 때이다. 빚이 꼭 나쁜 것은 아니다. 하지만 처음에는 별로 사고 싶지 않았던 물건 때문에 빚을 진다면 값비싼 대가를 치를 것이다.

카드 대금 청구서를 다른 곳에 두었다가 대금 결제일을 놓치는 바람에 추가로 수수료를 부담했던 적이 있는가? 또는 자신의 머니 스토리에 깊숙이 빠져 이렇게 생각한 적은 없는가? '난 못해. 너무 어려워. 그래 봐야 달라질 게 뭐야?' 간혹 빚을 물려받는 사람도 있다. 배우자가 당신 회사를 날려버렸거나 이혼할 때 배우자가 빚을 남기는 경우이다. 이런 일은 정말로 불공평하다. 하지만 어쨌든 당신이 빚을 갚아야 한다. 종종 빚을 관리하는 방법과 신용거래 방식은 서로 통한다.

빚은 우리 인생에 불쑥 들어오는 커브볼이나 보이지 않는 부분을 들여다볼 수 있는 창이다. 우리 집 거실에 반쯤 망가져 널브러져 있는 스무 개의 바비 인형처럼 신용카드는 플라스틱 장난감과 같다. 신용카드에는 원인과 결과가 없다. 식당 종업원처럼 현금을 받는 직업에 종사해 본 사람은 자기가 하는 일과 구매력 사이에 직접적 관계를 파악할 수 있다. 현금을 사용하면 그 돈이 어디에서 와서 어디로 흘러가는지 자연스럽게 확인할 수 있다. 하지만 신용카드를 쓰면 직접적 관계를 파악하기 어렵다.

빚이 너무 많은 사람은 다음에 소개하는 실비아와 질의 이야기를 한번 들어보라.

돈 문제는 한꺼번에 터진다

2005년에 실비아 플로레스는 광고감독자로서 갑자기 성공 가도를 달리게 되자 돈으로 할 수 있는 모든 일을 즐겼다. 특히 그녀의 연봉이 25만 달러 이상이 되자, 신용카드 회사들은 노골적으로 매력적인 제안을 늘어놓았다. "마치 모노폴리 게임에서 사용하는 가짜 돈과 같았어요." 실비아가 말했다. "큰 집과 비싼 자동차, 예쁜 옷 등을 사면서 모두 신용거래를 했는데, 그 금액이 무려 50만 달러나 되더군요." 하지만 과도한 지출은 돈이 흐르는 방식이 그렇듯 한꺼번에 문제를 일으켰다. 부동산 시장이 붕괴했고 미국은 심각한 경기침체에 빠졌다. 실비아는 예상하지 못한 의료비를 지출해야 했고 그즈음 이혼도 했다. "저는 제 수입의 반을 전 남편에게 주고 있었고, 거기다 이혼 전에 부부가 졌던 빚을 거의 혼자서 책임져야 했어요. 정말 괴로웠습니다." 그동안 순항하던 실비아는 빙산에 부딪혔다. 그녀는 내가 하지 말라고 경고했던 행동을 했다. 자신의 퇴직연금 계좌를 해지해서 전체 빚 중 44만 달러를 갚았다. 그래도 여전히 빚이 12만 달러가 남아있었고, 내야 할 세금도 있었다.

실비아의 빚은 규모가 너무 컸다. 56만 달러까지는 아니더라도 당신 역시 상환하기에 버거울 정도로 빚을 지고 있을지 모른다. 실비아의 이야기는 지극히 정상적이다. 하지만 데이브 램지 Dave Ramsey의 말처럼, 우리는 "빚이 정상인 사회에서 별종이 되어야 한다."

신용카드는 기대기 딱 좋은 도구

앞 장에서 질 다비의 예를 언급했었다. 이번에는 좀 더 깊이 그녀의 이야기를 들여다보겠다. 질은 텔레비전 회사의 신입사원으로 연봉이 3만 달러도 되지 않았다. 그녀는 물가가 비싼 뉴욕에 살면서 친구들과 술집에 가기를 즐겼고 쇼를 보는 것도 좋아했다. 놀거리가 많은 도시에서 20대를 즐기는 것이 잘못은 아니지만(나도 그랬으니까), 문제는 연봉 대부분이 집세 내는 데 사용되므로 남는 돈이 거의 없다는 사실이었다. 이런 상황에서 신용카드는 기대기 딱 좋은 도구였다. 신용카드 회사에서 온 전화를 받고 나서야 그녀는 비로소 눈이 번쩍 뜨였다. 머니 코마에 억눌려 있다가 갑자기 깨어났다고 생각해보라. 그녀는 헤어나기 어려울 정도로 너무 깊이 머니 코마에 빠져있었다. 신용카드 세 장을 사용했고 다른 빚까지 지게 되면서 그녀의 총부채는 연봉인 3만 달러를 넘었다. 다른 사람들처럼 그녀도 자신의 현실을 무시하려고 애쓰고 있었다.

무의식적으로 지출하고 있었지만, 사실 질은 원칙주의자였다. 심각한 곤경에 처했다는 사실에 화가 나고 실망한 나머지 어느 날 밤 질은 자기 자신에 대해 곰곰이 생각했다. 파산하고 싶지는 않았다. 그녀는 자기 모습을 거울에 비춰보고 자신의 분노를 이용해서 주도권을 잡았다. 질은 이렇게 말했다. "갑자기 저는 단호하고 완강하며, 정말 무서운 사람이 되었어요. 대학 때 부모님이 만들어주셨던 카드 하나만 빼고 나머지 카드를 전부 잘라버렸죠. 자르지 않은 카드는 물을 채운 밀폐용기에 넣고, 냉동실에 그릇째 넣어버렸어요. 카드를 아예 사용하지 못하도록 말이에요."

질과 실비아는 직장 내 지위가 전혀 달랐지만, 가졌던 문제는 비슷했다. 그들은 자신의 빚과 그 빚을 관리할 수 있는 능력을 지나치게 과소평가하고 있었다. 이런 모습은 정상적이다. 소비자에게 신용거래의 장단점을 알려주는 너드월렛NerdWallet이라는 웹사이트가 2013년에 조사한 결과에 따르면, 응답자들이 자신의 빚이 얼마인지 답할 때 실제 지고 있는 액수보다 155%나 축소해서 적었다고 한다. 이 조사 결과는 우리가 상황의 심각성을 155%나 과소평가하고 있음을 보여준다. 당신이 여기에 속하지 않는다면, 고마운 일이다. 당신은 앞서나가는 사람이다. 계속 그렇게 하라.

은행이 고마워 하는 고객이 되지 말자

이제 신용거래가 어떻게 이루어지는지 알아보자. 은행과 카드 회사는 기업이다. 그들은 석유화학기업인 엑슨모빌이나 슈퍼마켓인 세이프웨이, 혹은 나이키와 비슷하다. 자체 상표가 있고, 당신 회사를 고객으로 유치하고 싶어 하며, 돈을 벌기 위해 당신에게 서비스와 인센티브를 제공한다. 당연한 말이지만, 당신에게 돈을 빌려주는 기업들은 돈을 **벌고** 싶어 한다. 그들은 더 나은 사회를 만들고자 지식을 제공하고 웰빙을 도와주는 도서관이 아니다. 그들은 기업이다. 모든 대출 기관(은행과 카드 회사, 학자금 대출업체 등)은 각종 대출 상품에서 발생하는 이자로 먹고산다. 만약 은행에 1,000달러를 예금하고 연 1%의 이자(1년에 10달러)를 받는 동시에 주방 개조에 필요한 5,000달러를 빌리기 위해 연 5%짜리 홈에쿼티론 HELOC, home equity line of credit(주택의 감정가에서 기존 융자금을 제외한 나머지 주택의 가치를 담보로 돈을 빌려주는 대출 상품—옮긴이)을 이용한다면 은행만 유리하다. 당신은 예금으로 받는 이자보다 4%를 더 대출이자로 내는 셈이다. 당신은 은행에 고마운 고객인 것이다.

하지만 신용거래가 반드시 **나쁜** 것만은 아니다. 지난 30년간 신용거래는 점점 이용이 쉬워졌다. 침묵의 세대 The Silent Generation(1928년에서 1945년 사이에 태어난 사람들)는 자녀 세대보다 신용거래를 적게 이용했다. 그래서 이들은 분수에 맞게 생활할 수 있었다. 그런데 이렇게 생각해보자. 베이비붐 세대와 X세대는 성장하면서 신용거래를 쉽게 하지 못했으나, 1980년대 중반과 1990년대 초반이 되자 갑자기 쉽게 이용할 수 있게 되었다.

신용거래 제도에도 장점(각종 특전 및 보상, 소비자 보호제도)과 단점(강탈 수준으로 높은 이자율, 연체 수수료)이 있다. 즉 밝은 면과 어두운 면이 있다. 게임에 참여하려면 먼저 그 게임을 잘 알아야 한다. 오늘날 북미 지역에 거주하려면, 신용점수가 필요하다. 자동차나 집을 구입하고 싶으면 자신의 신용점수가 좋다는 것을 입증해야 한다. 당신이 믿을만한 채무자이며 빚을 잘 갚는다는 것을 증명하려면 신용거래 실적이 필요하다.

신용이 쌓이면, 당장은 현금이 부족해서 가질 수 없는 물건을 살 수 있고, 나중에 대출도 더 많이 받을 수 있다. 신용점수가 높으면 부담할 이자가 줄어든다. 상환실적이 좋을수록 나중에 대출받을 때 낮은 금리를 적용받을 수 있다.

신용을 쌓으면 도움이 된다. 그러므로 대단히 세심하게 관리해야 한다. 신용점수가 높으면 주택담보 대출, 홈에쿼티론, 자동차 할부 등과 같이 큰 금액을 빌릴 때 금리 우대를 받을 수 있어서 수천 달러를 절약할 수 있다. 또한 더 나은 조건으로 보상과 보호를 받을 수 있다. 신용카드 회사는 구입한 상품의 품질보증 기간을 늘려주기도 하고, 렌터카에 대해서 충돌보험을 들어주거나, 쇼핑이나 여행상품 이용 시 사용 금액의 일부를 돌려주거나 포인트를 지급한다. 또한 대출 수수료를 낮춰주거나 아예 받지 않는다. 셋집을 얻거나 주택담보 대출을 받거나 자동차를 구입할 자격을 갖추면, 생활에 불편함 없이 살 수 있다.

신용점수가 높으면 이자를 줄일 수 있다. 만약 당신의 신용점수가 높다면(700점 이상), 금리를 낮추기 쉽다. 예를 들어 카드빚이 2만 달러인데 연이율이 23%가 아닌 7%라면, 이자를 매달 266달러나 적게 낼 수 있다. 이것을 12개월로 환산하면, 당신은 연간 3,000달러 이상을 절약하는 셈이다. 이는 큰 액수이다. 이런 상황은 주택담보 대출금이나 자동차 할부금을 낼 때도 마찬가지이다.

나쁜 빚이란 비용이 많이 든다는 의미이다

사람들은 좋은 부채와 나쁜 부채가 있다고 말한다. 만약 부채를 이용해서 확실한 뿌리를 만들 수 있다면, 그 부채는 위험을 감수할 만한 투자이다. 하지만 자산 가치를 떨어뜨리는 부채, 즉 한 철만 입을 수 있는 옷을 사려고 빚을 진다면, 당신은 이용당하고 있다는 사실을 모르는 것이다. 이제 무슨 일이 벌어질지 눈치챘는가? 빌린 돈은 당신이 그것을 유리하게 이용할 때까지 공짜 돈이 아니다.

2013년 어느 날, 이미 수년간 은행 잔고가 텅 비어있었던 상황에서 나는 4개월간 지고 있던 카드빚이 6,000달러라는 것을 갑자기 깨달았다. 10년 동안 이자로만 2,634달러를 내야 했었는데, 그 대신 이 돈을 투자했다면 어땠을지 상상해보라. 매년 복리로 5%

수익을 올렸다고 가정해보자. 10년 후에 내 돈은 4,290달러가 되었을 것이다. 물론 말이야 쉽다. 하지만 기회비용을 생각하면, 그게 얼마인가!

만약 당신이 '어맨다 스타인버그는 빚을 관리하는 데 도가 튼 사람이야. 분명히 그녀는 언제나 **올바른 방식**으로 카드 대금을 상환할 거야'라고 생각한다면, 그렇지 않다. 나도 의지를 굳게 하고 끊임없이 마음속 악마들과 싸워야 한다. 내가 두 달 동안 외면했던 의료비 청구서를 마침내 들여다보았을 때, 명치끝이 저리기 시작했다. 위가 쓰리다. 컴퓨터 앞에 앉자마자 잠시 숨을 참고 트위터를 한 번 더 점검할지 아니면 은행 홈페이지에 접속할지 고민했다.

만약 당신에게 카드빚이 **많다면**, 나는 거짓말하지 않고 이렇게 말하겠다. 당신은 대대적인 변화가 필요하다. 직장을 바꾸든 고정지출을 줄이든 방법은 있겠지만, 그 방법이 별로 마음에 들지는 않을 것이다. 그렇다고 자신이 직접 통제할 수 없는 구원이라는 환상에 의존하지 마라. 예를 들어 내 친구 메리는 기업금융 전문가와 결혼했는데, 이후 남편의 빚이 수십만 달러라는 것을 알게 되었다. 그리고 엘리자베스는 아버지가 돌아가시면 유산으로 백만 달러가 넘는 돈을 물려받으리라 예상했었다. 하지만 정작 그녀는 한 푼도 물려받지 못했다.

계획을 세워서 나쁠 것은 없다. 계획이란 제대로 작동하지 않는 삶을 재창조할 구실이자, 더는 자신에게 유리하지 않은 일을 그만둘 기회이다.

난 이제 자유다!

낙천주의자인 실비아 플로레스는 자신의 재정 상태를 처음부터 들여다보기 시작했다. 그녀는 남아 있는 빚 12만 달러를 상환하는 데 지나치게 조급해하지 않기로 했다.

"제 가족은 몹시 가난했고 농장에 살면서 뭐든 직접 해결하며 살았어요. 그래서 저는 제가 다시 기본으로 돌아갈 수 있다는 것을 알았어요. 그냥 저 자신에게 검소한 생활이 흥미롭고 창조적일 수 있다고 상기시키기만 하면 되었답니다."

실비아는 스프레드시트를 만들어 매달 어디에 지출할지, 얼마나 소비할 수 있는지, 빚을 언제쯤 청산할 수 있을지 계획을 세웠다.

"빨간색으로 '**상환 완료**'라고 표시할 때마다 정말 흐뭇했어요. 이렇게 표시한 줄들을 절대 지우지 않았죠. 이것은 일종의 게임이었어요. 스프레드시트 전체가 빨갛게 되면, '난 이제 **자유다!**'를 외칠 수 있겠죠."

바람직한 신용카드 사용습관

(1) 카드 대금은 제때 상환하라

신용점수의 35%는 대출금이 제때 상환되었는지를 따진다. 신용카드에 최소결제금액을 설정해두면 상당히 간편하다. (우리나라의 카드 대금 리볼빙 서비스는 신용점수 관리에 도움이 되지만 이월 금액에 대한 수수료가 높은 편이므로 자신에게 중요한 것이 무엇인지 잘 따져봐야 한다.—옮긴이)

(2) **카드 대금은 4개월 안에 완납하라**
    카드 사용 대금을 매달 완납하는 것이 이상적이지만 많은 사람의 경우 이는 비현실적이다.

(3) **적어도 매달 최소결제금액의 두 배는 결제하도록 해라**
    최소결제금액보다 더 많이 결제하면 이자 비용이 급격히 줄어든다.

(4) **보수적으로 행동하라**
    개인 신용카드는 2개가 이상적이다. 5개 이상 발급받지 않도록 주의해라.

    신용카드가 많으면, 금융기관에서 당신을 신뢰할 수 없는 사람(문제가 생겨서 부채를 상환할 수 없는 사람)으로 기록할지 모른다. 또한 카드를 여러 개 사용하면, 자신의 지출 내용을 추적 관리하기 어렵다는 점은 말할 필요도 없다.

(5) **자신의 장기적인 꿈을 주시하고 우선순위를 매겨라**
    주택담보 대출을 받고 싶은가? 아니면 휴가를 떠나고 싶은가? 카드 회사들이 당신의 돈을 노리고 있다는 사실을 잊지 마라. 카드사의 영업이익을 늘려주는 게임에 참여하지 않도록 한다. 당신은 자신이 원하는 삶을 살면 그만이므로 거기에만 집중하라. 진정한 가치를 희생해서 거짓된 삶을 살지 마라.

신용점수!

당신의 신용기록에는 대출이든 신용카드든 당신이 빌려 쓴 돈과 상환실적이 모두 담겨있다. 이 정보는 당신의 '신용평가보고서'에 담기고, 이를 토대로 300점부터 850점 사이에서 **신용점수**를 부여받는다. 신용점수는 높을수록 좋다.

파이코 스코어FICO Score(미국의 Fair Issac Corporation사가 제공하는 개인 신용평가 서비스이다. 우리나라의 경우 NICE평가정보 등의 신용평가 기관에서 신용점수 및 신용등급을 확인할 수 있으며 산정 기준은 파이코와 대략 비슷하다.—옮긴이)라고 부르는 개인 신용점수는 다음과 같은 기준으로 산정된다.

- 35% 상환실적(제때 상환하는가?)
- 30% 현재 부채 금액(대출한도 금액에 가까운가?)
- 15% 신용거래 기간(얼마나 오랫동안 대출을 이용해 왔는가?)
- 10% 신규 거래(오래 거래하고 다양한 상품을 이용한 경우가 가장 좋다.)
- 10% 과거에 이용했던 상품(얼마나 다양한 상품을 이용했는가?)

여건이 되면 부업을 시도해보라

카드빚을 어떻게 줄일지 정말로 진지하게 생각해보라. 이를 위해 부업이라도 해야 할까? 일시적으로 하되 한번 시도해보라. 프리랜서로 돈을 벌기 시작한 지 얼마 되지 않았다면, 세금을 대비해서 반드시 수입의 30%를 저축해둬야 한다. 그렇게 하지 않으면 갑작스럽게 세무서로부터 납세고지서를 받고 속상할 것이다.

이런 세부적인 내용이 이해되지 않더라도 책을 계속 읽어야 한다. 널리 알려진 말처럼, 로마는 하루아침에 이루어지지 않았다. 여기에서 언급한 요령들은 나중에 다시 읽어봐도 괜찮다. 전문용어와 전략만 배워도 꽤 효과적으로 손익 관리를 할 수 있을 것이다.

자신에게 의심이 들기 시작하면(혹은 아무 때나), 다음과 같은 주문을 외우도록 한다.

돈이 내게 선택권을 준다.
인생에 커브볼이 들어오더라도
'나는 돈을 잘 다루지 못해'라고 생각하지 않는다.
인생 여정에는 부침이 있다.
나는 매일 의식적으로 지출하고 저축하면서
안전과 자유를 확보한다.
이 일은 할 만한 가치가 있다.

지금까지 수입과 지출, 신용을 관리하는 방법을 배웠으니 앞으로는 저축에 관해 정말로 진지하게 알아보겠다. 이는 마법처럼 모든 것을 하나로 통합하는 이야기이다. 저축은 화산 속에 있는 불씨와 같다. 저축은 빚을 갚고 뿌리에 자금을 댄다. 이것은 순자산의 비밀 병기이다.

11

재정 안정성을 확보하라

혼돈에서 질서로 나가자.

2014년 갤럽 조사에 따르면, 미국인의 30%만이 예산 관리를 제대로 한다고 한다. 즉 70%는 관리를 못 한다는 의미이다. 그 이유가 무엇일까? 청구서 금액은 늘 달라지고, 예측하지 못한 위험이 발생하기도 하며, 인생에 중요한 변화가 생기기도 한다. 그리고 평범한 사람의 머리는 매달 500개나 되는 다양한 거래들을 추적해서 말끔하게 정리하고 분류할 준비가 되어 있지 않다. 내 생각에 70%라는 숫자는 대부분의 사람에게 예산 관리가 별 효과가 없다는 것을 의미한다. 사람들은 예산을 세우자마자 스스로 설정한 한도를 지키지 못한다. 그러면 실패자가 된 것 같은 기분이 든다.

만약 당신이 예산 계획을 잘 지키고 매달 카드 대금을 결제하는

30%에 속한다면, 하던 대로 계속해라. 그러나 여기에 속하지 못한 사람들을 위해 나는 '버킷팅bucketing'(용도별로 지출예산을 분류해서 관리하는 방식—옮긴이)이라고 알려진 개인 재무 관리 시스템을 일부 수정해서 새로운 방법을 만들어냈다. 나는 이 방법을 '머니 클래리티money clarity'라고 부르며, 이 방식은 다음에 소개할 범주에 맞게 자신의 실제 숫자를 배정함과 동시에 시작된다.

도움이 된다면, 이 책의 여백에 당신의 숫자를 적어도 좋다.

어떤 방법을 선택해서 연습해도 상관없지만, 거기에는 '들어오는 돈'과 '나가는 돈'을 반드시 포함해야 한다. 매달 순수입은 어디에서 들어오는가? 그리고 어디에 지출해야 하는가?

은행 홈페이지에 접속해서 계좌를 확인하는 작은 행동조차도 괴로운 사람이 있다. 우선 사용자 이름과 비밀번호를 입력한다. 인증되기를 기다리지만 실패한다. 본인임을 확인하는 질문이 뭐였지? 그런데 이 질문은 3년 전에 설정한 것이다. 어린 시절 우리 집 자동차의 내부 색상이 뭐였냐고? 난 그때 네 살이었는데 알 리가 있나. 차라리 냉장고를 정리하거나 그동안 못 봤던 드라마나 찾아서 보는 게 낫겠다. 정말 장난하는 것도 아니고.

그래, 이제 그만두자. 비디오 게임을 기억해라. 황금동전도.

그동안 얼마나 정리를 잘했는지에 따라 통장 입출금명세를 살펴보는 일이 손쉬운 사람이 있고, 시간이 걸리는 사람이 있다. 당신은 정기적으로 입출금 내용을 조회하는 사람일 수도 있고 아니면 한동안 점검하지 않은 사람일 수도 있다. 과거 행동 때문에 자기 자신을 비난하지 마라. 부끄러워하지 말고 게임에 참여하자. 당신이 여기까지 읽고 있다는 것은 자기파괴 단계를 넘어섰다는 의미이다. 계좌들을 살펴보면서 가진 돈을 정리했다면, 다음 단계로 넘어가자.

들어오는 돈과 나가는 돈

자신의 재정 상황을 통제한다는 느낌은 매달 얼마를 쓸 수 있는지 확인했을 때 느껴지는 순수한 황홀감으로 시작된다. 당신의 손익은 플러스인가 마이너스인가? 먼저 들어오는 돈(수입)을, 그다음에는 나가는 돈(저축, 생활비, 기타 지출)을 정리하고, 실제 벌어지는 일이 무엇인지 파악하기 위해 그 두 가지를 종합해서 살펴볼 것이다.

들어오는 돈: 매달 세후 순수입은 얼마인가?

프리랜서 주의사항! 자영업자는 세금으로 납부할 돈을 수입에 포함하면 안 된다. 이는 대단히 중요하다! 이런 실수는 최선을 다해 돈을 벌려는 노력을 물거품으로 만들 수 있다. 당신은 돈이 있다고 생각하지만, (저런!) 사실 그것은 정부에 줄 돈이다.

나가는 돈: 저축 + 고정 지출 + 변동 지출

저축: 비상금과 커브볼(나중에 더 다룰 예정), 그리고 퇴직연금 계좌에 매달 얼마를 적립할 수 있는가? 들어오는 돈의 20%가 이상적이다.

고정 지출: 신용카드 대금, 주택담보 대출 상환금, 학자금 대출 상환금 등 매달 반드시 지출해야 하는 고정 지출 항목에는 어떤 것들이 있는가? 들어오는 돈의 60%가 이상적이다.

변동 지출: 있으면 좋은 물건을 사는 데 지출하는 비용을 말한다. 들어오는 돈의 20%가 이상적이다.

손익: 들어오는 돈에서 나가는 돈(저축과 고정 및 변동 지출의 합)을 뺐을 때 남는 돈은 얼마인가?

만약 손익 란에 '남는 돈'이 있다면, 당신은 황금동전과 하트를 추가로 얻은 것과 같다. 하지만 남는 돈이 없다면, 당신의 머니 스토리가 꿈틀대면서 곧바로 머리를 아프게 할 것이다. 하지만 괜찮다. 잠시만 머니 스토리에게 잠자코 있으라고 말해라.

현금 흐름을 수정하다!

지금 목표는 자신의 순자산을 플러스로 만드는 것이라는 점을 기억하라. 그렇게 하려면 대출금과 이자를 포함해서 지출하는 만큼의 돈을 저축해야 한다. 고금리 부채가 있더라도 이렇게 해야 순자산을 플러스로 만들 수 있다. 실생활에서 이용하는 방법을 설명하기 위해 사례 하나를 소개하겠다.

저지시티에 사는 올리비아와 매트 부부는 매달 부부합산 순수입이 만 달러이다. 쌍둥이를 출산한 후 부부의 카드빚은 병원비, 아기 침대 구입비, 올리비아가 복직했을 때 야간 간호사에게 지출한 돈 등 예상하지 못한 육아비용 때문에 9,000달러까지 증가했다.

이들 부부의 월별 '머니 클래리티' 계산표는 다음과 같았다. (독자의 이해를 돕기 위해 각 숫자는 간단하게 어림수로 표시했다.)

들어오는 돈: $10,000

저축: $2,000
- $1,000 한 달 치 비상금
- $1,000 퇴직연금 적립금

고정 지출: $7,000
- $2,000 주택담보 대출 상환금 및 아파트 관리비
- $2,000 어린이집
- $400 카드빚 상환금
- $600 공과금
- $1,000 식료품 및 기타 생활비(지금은 기저귀 값도 포함됨!)
- $1,000 자동차 할부금, 보험료, 주차료

변동 지출: $1,000

부부의 비상금과 카드빚은 쌍둥이가 태어난 후부터 유동적이다.

비상금 잔액: 많을 때는 1만 5,000달러까지 있었지만, 지금은 3,000달러로 위험한 수준이다.

카드빚: 3,000달러에서 지금은 9,000달러까지 증가했고, 이자율은 16%이다.

올리비아와 매트는 둘 다 한 손에는 맥주를, 다른 손에는 아기 우유병을 들고서 고갈되고 있는 저축액과 늘어나는 빚을 계산한다.

우선, 그들은 매달 퇴직연금에 적립했던 1,000달러를 반으로 나누어 카드빚 상환에 500달러를 더 쓰고, 급격하게 줄어든 비상금 통장에 500달러를 추가로 넣고 있다. 이 숫자들은 독자에게 요령을 알려주려는 목적으로 단순화한 것이므로, 세금 때문에 금액이 변동되는 것은 생각하지 말자. 어쨌든 이렇게 하면 매달 그들의 비상금 적립액은 1,000달러에서 1,500달러로 올라가고 카드빚 상환액도 400달러에서 900달러로 늘어난다. 이런 식으로 계속하면 1년 안에 비상금 잔액은 1만 5,000달러를 회복하고 카드빚은 청산할 수 있다.

이들 부부의 새로운 '머니 클래리티' 계산표는 다음과 같다.

저축: $1,500
- 모두 비상금 계좌에 적립

고정 지출: $7,500
- 카드빚 상환금 900달러 포함

변동 지출: $1,000

아마도 지금 당신은 '이자율이 16%나 되니까, 기존에 퇴직연금 적립금 1,000달러를 전부 카드빚 상환에 쓰는 게 낫지 않을까요?'라고 생각할 것이다.

그러나 그렇지 않다. 이유를 설명해보겠다. 올리비아 부부의 비상금이 1만 5,000달러에서 3,000달러로 대폭 줄어드는 동안 카드빚은 3,000달러에서 9,000달러로 급격하게 증가했는데, 이는 앞으로 더 많은 부채를 짊어질지 모른다는 의미이다. 쌍둥이가 생겼으니까! 만약 그들이 비상금을 희생해서 카드빚만 상환한다면, 빚은 빚대로 계속 늘어나고 갑자기 현금이 필요할 때 쓸 수 있는 돈은 부족해진다.

이들 부부가 퇴직연금에 적립을 중단해도 순자산은 줄어들지 않는데, 그 이유는 적립금을 투자해서 발생하는 수익과 카드빚을 상환함으로써 절약되는 이자가 서로 상쇄되기 때문이다.

카드빚 9,000달러가 1년 내내 유지될 경우 연이율이 16%이므로 연간 부담하는 이자는 약 799달러에 달한다. 그런데 퇴직연금에 매달 1,000달러씩 1년간 적립하고 투자수익률이 연 5%라고 한다면, 연간 수익금은 총 600달러이다. 즉 카드빚 때문에 내야 하는 이자 799달러는 퇴직연금 적립금의 예상 투자 수익인 600달러보다 많다. 또한 비상금이 줄어들면 나중에 부채가 더 늘어나고 그에 따라 내야 하는 이자도 더 많아진다.

그러므로 저축할 돈을 비상금과 카드빚 상환금으로 나누는 방법이 부채를 청산할 때까지 계속해야 하는 가장 안전한 방법이다. 그렇게 하지 않으면, 이자 비용이 계속 늘어나 결국 순자산이 줄어든다.

앞으로 어떤 모습으로 살고 싶은가?

'머니 클래리티'를 확보했다는 의미는 자기가 가진 돈의 모든 측면(목표 숫자, 돈에 대한 생각과 행동)을 분석했다는 것이다. 자신이 어떤 사람이고 지금 어디쯤 와 있는지 편안하게 생각하라. 인생은 놀라움의 연속이고 항상 무슨 일이 벌어지지만, **그렇다 하더라도** 자신의 부채 현황과 상관없이 더 저축하고 덜 소비할 수 있다. 이 일은 할 만한 가치가 있다.

이해를 돕기 위해 기본 규칙을 설명하면 이렇다. 자신의 재무 상태를 점검하는 일은 완벽한 자신이나 형제자매, 동료 등 다른 사람과 경쟁하는 것이 아니다. 카드빚이 2만 달러인 사람이든 퇴직연금에 20만 달러를 적립한 사람이든 상관없다. 한두 번 연습해서 자신의 재무 상태를 '확정'하는 것이 아니다. 지금 무엇을 가졌는지 **살펴보고**, 앞으로 필요한 것을 파악해서 준비하며, 현재 모습과 앞으로 바라는 모습 사이의 간극을 확인하는 것이다.

이 간극을 즉시 해소할 필요는 없다. 나도 내 삶을 재정비해서 재정난에서 벗어나는 데 5년이 걸렸다. 고통과 황홀감 속에서 보낸 5년 동안, 나는 저택에서 작은 아파트로 이사함으로써 고정 지출을 대폭 줄였다. 만약 지금까지 이 책을 읽었다면, 당신도 돈에 관한 생각과 태도가 명확해지는 중이다. 그러므로 한순간이라도 자신의 재무 상태에 속상해한다면 이는 원칙에 어긋난다.

재정 안정성에 관한 FAQ

지금 당신은 질문거리가 아주 많을 것이다. 그래서 궁금할 것 같은 질문들을 답변과 함께 다음과 같이 정리해보았다.

"은행에서 어떤 계좌를 만들어야 하나요?"

다음과 같이 추천한다.

당좌예금: 급여를 모아놓는 계좌 혹은 자영업자라면 사업소득에서 '인출'한 돈을 모아 놓는 계좌(9장을 참조할 것)이다.

비상금: 저축한 돈이 있으면 남다른 힘이 생긴다(정말 그렇다). 이 점을 뼛속까지 이해한다면 더 많이 저축하고 싶어질 것이다.

우선 비상금 계좌에 1,000달러를 넣어둔 다음, 한 달 생활비만큼 모아야겠다고 목표를 세운다. 전문가들은 3개월에서 6개월 정도 버틸 수 있는 금액이 적당하다고 말한다. 하지만 현실적으로 나는 일단 하나씩 시작한 다음 천천히 늘려가라고 말하고 싶다. 빚을 제대로 관리하지 못하면, 카드 대금으로 거액을 상환하고 나서 얼마 지나지 않아 다시 빚을 지게 될 확률이 높다. 추가로 빚을 지지 않으려면 여윳돈을 저축과 빚 상환 용도로 나누어야 한다.

퇴직연금: 직장인은 401k나 그와 유사한 퇴직연금 계좌를 마련

해야 한다. 자영업자라면 IRA가 필요하다. (우리나라의 경우, 직장인은 확정급여형DB 또는 확정기여형DC 퇴직연금제를 활용할 수 있고, 자영업자라면 개인형 퇴직연금제IRP를 활용할 수 있다.—옮긴이)

"빚 때문에 저축하지 못한다면 어떻게 하죠?"

가방을 샅샅이 뒤져서 찾은 동전을 병에 넣어라. 당신은 방금 75센트를 저축한 것이다. 다음 주에는 그 돈이 두 배가 될 것이다. 저축은 습관이지 뒤늦은 후회가 아니다.

"저축하려고 노력하지만 계속 돈이 없어져요. 어떻게 신념을 지킬 수 있을까요?"

나는 오늘 아침에 눈을 떴을 때 가사도우미에게서 다음과 같은 문자를 받았다.

사모님 댁 고양이 두 마리에게 벼룩이 생겼어요. 벼룩이 온 집안에 들끓고 있네요. 제가 청소하는 다른 집에 벼룩이 옮을까 봐 사모님 집을 청소할 수가 없답니다. 해충방제업체를 부르세요. 그때까지 사모님 집에는 갈 수 없습니다.

아주 듣기 좋은 아침 인사였다(긁적긁적). 몇 시간 후 나는 동물병원에서 보낸 진료비 청구서 두 장, 고양이 벼룩 약 처방전 두 통, 해충방제업체 출장비 등 합계가 적어도 600달러나 되는 청구서들을 받아들고 난처해진다. 내가 직접 세탁기와 청소기를 돌려야 하고, 이번 주와 다음 주에 동물병원에도 가야 하는 것은 말할 필요도 없다.

당신은 매달 자동차와 관련해서 얼마 지출하는지 대충 알고 있었지만, 보험회사에 자기부담금 500달러를 내야 한다는 사실은 몰랐을 것이다(헉!).

자, 당신은 이 돈을 신용카드로 결제하겠는가 아니면 저축해 둔 돈으로 지불하겠는가? 이미 카드빚이 있다면 신용카드를 사용하는 방법은 좋지 않다. 그렇다고 비상 상황이 아닌데 비상금에 손을 대야 한다면 뭔가 뒷걸음질하는 느낌이 들 것이다.

완벽하게 조율된 지출 계획이 예상하지 못한 사건 때문에 어긋나버렸다. 저축한 돈을 거덜 낼지도 모를 당황스러운 사건들을 제대로 관리하려면, '커브볼 자금'이라는 이름으로 별도 계좌를 만들어야 한다. 급여가 들어올 때마다 200달러를 이 계좌로 이체하되, 잔액 한도는 500달러로 설정한다. 이 자금은 금방 소진되겠지만, 어쨌든 가지고 있으면 비상금 통장과 같은 다른 계좌에서 돈을 빼지 않고도 이번 주에 수의사와 해충방제업체에 지불할 비용을 처리할 수 있다.

커브볼 자금은 3개월마다 없어진다고 생각하고, 최대 500달러만 넣어 두자. 저축계좌에 돈을 넣어두면 지출을 덜 하게 된다. 이 방법은 가능한 한 카드를 적게 사용하고, 자신감을 높이며, 비상금을 늘리기 위해 내가 사용하는 심리적 속임수이다.

"저축계좌가 왜 그렇게 많이 필요하죠?"

날마다 자기 생활을 효과적으로 통제하고 있다면, 커브볼 자금을 마련할 필요도 없고 카드 사용을 자제하지 않아도 된다. 오늘날 많은 여성이 돈 관리를 어렵게 생각한다. 과연 1950년대 가정주부는 좀 더 나았을까? 우리보다 앞선 세대의 여성들이 알고 있던 옛 지혜를 우리는 잊었을까? 문제는 예산 관리도 다이어트처럼 행동을 제한하므로 성공과 실패라는 두 가지 기준으로만 결과를 평가한다는 점이다.

이번 주 친구 생일 파티 때 75달러를 쓸까(실패), 말까(성공)? 친구의 마흔 번째 생일인데도? 가혹하지만 당신은 친구와 예산 중 하나를 선택해야 한다. 그럼 당신은 자기가 돈 관리를 잘하지 못한다고 생각할 것이다. 그리고 (카페라테를 마시지 않아) 체내 카페인이 부족한 탓에 불만스럽고 초조해진다. 그러면 당신은 그만둔다. 수입의 40%를 어디에 지출했는지 세세하게 분석했으므로, 이 전략이 자신에게 도움이 될 줄 알았지만… 당신은 자기 방식에 확신이 없다.

"계좌는 어디에서 만드나요?"

현재 거래하는 은행이 고객 몰래 거래 수수료와 초과인출 수수료를 부과하지 않고 당신도 그 은행에 만족하고 있다면, 계속 이용하라. 하지만 그렇더라도 인터넷 전문은행을 이용하는 것도 고려해보라. 인터넷 은행은 1995년에 처음 시작되었다. 이것이 개인의 은행 이용 방식을 바꾸었다고 해도 과언이 아니다. 회원인증만 받으면 안전하게 이용할 수 있는 인터넷 은행의 장점은 대단히 많다. 금리를 우대받고, 수수료 없는 계좌도 여러 개 만들 수 있으며, 은행 홈페이지와 모바일 애플리케이션을 통해 편리하게 은행 업무를 볼 수 있다. 또한 연중무휴로 고객서비스 센터를 이용할 수 있고, 수수료 없이 온라인 청구서의 요금을 납부할 수 있다. 심지어 예산 관리와 재무 예측, 세금 신고를 할 때도 실질적인 도움을 받을 수 있다.

당신의 이야기를 들어볼 차례

당신의 현금 흐름은 어떤가? 계좌는 어디에서 만들 예정인가? 어떻게 보면 이 질문들은 별로 어렵지 않다. 현금이 한 계좌에서 다른 계좌로 이동하는 것을 머릿속에 그려보면, 무엇이 가능할지 깨닫고 놀랄 것이다. 하지만 다소 벅찬 장애물을 만나기도 한다.

카렐 로하스는 용도별로 구분해서 저축계좌를 관리하고, 애플리케이션을 이용해서 지출 금액을 정리한다. 덕분에 카렐은 수시로 자신의 재무 상태를 점검할 수 있다. 그녀는 이렇게 말한다. "가끔 어떤 결정을 내리기 전에 애플리케이션을 먼저 살펴봐요. 앞으로 3일 동안 쓸 수 있는 돈이 20달러 밖에 없다면, 택시 대신 지하철을 타는 식으로 원래 하려고 했던 일을 포기해요. 사고방식이 바뀐 거죠." 카렐은 지출 한도를 설정한 덕분에 통제력과 힘이 많이 생겼다는 것을 깨달았다. 만약 그녀가 매주 150달러를 지출하기로 정했다면, 내키는 대로 토요일에만 100달러를 쓰고 나머지 날에는 절약하며 생활할 수 있다. "무모하게 돈을 쓰고 나서 뒤늦게 깨닫고 후회할 때보다 훨씬 자유로워졌어요."

내 친구 조시를 만나보자. 그는 기술 관리자로 일하면서 1년에 약 15만 달러(큰 액수이다)를 벌었는데, 이는 그가 일류 직장에 다니거나 회사를 경영하기 때문이 아니었다. 작년에 서른여섯 살이 된 그의 저축액은 100만 달러를 넘어섰다. 대체 그는 어떻게 했을까? 그가 '저축왕'이라고 부르는 그룹에 속해있긴 하지만, 그렇다고 슈퍼맨은 아니다. 조시가 직장에 다닌 지 불과 15년 만에 그렇게 많은 돈을 저축할 수 있었던 이유는 수입이 안정된 상태에서 항상 저축과 투자에 우선순위를 두었기 때문이다. 실제로 그는 자신의 행복을 희생하지 않는 범위 내에서 가장 저렴한 선택을 하는 방식으로 게임을 이끌었는데, 예컨대 식당에서 별로 비싸지 않은 음식을 주문하거나 '모두가 원하는' 지역에서 스무 블록이나 떨어진 곳에서 아파트를 임대하는 식이었다.

내게 화내지 말기를 바란다. 나는 당신에게 왜 조시처럼 살지 않았냐고, 인생을 즐기면 안 된다고 말하는 것이 아니다. 또한 성별의 차이를 거론하는 것도 아니다. 전혀 아니다. 남성이 여성보다 돈 관리를 더 잘하지도 더 못하지도 않는다. 이는 관점의 문제이다. 차이가 있다면, 조시는 자신의 연봉을 성공했다는 증거로 여기지 않았다는 점이다. 그는 단순히 지출과 저축을 습관처럼 받아들였다. 돈을 쓸 때처럼 모을 때도 재미있다는 사실을 알고 있었다.

미래는 지금부터 시작이다

진심에서 우러나오는 감정을 억눌러봤자 도움이 되지 않는다. 들어오는 돈과 나가는 돈에서 세부 내용이 달라질 때마다 당신은 목표 숫자들을 조정할 수 있다. 이직해서 급여가 달라지거나, 집세 및 주택담보 대출 상환금이 바뀌거나, 결혼 혹은 이혼을 하거나, 학자금 대출금이 있다는 사실을 기억해냈을 때 등 상황이 바뀔 때마다 관련 숫자들을 조정해야 한다.

가끔 지출 금액이 커지기도 하는데, 그 이유는 말 그대로 예측하기 곤란한 가변 비용이 있기 때문이다. 만약 들어오는 돈과 나가는 돈을 확인하고 나서 위축되는 느낌이 든다면, 신속하게 행동을 취해서 머니 스토리가 등장하지 않도록 해야 한다. 지출이 많았다고 해서 수치심을 느끼거나 뒷걸음질해서 머니 코마로 빠져들면 안 된다. 그냥 상황을 파악한다. 그러나 머니 스토리가 너무나 강력하다면, 두려워할 시간을 5분만 갖는다. 타이머를 설정해라. 휴대폰에 있는 스톱워치나 주방용 타이머, 알람시계 등 뭐든 편하게 이용할 수 있는 물건을 사용해라. 스스로 실패자라고 느끼는 시간은 5분까지만 허용한다. 바닥에 드러누워서 "나는 얼마나 끔찍한 사람인가!"하고 한탄을 해도 좋다.

하지만 타이머가 울리면 하던 행동을 멈춘다. 바닥에서 일어나 기지개를 켜고 심호흡을 해라. 게임의 열쇠는 걸림돌에 부딪혔을 때 포기하지 않는 것이다. 마음속 장애물도 극복해야 한다. 과거에 무엇을 했든 이미 지나간 일이다. 비판하지 마라. 미래는 지금부터 시작이다. 그러니 게임으로 돌아가자.

커다란 커브볼이 비상금을 고갈시키더라도 목표 숫자들을 계속 관리한다면 재무 상태는 계속 괜찮을 것이다. 갑자기 기적처럼 지출을 통제하거나 완벽하게 은퇴자금을 마련하는 이유는 구체적인 미래를 목표로 삼았기 때문이다. 지금 있는 자리에서 시간을 투자하다 보면, 현재는 이르지 못한 곳까지 뻗어 나갈 수 있다. 최종 목표는 게임을 시작해서 멈추지 않는 것이다. 천천히 단계별로 돈을 관리하면, 자신감과 의욕이 생겨서 순자산을 늘리고 플러스로 만드는 커다란 변화를 일으킬 수 있다. 지금은 그저 살펴보고 점검하는 수준이다. 하지만 장담하건대, 점검하는 행동만으로도 기분이 달라질 것이다.

그러므로 지금 당장은 자신의 재무 상태를 파악하는 것을 목표로 삼으라고 말하고 싶다. 즉 들어오는 돈과 나가는 돈, 그리고 손익을 이해해야 한다. 나가는 돈에는 저축과 고정 지출, 변동 지출이 있다. 나가는 돈으로 저축과 은퇴자금을 늘리고, 어쩌면 집을 사거나 사업을 시작할 수 있다. 돈을 스스로 관리한다는 의미는 자신이 정말로 중요한 일들에 돈을 쓰고 있다는 사실을 아는 것이다.

젠 터렐은 애리조나에서 목장을 운영한다. 나를 만났을 때 젠은 이미 부동산을 가지고 있었고, 목장 사업과 관련해서 세금도 내고 있었다. 그녀는 돈을 모르는 사람이 아니었다. 하지만 그녀에게는 자폐증을 앓는 아이가 둘이나 있었기에, 젠은 아이들을 평생 돌보고 부양하는 일이 언제나 걱정이었다. 그녀가 이 문제를 어떻게 해결해야 할까? 나와 함께 자신의 은행 계좌와 자산을 살펴본 후에, 젠은 자신의 재무 상태가 두려워할 정도로 그렇게 나쁘지 않다는 사실을 알게 되었다. 그녀는 자신을 답답하게 했던 것이 무엇인지 확인했다. "최악의 사태가 발생하더라도 수십 년간 아이들을 부양할 수 있을 만큼 돈이 충분하다는 사실을 알고 마음이 편해졌어요." 그녀는 내게 이렇게 말했다. 살펴보고 이해하는 행위는 대단히 강력한 힘을 발휘한다. 젠은 고향에서 자폐증을 앓는 다른 아이들과 그 아이들의 부모들을 돕는 서비스를 시작했다.

어려움은 여전히 많을 것이다

저축이 유예된 지출이라고 생각해보자. 할머니 댁을 방문하는 비용이든 당신이 할머니가 될 때를 대비한 생활비든, 지금 모아 놓은 돈은 어쨌든 나중에 지출할 돈이다. 요점은 여행도 하고 노후도 대비할 수 있도록 적절한 목표를 세워야 한다는 것이다. 어쩌면 당신은 이렇게 질문할지도 모르겠다. "매달 고정 지출 때문에 돈이 다 떨어지는데, 어떻게 그런 목표를 세울 수 있죠?" 혹은 "제가 이 세상에서 가장 낭비가 심한 사람이 아닐까요? 형편없는 사람인 거죠." 물론 당신은 그런 사람이 아니다.

여기 그 증거가 있다. 세인트루이스 연방준비은행에 따르면, 미국인들의 개인 저축률은 1990년대 중반 이후부터 서서히 줄어들었다. 1970년대 초에 12%, 1990년대 초에 9%였던 저축률이 2015년에는 5.6%로 떨어졌다. 이 통계로 알 수 있는 사실은 미국인들이 점점 저축을 중요하지 않게 생각한다는 것이다. 2008년과 2009년에 불황이 오자 사람들은 다시 저축하기 시작했지만, 그리 오래가지 않았다. 금융 위기가 기억에서 희미해지자 사람들은 다시 소비하는 생활로 돌아갔다. 전문가들은 그 이유를 명확히 밝히지 못하고 있다.

이런 사회적 분위기 탓에, 저축해야겠다고 생각하고 행동에 옮겨도 (문화적) 지원을 거의 받지 못한다. 즉 저축하는 문화가 사라지고 있다. 친구와 가족, 동료들이 저축에 별 관심이 없는 환경에서 혼자 계획을 실행할 경우, 마치 흐름을 거슬러 수영하는 것처럼 느껴질 것이다. 그래서 더욱 저축하기가 어렵다. 하지만 모든 재정 전문가가 반복해서 말하는 것처럼, 덜 지출하고 더 저축해야 재무 건전성을 확보할 수 있다. 간단하다.

자기 자신의 후원자가 되어라

저축은 대단히 강력하다. 놓치기 싫은 기회이다. 정말 멋지고 인정 많은 누군가가 당신에게 이렇게 말했다고 하자. "이봐, 지난달에 의료비 청구서를 보고 깜짝 놀랐지? 내가 해결해 줄게. 자동차 수리해야지? 걱정하지 말고, 신용카드는 저리 치워두라고. 집을 사고 싶어? 아기가 있다고? 그동안 내가 전부 해결해 줬잖아." 자, 기분이 어떤가? 지출해야 할 사건들은 늘 발생한다. 문제가 쌓여있지만, 우리는 이를 해결할 준비를 하지 못했다. 하지만 방법이 있다. 바로 저축이다. 당신도 망토를 걸치고 갑자기 나타나 세상을 구하는 영웅이 될 수 있다. 근사하지 않는가? 내가 대신 대답해주겠다. 정말 멋지다. 과소비하지 않고 빚지지 않으면 더 많이 저축할 수 있다.

왜 저축하는 사람이 되어야 하는지 두 가지 강력한 이유를 제시하면 다음과 같다.

1. 저축은 돈을 보는 관점을 바꾼다

당신의 뇌는 여윳돈을 인지하면, 그 돈을 쓸 수 있는 최대 금액이라고 간주한다. 당신이 직접 전체 시스템을 설정하고 고정 지출용 계좌에서 저축계좌로 이체하는 금액을 통제할 수 있더라도, 실제로는 다르게 행동한다. 즉 우선순위가 바뀌는 것이다. 마치 누군가가 도와주고 있는 것 같다. 쓸 현금이 별로 없다고 생각하기 때문에 저축은 자연스럽게 무분별한 지출을 막아준다. 모든 사람에게 그런 도움이 필요하다.

2. 저축은 선택권을 준다

저축은 앞에서 설명한 날개의 핵심이다. 날개가 있으면 날 수 있고, 자유로움을 느끼며, 비행을 즐길 수 있다. 스노보드 여행이든 주방 개조든, 저축은 계획하지 못했던 일을 할 수 있게 한다. 저축을 생활화하지 않으면, 즐거움을 포기하거나 빚을 져야 할 것이다.

일부 여성은 이 모든 일을 완벽하게 해야 한다는 압박을 내·외부에서 너무 심하게 받은 나머지 지나치게 절약하는 생활을 하다 의욕을 잃는다. 물론 극단적 처방이 필요한 사람에게는 금욕적 생활이 도움이 될 것이다. 하지만 저축형 인간이 된다고 해서 자기 자신과 가족 혹은 아이들의 물건을 전혀 살 수 없는 것은 아니다.

사람들이 이렇게 생각하는 이유는 다이어트 할 때와 마찬가지로 모든 것을 '성공이냐 실패냐'로 판단하기 때문이다.

실질적으로 도움이 되지 않는 인색한 생활보다 집세나 주택담보대출 상환금, 비싼 휴대폰 데이터 사용료, 자동차 보험료 등과 같이 금액이 큰 비용을 줄일 때 효과가 더 좋다(더 많이 저축할 수 있다). 스스로 불행하다고 느끼면 동기부여가 되지 않는다. 아무 효과도 없다. 그러므로 커피를 사서 마시고 속옷도 구입해라. 그리고 뿌리에 주목해라. 그러면 저축하고 싶은 의욕이 생길 것이다.

| 에필로그 |

삶을 설계하고, 꿈을 위해 돈을 모아라

2015년 가을 어느 날, 나는 여섯 살짜리 딸 마야에게 당시 데일리워스 사무실이 있던 뉴욕에 데려가겠다고 약속했다. 마야는 내가 종종 직장에 가려고 새벽부터 필라델피아 집을 나서는 것을 알고 있었다. 10월 4일 아침 6시 3분, 마야는 옷을 입고 신발을 신은 후 자기 소지품을 가득 넣은 가방을 멨다. 거의 아침마다 나는 아이들에게 "일어나!"라고 소리치면서 전등을 껐다 켜기를 반복해야 했지만 이날은 아니었다. 마야는 이미 문 옆에서 나를 기다리고 있었다.

정오 무렵, 나와 마야는 뉴욕에 도착했다. 나는 여성들을 돕는 인터넷 사이트 더리스트Theli.st를 통해 마야를 맡길 곳을 미리 알아봐 두었다. 서티 록30 Rock에서 금융 저널리스트인 진 채츠키와 만

나기로 한 중요한 점심 약속 때는, 마케팅 책임자인 제시카 랜대자가 자원해서 한 시간 동안 마야를 돌봐 주기로 했다. 그때까지는 좋았다. 나는 업무를 보면서 유능한 동료들의 도움도 받고 마야의 소원도 들어줄 수 있었으니 말이다. 적어도 이론적으로는 그랬다. 혹은 메일로만 보면. 아니 내 마음속에서는 그렇게 생각했다.

하지만 현실은 끔찍했다. 일단 서티 록에 가는 것부터 문제였다. 나는 노트북과 여행 가방, 그리고 마야의 배낭까지 든 채 하이힐을 신고 있었다. 나와 마야는 약속 장소까지 택시를 타고 갔지만, 식당 안으로 들어가려면 입구까지 조금 걸어야 했다. 마야는 도무지 걸을 생각을 안 했다. 일단 보도로 올라가자 마야는 너무 피곤해서 앉아 있으려 했다. 가방이 무게 때문에 어깨에서 흘러내리고 있었기에, 나는 마야를 일으켜 세울 수가 없었다. 나는 왜 플랫 슈즈를 신고 오지 않았을까? 왜 하이힐을 신는 게 좋겠다고 생각했을까?

약속 시간이 가까워졌다. 갑자기 마야가 보도에서 벌떡 일어나더니 뛰기 시작했다. 미친 듯이 사람들 틈을 훑어보니, 마야가 6번가에 있는 분수대에서 흘러나오는 물을 마시는 모습이 보였다. "마야!" 나는 큰소리로 외치면서 마야에게 비틀거리며 걸어갔다. "분수대 물을 마시면 안 돼!"

데일리워스 사무실에 돌아갔을 때로 빨리 감기를 해보자. 그날 나는 직장에 아이를 데려가면 안 된다는 사실을 깨달았다. 왜냐하면 직원들이 일에 집중할 수 없기 때문이다! 마야는 사무실을 활보하면서 사람들 자리마다 스티커를 붙이며 "당신은 해고야!"라고 소리 질렀다. 정.말. 끔.찍.했.다. 그러는 동안 받은 메일함은 쌓여가고 있었다. "다시는 이러지 말아야지!" 괴로웠다. 그래 결코 다시는 이러지 말아야지.

그다음 날 나는 클라우디아 챈이 주관하는 '쉬 써밋SHE Summit'이라는 여성 기업가 및 리더십 콘퍼런스에 토론자로 참여했다. 콘퍼런스는 맨해튼 업타운 92번가에서 열렸다. 나는 아이를 데려가서 콘퍼런스가 진행되는 동안 휴게실에 둬도 되는지 사전에 문의해둔 상태였다. 행사 담당자들은 괜찮다고 생각했다. 하지만 마야와 내가 도착했을 무렵, 가방도 무겁고 오는 길도 힘들었던지 마야는 제정신이 아니었다. 나는 거의 이틀 동안 아이를 이리저리 끌고 다녔던 것이다. 마야는 **녹초**가 되어 있었다. 휴게실에서 다른 토론자들이 마야를 안아주려고 했지만, 마야는 허락하지 않았다. 발표자의 정강이를 걷어차더니 구석에 웅크리고 앉았다. 나는 미칠 지경이었다. 내가 말을 마치자 마야는 소리를 지르기 시작했다. 아니 **악을 쓰고 있었다**. 나는 아무 말도 할 수 없었다. 마야와 함께 즉시 기차를 타러 갔다. 집에 갈 시간이었다.

물론 지금 생각해보면 마야도 나도 여행할 준비가 되어있지 않았다. 좋게 생각하면, 그냥 우스운 날이었다. 원래 내 의도는 좋았다. 나는 딸에게 엄마가 매일 가는 곳을 보여주고 싶었다. 엄마가 직장에서 **무슨 일**을 하는지, 어디를 그렇게 허겁지겁 서둘러 가는지, 가끔 왜 그렇게 늦게까지 일하는지 등 아이가 모르는 엄마의 생활을 보여주고 싶었다.

일을 하고 돈을 벌고 중요한 아이디어를 구체화하는 등 직장에서 엄마들의 **모습이 어떤지** 알려주고 싶었다. 나는 **우리 딸**이 직장에서 일하는 **내 모습**을 보고 나중에 똑같이 했으면 좋겠다. 자신에게 스스로 결정할 힘과 삶의 주도권이 있음을 알았으면 좋겠다. 자기 판단에 끊임없이 질문하지 않았으면 좋겠다. 자라면서 자신의 가치와 자기가 원하는 것을 평가하는 방법을 알았으면 좋겠다. "내가 할 수 있나? 내가 해야 하나?"라는 질문 대신 "이 일은 할 만한 가치가 있나? 내게 어떤 의미가 있지?"라고 물었으면 좋겠다. 세상에는 여러 물음이 있지만, 그 두 질문은 우리 모두에게 꼭 필요하다. 이것이 바로 이 책의 핵심이다.

'나'에게 어떤 의미가 있는가?

자신의 돈과 인생을 책임진다는 말이 당신에게 어떤 의미인가? 당신의 가치관은 무엇이고, 당신은 그 가치관에 따라 살고 있는가? 여전히 나는 딸에게 후회 없는 삶의 모습이 무엇인지 보여주고 싶다.

물론 이는 골치 아프고 어려운 일이 될 것이다. 하지만 믿을 수 없을 정도로 흥미진진할 수 있다. 우리 엄마는 한 번도 나를 직장에 데려가신 적이 없고, 당신 인생에 나를 끌어들이지도 않으셨다. 항상 거리를 유지하셨다. 그때는 그랬다. 물론 오늘날도 상황이 아주 다르지는 않다. 불과 몇 년 전만 해도 나는 아들에게 열이 있는데도 불구하고 중요한 벤처 투자자와 만나는 일정을 바꾸지 않았다. 무능한 엄마로 보일까 봐 끔찍하게 두려웠기 때문이다. 하지만 지금은 변했다. 엄마 역할이 사업을 하고 사람들과 소통하고 위험을 받아들이는 일만큼이나 내 인생에서 소중하다는 가치관을 확립했기 때문이다.

당신에게는 자기 가치관대로 인생을 사는 것이 자기에게 야망이 있음을 인정하는 것과 같은 의미일 것이다. 아니면 자신을 이기적이라고 생각하지 않고 경제적으로 자립하는 것을 의미할 수도 있다. 혹은 패션을 예술이라고 생각하는 사람이라면 남들이 어처구니없어하는 옷도 구입하는 행동을 의미할 것이다. 그리고 그와 동시에 당신은 저축계좌나 투자계좌로 돈을 이체해서 실질적인 재정적 토대도 마련하고 있을 것이다. 요점은 이렇다. **여성은 자신에게 필요한 풍요로운 삶을 만드는 데 돈을 쓸 수 있다. 여성은 돈에 관심을 쏟을 수 있다.**

언제 어디서든 "내게 '의미'가 있는 것이 무엇이지?" 하고 **질문할 수 있다.** 오랫동안 신경 쓰지 않았던 입출금명세를 확인하거나 급여 인상을 요구하거나 돈에 관해 배우자와 솔직하게 대화를 나누는 일 등에 계속 참여할 수 있다. 나는 우리 여성들이 돈 관리가 힘과 안전을 확보하는 데 중요한 역할을 한다는 사실을 직감으로 알고 있다고 생각한다. 그러므로 여성들은 돈 관리를 절대 포기하면 안 된다.

내가 책임지는 법을 배웠듯이 당신도 그럴 수 있다. 이것이 내가 마야를 뉴욕에 데려간 이유이자 아이들을 며칠 동안이나 볼 수 없어서 백악관 초대를 거절한 이유이다. 일하고 소통하고 무언가를 만들어내면서 자신과 가족에게 도움이 되는 인생을 어떻게 설계하는지 아이들에게 보여주고 싶다. 내가 엄마이며, 그 사실을 숨기지 않는다는 것을 다른 사람에게 알려주고 싶다. 이것이 바로 내 신념이자 가치관이다.

책임진다는 의미는 자신이 원하는 것을 결정할 힘이 있고 소망을 이루기 위해 돈을 마련할 능력이 있다는 것이다. 지금 당신은 중요하다고 생각한 것과 미래를 위해 필요한 것을 기준으로 삼아 삶에 변화를 일으키는 중이다. 미래에 당신은 돈의 영역에서 세계를 이끌어 갈 지도자이다. 정말 그렇다.

이제 우리 여성은 할 수 있다. 하지만 아직은 자신이 가진 힘의 지위를 파악하고, 그 힘을 지배하기 위해 가진 돈을 활용해야 한다. 왜냐하면 돈을 통제할 때 제도 운용 방식, 자녀 양육법, 근무체계, 성인의 기준(결혼해야만 정말로 어른이 되는 것인가?) 같은 규칙이 다시 만들어지기 때문이다. 우리는 공공정책과 사회복지서비스가 정체불명의 명령이 아니라 진정으로 사람을 위해 제 역할을 해야 한다고 주장한다. 더는 이해할 수 없는 낡은 목표를 따를 필요가 없다.

나는 당신이 개인의 가치와 경제적 가치가 결국은 모순되지 않다는 사실을 파악했기를 바란다. 당신의 머니 스토리가 긍정적으로 바뀔 수 있듯이 순자산도 플러스가 될 수 있다. 당신은 머니 코마에서 깨어나 자신의 꿈에 투자할 수 있다.

다른 사람이 돈을 덜 불쾌한 것으로 만들어줄 때까지 기다릴 필요가 없다. 돈은 충분히 즐길 만한 것이며, 당신은 그렇게 할 수 있다. 자유가 당신의 손안에 있다. 이것이 바로 내 딸이 자라서 나중에 살았으면 하는 세상이다. 그리고 지금 당장 당신도 이런 세상을 차지할 수 있다.

훨씬 준비가 잘 되어있다

앞에서도 했던 말이지만, 한 번 더 언급해도 좋을 것 같다. 2030년 즈음이면, 미국인의 개인재산 중 3분의 2는 여성의 손안에 있을 것이다. 3분의 2라면 대략 22조 달러에 해당한다. 대단히 큰 금액이다. 이는 엄청난 변화이자 지금도 일어나고 있는 현상으로, 우리 모두에게 영향을 미치고 있다. 후손에게는 물론 **지금 바로** 우리에게도 일어나고 있다. 하지만 머니 코마에 빠져 있다면, 누가 경제권을 쥐고 있는지 또는 돈이 얼마나 있는지는 중요하지 않다. 만약 계속해서 돈 관리를 여성적이지 못한 행동이라 생각하고 무조건 남성이나 재무상담사에게 맡겨버린다면, 지출과 투자, 납세와 관련된 기존 방식에 아무런 변화가 생기지 않을 것이다. 왜냐하면 우리는 여전히 돈을 외면하고 머니 코마에 빠져 있을 것이기 때문이다. 이것은 커다란 기회 상실이다.

부끄러워하지 않으면서 꾸준히 돈을 관리하는 것이 우리가 추구하는 목표이다. 그렇다고 당신의 머니 스토리가 불쑥 튀어나오지 않는다거나 커브볼이 들어오지 않으리라는 의미는 아니다. 또한 당신이 머니 스토리나 커브볼에 적절히 대응하지 못한다는 의미도 아니다. 지금 당신은 훨씬 준비가 잘 되어있으므로 머니 스토리나 커브볼을 제대로 처리할 수 있다. 두려움에 빠지는 대신 유연하고 창의적으로 대처할 수 있을 것이다. 당신은 자신의 머니 스토리를 확인했다. 그리고 아마도 그것에 충격을 받았을 것이다. 이는 중요한 첫 단계이다.

이제 당신은 머니 스토리가 언제 나타나고 얼마나 지속할지 알게 될 것이다. 이 말은 자신이 언제 머니 코마로 빠져들지 예측할 수 있다는 의미이다. 당연히 언제든 머니 코마에 빠질 수 있다. 하루아침에 상황이 바뀌지는 않기 때문이다. 하지만 이제는 부끄러움과 자기혐오를 최소로 느끼면서 머니 코마에서 벗어날 수 있다. 머니 스토리가 아무리 이상한 소리를 지껄이더라도 잠시만 생각해보면, 자신이 형편없거나 '돈을 잘 다루지 못하는' 사람이 아니라는 사실을 깨닫게 될 것이다.

(내 머니 스토리는 나를 소비형 인간이라고 말하지만) 오늘도 나는 내가 저축형 인간이라고 되뇌었다. 무의식에 빠지려고 할 때는 저축계좌에 100달러를 이체하는 식의 행동으로 내가 깨어있음을 스스로 증명한다. 이런 행동 덕분에 나는 책임감 있는 사람으로 되돌아갈 수 있다. 사소하지만 꾸준하게 행동하면 완벽해질 수 있다고 배웠다. 그러므로 계속 연습해야 한다.

만반의 준비를 해라

자신의 머니 스토리와 머니 코마를 주시하는 것이 퍼즐의 안쪽 조각이라면, 바깥쪽은 커브볼을 관리하는 것이다. 인생에서 커브볼은 늘 들어온다. 얼마 전에 내게 들어왔던 커다란 커브볼에 관한 이야기를 들려주겠다. 2013년에 데일리워스는 심각한 현금 유동성 위기에 빠졌다. 회사가 붕괴하기 일보 직전이었다. 당시는 눈이 몹시 많이 내리던 겨울이었고, 날씨 때문에 많은 투자자 모임이 취소되었다. 회사 계좌에 남은 돈이 별로 없어서 상당히 위험한 수준이었다. 영업 부장은 출산휴가를 갔고, 그동안 훌륭하게 일을 해왔던 영업 차장은 50만 달러짜리 계약을 마무리하지 않은 채 회사를 그만두었다. 회사는 직원들에게 급여를 주지 못했고 운영비도 감당하지 못하는 상황이었다. 더구나 손해를 회복할 수 있으리라는 기대도 없었다.

나는 몹시 두려웠다. 이사회는 내 꿈의 회사인 데일리워스가 파산하는 것을 두고 보지 않고 매각하는 쪽에 투표할 것이 분명했다. 하지만 나는 진정으로 여성들을 돕겠다는 과업을 위태롭게 하면서까지 외부인에게 회사를 넘기고 싶지 않았다. 이제 겨우 목표를 이루기 시작했는데, 지금 회사를 잃고 싶지 않았다. 이사회가 열리기 전날 밤, 나는 호텔 방에서 맨해튼 스카이라인의 깜박이는 불빛을 바라보면서 어떻게 할지 고민하고 있었다. 그런데 그때 어떤 아이디어가 떠올랐다.

내 생각에 그것은 대단히 훌륭한 영업 방안이었다. 이 계획대로 하면 즉시 회사에 돈이 들어오고 계속 안정적으로 수익을 창출할 수 있었다. 나는 벼랑 끝에 서서 데일리워스의 신규 수익 모델을 만들어냈다. 이사회에서는 나를 미쳤다고 생각했다. "어맨다, 당신의 열정은 존중하지만, 우리 생각에 당신은 지푸라기를 잡고 있는 겁니다." 나는 이사회에 상황을 호전시킬 테니 6주만 시간을 달라고 요청했다. 그런데 어떻게 되었을까? 효과가 있었다. 우리 회사는 위기에서 벗어났다.

나의 돌격 성향 덕분이기도 했지만, 나는 따로 개인 저축이 있었으므로 급여에 연연하지 않아도 되었고, 내 머니 스토리를 잘 다독였기에 불과 몇 개월 만에 회사를 혁신할 수 있었다. 두려운 상황이었지만, 비극을 기회로 바꿀 수 있었다. 이사회는 회사를 매각하겠다는 계획을 철회했다. 극도로 위험한 상황이 오히려 더 나은 기업 모형을 탄생시켰다.

성공담

누구나 궁지에 몰린다. 외부의 수많은 재무상담사는 젊을 때 시작하라고 말한다. 맞는 말이다. 젊을 때 시작하는 것이 좋다. 하지만 젊지 않더라도 희망이 없지는 않다. 1980년대 마흔두 살이었던 우리 엄마가 특별히 가진 기술도 없이 이혼녀가 되었을 때도 너무 늦은 때가 아니었음을 기억하라. 만약 머니 코마에서 빠져나오려고 애쓰고 있다면 당신도 할 수 있다. 보유한 자산의 규모, 투자하고 있는 상품, 지출 계획, 수익 증대 방안 등을 잘 알고 있다면, 그것이 바로 힘이다. 당신은 엄마이자 아내이고, 여자 친구이자 직장 여성이며, 이제 그 사실을 당신도 **잘 안다**.

당신이 습득한 새로운 지식을 모두가 좋아하지는 않을 것이다. 부모님이나 친구, 사교모임, 심지어 자녀들조차도 자신에 찬 당신 모습을 어리둥절한 표정으로 바라볼지 모른다. 하지만 지금까지 행복하지 못했다면(불안했다면), 이제 **앞으로 나아갈 때**이다. 밖에는 같은 길을 걷고 있는 수백만 명의 여성들이 있다. 그들이 당신 앞에 나타날 것이다. 당신의 세상은 점점 더 커지고 놀라운 속도로 개선되고 있다. 당신이 원하는 삶을 선택할 때, 상황은 분명해진다. 사람들이 당신 주변으로 모일 것이다.

내가 9만 달러의 빚을 갚고 순자산을 플러스로 만들 수 있었다면, 당신도 똑같이 할 수 있다. 이 책을 읽었다고 해서 커다란 커브볼이 더는 오지 않는다고 말할 수 없다. 당신의 머니 스토리가 '획' 하고 사라지지도 않을 것이다. 인생도 우리 뇌도 그런 식으로 작동하지 않는다. 지금 당신이 저축도 하면서 퇴직연금에 적립도 하고 있다면, 대단히 잘하고 있다! 큰 날개가 있으므로 이전보다 더 높이 날 수 있다. 하지만 부침 있는 인생에서 자신 있게 항해하려면 회복력을 구축하는 일이 훨씬 더 중요하다. 그러려면 돈 관리가 필수임을 깨달아야 한다. 즉 규칙적으로 자신의 재무 상태를 점검하고 세상 소식에 귀를 기울여야 한다. 살아 있으므로 자기 자신을 돌보아야 한다. 돈에 꾸준히 관심을 둔다는 것은 자신에게 투자한다는 의미이다. 당신은 소중하기 때문에 그렇게 해야 한다.

이제는 지금까지 배운 대로 인생을 살아 볼 차례이다. 정말로 재미있을 것이다.

자신의 규칙을 정하라

이제 우리는 모두에게 무엇이 중요한지 다시 생각해 볼 기회를 얻었다. 개인과 국가 및 문화적 관점에서 돈을 다루는 방법을 재정의해야 한다. 여전히 돈과 관련된 주제에서 성차별이 존재하지만, 여성의 힘으로 이런 상황을 바꿀 수 있다. 모두에게 이익이 되는 세상을 만들기 위해 여성들은 저축자로서, 투자자로서, 지출자로서 어떤 역할을 할 수 있을까? 경제 구조를 바꾸려면, 먼저 우리의 정체성부터 새롭게 만들어야 한다. 자기 자신을 커다란 권력 구조 안에 있는 피지배자가 아닌 글로벌 네트워크 사회를 이끄는 변화의 주역으로 생각해야 한다. 자신을 피지배자로 바라보던 관점 때문에 그동안 우리는 이런 대화를 하지 못했지만, 이제 그 대화를 시작해보자.

그렇다고 자기 자신을 독립적 존재 혹은 연결된 존재로 구분해서 바라보아야 한다는 의미는 아니다. 놀라운 역설이지만, 우리는 독립적이면서 연결된 존재이다. 이런 힘의 균형(자아개념의 중대한 변화)은 그 자체로 전 세계에 극적인 변화를 가져온다. 그리고 여성은 (아직은) 고정관념이 없는 초보 투자자이기 때문에, 다음과 같이 수년 동안 아무도 묻지 않았던 물음들을 던질 수 있다.

이상적인 사회란 어떤 모습일까? 이미 있는 것을 다시 만든다면, 그것은 어떤 모습이 될 것인가? 우리는 어디에 가치를 두고 있는가? 무엇이 변화에 도움이 될 수 있을까? 우리는 어디에 영향을 미치고 싶은가? 육아 휴가 문제를 고치고 싶은가? 갓 엄마가 된 여성에 대한 사회의 기대수준을 조정해야 할까(출산한 지 20분밖에 지나지 않았는데 업무 메일에 답을 보내야 할까)? 그런 환경을 고치고 싶은가? 수백만 명을 가난하게 하고 추방하는 외교 정책을 지지해야 할까?

우선 우리는 분수에 맞는 생활부터 해야 한다. 하지만 이것은 희생이 아니다. 더 많이 벌고 계획적으로 저축해라. 자기 자신을 위해 돈을 모아라. 여성의 경제적 책임이 무엇인지 파악하라. 그다음에 여성들이 돈 이야기를 하지 못하도록 막는 금기를 없애자. 돈 이야기를 부끄러워하거나 피하지 말고, 정말로 솔직하게 친구 및 가족과 대화를 나누라. 식당이나 자녀 교육 정보를 나누는 것처럼 편하게 금융 정보를 공유하자. 스스로 파악하고 행동하기 시작하면, 돈 이야기가 정말로 재미있어질 것이다.

오늘날 여성은 역사상 유례가 없을 정도로 막강한 영향력과 권력을 가지고 있다. 다 함께 그 힘을 사용해서 자기 자신과 가족, 그리고 세상을 위해 더 나은 미래를 건설하자.

가치 있는 삶을 위한 여섯 가지 습관

1. 머니 스토리가 뭐라고 말하는지 자주 점검하라

당신을 움직이는 힘은 무엇이고, 더 이상 도움이 되지 않는 것은 무엇인지 파악하라. 머니 스토리가 갑자기 나빠질 때 자기 생각과 행동을 바꿀 전략을 세우라.

2. 지출보다 저축에 우선순위를 두어라

400달러짜리 옷을 사고 싶을 때는 똑같이 400달러를 저축해라. 이것이 그 옷을 살 능력이 있는지 판단할 수 있는 유일한 방법이다.

3. 수입에 비해 훨씬 검소하게 살아라

인생에는 돈이 많이 든다. 낭비를 줄이고, 줄인 금액을 저축하라.

4. 자신에게 가장 중요한 것이 무엇인지 명확히 알아내어 투자하라

내 꿈이 무엇인지 알아야 한다. 자신의 라이프스타일에 맞는 뿌리를 선택하라. 생각하면서 지출하면, 자신이 그린 큰 그림 안에서 진정으로 원하는 것을 가질 수 있다. 우선순위를 아무렇게나 매기지 마라.

5. 순자산이 플러스가 되고 있는지 확인하라

자신의 소득과 투자가 장기적 재정 안정성에 어떤 영향을 미치는지 파악해라. 계속 수정해서 순자산을 늘려라.

6. 커브볼은 항상 들어온다는 것을 기억하라

재무 상태가 나쁘다고 해서 당신이 돈 관리를 잘못한다는 의미는 아니다. 그때는 창의력과 회복력이 필요할 뿐이지 부끄러워할 일이 아니다.

요약

공식과 체크리스트

지금까지 이야기한 내용과 기억해야 할 핵심 사항을
요약해서 아래에 정리해보았다.
이것을 '가치 있는 삶'을 위한 커닝 페이퍼로 생각하라!

핵심 개념
- 수입을 늘리고, 순자산을 플러스로 만드는 데 집중하라.
- 소비를 위해 저축하라. 돈이 많이 드는 물건을 구입하기 전에는 저축한 돈이 얼마나 있는지 먼저 확인해라.
- 가능한 한 수입에 비해 검소하게 생활하라.

순자산 파악
- 자산(현금과 저축, 부동산의 가격, 자동차, 연금과 투자계좌)을 모두 더하고 부채(신용카드, 학자금 대출, 주택담보 대출)를 전부 차감한 순자산을 계산하라.

자금 관리

- 매달 순수입이 얼마인지 확인하라. 즉 세금과 수당, 기타 사례금 등을 제외하고 실제로 집으로 가져가는 돈은 얼마인가? 만약 프리랜서라면 자기 자신에게 고정 급여와 연간 상여금을 지급하라.
- 비상금을 모아라. 한 달에서 세 달분 생활비를 저축해두라.
- 커브볼이 들어오는 것은 당연하다고 생각하라.

용도별 예산 관리

- 지출 예산을 고정 지출(60%)과 저축(20%), 변동 지출(20%)로 분류한다. 아래 표는 각 연봉에 맞는 이상적인 지출 비율을 어림수로 작성한 예이다.

연간수입	월 순 수입	60% 고정 지출	20% 저축	20% 변동 지출
$25,000	$1,500	$900	$250	$250
$50,000	$3,000	$1,800	$600	$600
$100,000	$6,000	$4,000	$1,000	$1,000
$200,000	$10,000	$6,000	$2,000	$2,000

주택

- 주택에 지출되는 총비용이 연간 가계 총소득을 3년간 합한 금액보다 작아야 한다.
- 주택과 관련된 전체 비용 항목은 다음과 같다.
  - 계약금
  - 매입 부대비용
  - 이사비용 및 수리비용
  - 전기 및 수도 등 공과금
  - 주택담보 대출 상환금
  - 부동산 관련 세금
  - 유지보수비

퇴직연금 및 투자

- 자신의 은퇴 목표를 알아야 한다. 당신의 목표 숫자는 무엇인가?
- 포트폴리오의 평균 수익률이 적어도 연 5%는 되는가? 그렇지 않다면 이유를 알아보라.
- 자산 배분: 주식과 채권, 기타 자산이 혼합되었는지 확인하라.

사업

- 수입 창출 및 자산 확보를 위해 사업을 구상 중인가? 트레이드오프trade-off(양립할 수 없는 두 목표 사이의 관계에서 어느 한쪽을 위해 다른 쪽을 희생시키는 것을 말한다.—옮긴이)를 파악하라.
- 무한정 돈을 벌 수 있지만, 불안정한 소득을 참을 수 있는가?
- 기술적 문제부터 자기 일정을 관리하고 고객을 유치하며 자신을

홍보하는 것에 이르기까지 사업과 관련된 모든 문제를 즐겁게 처리할 수 있겠는가?

축하한다.
이제 당신은 자신의 가치관에 따라 삶을 설계하고
그런 삶을 위해 자금을 마련할 능력도 갖추었다.
당신은 그럴 만한 가치가 있는 사람이다!

찾아보기

◆ ㄱ ◆

가디스, 라 50
가정 경제 17, 28
가처분 소득 부족 31
개인 저축률 282
개인적 내러티브 38, 51, 57
갤럽 조사 213, 266
거래 수수료 277
경로 수정 101, 144
계량적 사고 59
계약금 83, 88, 133, 188, 191, 194, 205, 302
고객 개발 221
고정 급여 301
고정 지출 196, 234, 268, 270, 271, 273, 281, 282, 301
고정관념 297

곤도, 마리에 237
공과금 196, 233, 270, 302
과소비 87, 238, 242, 247, 250, 283
구원의 환상 34
구조조정 212, 215
국세청 153
그랭거, 데이비드 33
그레이엄, 벤저민 178
근로 환경에 대한 불만족 215
글래스도어닷컴 230
글로벌 주식 시장 179
긍정적인 문장 74
기술주 164
기업가 정신 134
기업공개 116, 162, 180, 220
길라르두치, 테레사 140

◆ ㄴ ◆

나스닥 지수 164
낙천주의 262
낡은 주택 개조 205
남성적 특징 21
내면의 내러티브 159, 160
너드월렛 257
네슬레 178
네일러, 토머스 235
네트워크 211, 220, 297
노동부 16, 139
노동통계청 16
노로드 172
노스웨스턴 대학교 67
뉴욕타임스 (잡지) 140
신경제사고 연구소 165
니더마이어, 카딘 246
니만 마커스 113

◆ ㄷ ◆

다리 역할을 하는 직장 223
다비, 질 231, 256
단기 금융상품 157
닷컴 버블 113, 143, 188
당좌예금 48, 251, 274
대차대조표 207
대출 기관 258, 190, 193
대학 교육 18, 41, 86
더 빅 페이오프 (팟캐스트) 56
데일리워스 17, 33, 53, 79, 135, 141, 220, 294
도밍그, 크리슨 224
독립인형 (머니 타입) 118, 126-129
돈 관리 24, 29, 60, 63, 82, 238, 277
(투자, 부동산, 저축 참조)
돈 쓰지 않고 주말 보내기 242
동화 같은 머니 스토리 182
드 그라프, 존 235
드비, 지나 191
디바인 리빙 (잡지) 191
딕슨, 웨스 199-200
딕슨, 켈시 198-201

◆ ㄹ ◆

라카니, 카림 214
랜대자, 제시카 287
램너레이스, 신시아 203
램지, 데이브 256
로또 당첨 149
로보어드바이저 147, 163, 177
로쏘, 리처드 196

로하스, 카렐 278
롤오버 100
롱, 쉘리 183
리더십과 관련된 자질 96
리셋 버튼 12, 35, 38, 43, 46
리카타, 스테파니 250

◆ ㅁ ◆

마음을 다스리는 삶 78
마켓워치 161
매디슨 스퀘어 가든 159
매수 열풍 162
매입 보유 163, 190
매입 부대비용 302
머니 스토리 13, 50, 51, 56, 103, 159, 195
머니 코마 62, 95, 97, 156, 174
머니 클래리티 69, 229, 271, 273
머니 타입 109, 110, 118
머니 핏 (영화) 183
메달리스트 펀드 171
멘토링 24
모건스탠리캐피털인터내셔널 169 (MSCI)
모닝스타 등급 171
모든 주식을 소유하라 (보글) 178

몬산토 179
무들리, 니샤 54, 224
무력감 94
문화적 정서 17
물가상승 131, 150
뮤추얼 펀드 111, 113, 163
미국 통계청 16
미수금 206
미식가형 (머니 타입) 118, 121-124

◆ ㅂ ◆

바우만, 리사 134
바이엘 178
배런스 (잡지) 167
배우려는 마음가짐 94, 146
백만장자 152
뱅가드 153, 178
뱅가드디벨롭마켓 ETF 178
뱅크 오브 아메리카 18
버니어, 애다 222
버지니아 대학 67
버킷팅 267
벌링턴 스토어 113
베이비붐 세대 140, 184, 258
베이시스 포인트 156

베터먼트 135, 178

벨로, 레이철 56, 65

벨크, 러셀 248

변동금리형 주택담보 대출 188

보글, 존 178

보어, 닐스 148

보험 175, 177

복리 이자 125, 140

부동산 매매 관련 부대비용 205

부부 공동 재산 29

브랜슨, 리처드 208

비상금 86, 98, 112, 120, 172, 228, 272

비전 81, 96, 212

비전가형 (머니 타입) 118-121

◆ ㅅ ◆

사업을 하는 목적 211

사회보장 제도 32, 140

사회적 책임 투자 179

산아제한 17

인생이 빛나는 정리의 마법 237 (곤도)

상여금 232, 301

상장지수펀드 111, 113, 114, 164

상향식 기획방법 230

새뮤얼슨, 폴 163

새토, 엘르 56

샌더스, 버니 23

생활비 78, 90, 112, 130, 254, 268

성공적인 투자 170

성차별주의 6, 17, 19, 21, 97

세금 278, 281, 301, 302

세시, 래미트 213

세인트루이스 연방준비은행 282

세일, 애나 60

셀리그, 제니퍼 리 118

소극적 투자 163, 166-170

소득세 48

소비자금융보호국 195

소스노프, 마틴 166, 178

손익계산서 207

숍박스 211, 218

쇼핑 요법 251

쇼핑 팁 251

수입 (저축, 지출) 12, 62, 109, 116

수치심과 죄책감 70, 244

수탁자 176

수학 43, 94

순수입 233, 267-269, 301

순자산 16, 79, 80-90, 108, 229

슈라이버 리포트 (2015) 24
슈왑 161, 178
스킬크러시 222
스태니, 바버라 29, 149
스탠리, 토머스 99
스탠퍼드 대학 20, 94
스토리 프롬프트 67
스트레인저, 패티 26
스펙트렘 그룹 153
스프레드 170
승진 20
시간제 근무 27
시장 변동성 165, 179
시장예측활동 164
신용점수 262
신용카드 빚 123, 172
신용카드 최소결제금액 262
신용평가보고서 264
신탁관리 177

◆ ㅇ ◆

아메리칸 드림 236
아웃사이더 45, 184
안전망 69, 120 130
알고리즘 147, 178
애스퍼레이션 135
액티브 펀드 161
앤더슨, 에리카 159
야후 파이낸스 161
양도성예금증서 170
양육자형 (머니 타입) 118, 124-126
어머니, 모성 19, 20, 45
어플루엔자: 소비의 역병 235
(드 그라프, 왠, 네일러)
업무 평가 20
에스콰이어 (잡지) 33
엔드레스, 리 50
엘리릴리 214
여성 가장 16
여성 기업가 191, 288
여성적 특징 21
여성정책연구소 210
여성해방운동 17
여행 44, 138, 192
연금 138, 173
연금 상품 180
연봉 협상 21
연이율 90, 272
영업과 마케팅 221
예산 관리 33, 77
옥스퍼드 대학교 212

와그너, 스테프 27
와이투케이기프트 134
왠, 데이비드 235
우선순위 279, 284, 299
워스에프엠 135
워싱턴 포스트 (잡지) 23
웡 리타, 카르멘 193
웰스프런트 178
유동성 293
유산 29, 70, 148, 261
유언장 175, 177
은퇴 30, 65, 82, 104, 112, 123
은행 계좌 239, 281
은행 수수료 56, 135, 147, 170
은행 입출금 내역 59
의료비 140, 216, 254, 261
이노센티브 부서 (엘리릴리) 214
이웃집 백만장자 (스탠리) 99
이자율 88, 112, 123, 259, 271
이중맹검 21, 96
이타주의 96, 98, 124
이트레이드 161
이혼 29, 41, 52, 196
인권 179
인덱스 펀드 113, 163, 178

인원 삭감 212
인터넷 전문은행 277
임금 격차 16, 139
임대 54, 279
임차 93, 115, 192

◆ ㅈ ◆

자기 암시의 힘 67
자기연민 103
자기가치감 79, 93, 105, 109
자녀 양육 291
자동차 할부금 123, 216, 260, 270
자산 배분 30, 111, 164, 177, 302
자산 집단 156, 164
자산과 부채 88, 101
자산운용사 26, 157, 164, 174
자산의 정의 164
자신감 17, 23, 40, 44, 81, 94, 276
자신감이 높은 사람들 145
자영업자 48, 121, 128, 131, 139, 208, 268, 274
자존감 63, 67
재무 목표 23, 31
재무상담사 176, 295
재무상담사 수수료 176

재산세 196

재정 지원 60, 185, 225

저소득 극복하기 (스태니) 29

저축계좌 218, 239, 251, 277, 290

적극적 투자 113, 161, 166

전국부동산중개인협회 188, 203

전업주부 19

제너럴일렉트릭 159

제작자형 (머니 타입) 118, 129-131

젠타일, 타라 56, 213

좋은 부채와 나쁜 부채 260

주술적 사고 77, 147-149

주식 시장 155, 162, 165, 179, 188

주식의 정의 164

주식형 상품 169

주택 매도 시 가격 89

주택 개조 202

주택 검사 기간 203

주택 소유 148, 186

주택 시장 붕괴 184

주택담보 대출 81, 85, 89, 115, 188

주택합동연구센터 192

죽음, 사랑 그리고 돈 60
(팟캐스트)

지분 90, 164, 190, 194, 198

지속가능성 179

지원 예산 126

◆ ㅊ ◆

창조적 리더십 연구센터 21

채권의 비중 147

채권의 정의 164

채츠키, 진 286

챈, 클라우디아 288

처음에는 미숙해도 괜찮다:
빨리 학습해서 미래를 준비하라 160
(앤더슨)

초과인출 수수료 277

충동구매 110, 122, 240, 251

침묵의 세대 259

◆ ㅋ ◆

카네기멜론 대학교 21

카드빚 172, 254, 261, 264

카탈리스트 조사 16

커브볼 52, 86, 229, 255, 268, 276, 281, 292

쿤스트, 새라 220

클레이먼, 어맨다 63

클린턴, 힐러리 로댐 23, 97

키드 이카루스 39, 41, 49, 94, 152
(비디오 게임)

◆ ㅌ ◆

탄력근무제 20

태넌, 데버러 23, 158

터렐, 젠 281

터프츠 대학 249

테커, 매니샤 178

토론토 요크 대학교 248

토머스, 수전 그레고리 184

토요타 53, 178

퇴직연금 16, 101, 110, 140, 149

투자 상품 111, 113, 115, 170, 176

투자자를 위한 마스터 클래스 167, 178 (소스노프)

트롯맨, 칼라 236

◆ ㅍ ◆

파산 25, 197, 257

파이코 스코어 264

파인, 캐런 241, 251

패시브 펀드 163

페리스, 팀 208

페이, 티나 214

포드자동차 155

포브스 (잡지) 166, 212

포트폴리오 분산투자 170

폴리오, 마리 213

푸가조토, 마르티나 186, 190

푸르덴셜 보고서 (2016) 157

품질보증 기간 259

프로테우스 인터내셔널 159

프리드먼, 애드나 165

플로레스, 실비아 255, 262

피델리티 조사 결과 (2016) 26, 141

필립 모리스 인터내셔널 179

필수 지출 항목 123

필요와 욕구 235

◆ ㅎ ◆

하버드 경영대학원 19, 214

하버드 대학교 21, 97, 192

하버드 비즈니스 리뷰 96, 146, 160

하얏트 호텔 159

하트퍼드셔 대학 241

하향식 기획방법 230

학자금 대출 258, 268, 300

한 달 생활비 174, 274

할인 증권사 163

합병 220

해고 52, 58, 82, 222

현금화하는 과정 220

현명한 투자자 (그레이엄) 178

호즈, 조슬린 블랙 103

홈에퀴티론 258

홍콩상하이은행 148

회사 설립 55, 220

회사용 계좌 17, 55, 111, 206, 220

흥청망청 물건을 사는 행위 247